宋明理学

教育思想研究

张学强　著

中国社会科学出版社

图书在版编目（CIP）数据

宋明理学教育思想研究／张学强著．—北京：中国社会科学出版社，
2017.10
ISBN 978-7-5203-0752-9

Ⅰ.①宋…　Ⅱ.①张…　Ⅲ.①理学—影响—教育思想—研究—宋代
②理学—影响—教育思想—研究—明代　Ⅳ.①G40-092.4

中国版本图书馆 CIP 数据核字（2017）第 174973 号

出 版 人　赵剑英
责任编辑　韩国茹
责任校对　季　静
责任印制　张雪娇

出　　　版　中国社会科学出版社
社　　　址　北京鼓楼西大街甲 158 号
邮　　　编　100720
网　　　址　http：//www.csspw.cn
发 行 部　010-84083685
门 市 部　010-84029450
经　　　销　新华书店及其他书店

印　　　刷　北京君升印刷有限公司
装　　　订　廊坊市广阳区广增装订厂
版　　　次　2017 年 10 月第 1 版
印　　　次　2017 年 10 月第 1 次印刷

开　　　本　710×1000　1/16
印　　　张　15.5
插　　　页　2
字　　　数　250 千字
定　　　价　68.00 元

目　录

第一章　宋明理学德育思想

第一节　对儒家道德教育批评的历史脉络梳理

如何对中国儒家传统道德教育进行合理扬弃？视角可以是多重的，既可以立足现代社会发展对其进行分析评价，也可以通过中外比较的方式对其加以区别阐释，但还有一种视角是非常值得我们加以关注却往往被我们忽略的，那就是通过对儒家道德教育批评的分析、梳理，了解儒家道德教育两千多年来所遭遇的种种理论与实践上的困境和难题，借助于历史上各个思潮、流派对儒家道德教育的批评及儒家对其道德教育的自我批评来进一步洞察儒家道德教育的利弊得失，从而为我们重新审视儒家道德教育传统和重建当代道德教育体系提供宝贵的思想资源。

一　诸子时期的对话：先秦道、墨及法家对儒家道德教育的批评

对儒家道德教育的批评产生于被称为"轴心时代"的春秋战国时期。在长达几百年的百家争鸣中，道家、墨家及法家等都曾对以孔、孟、荀为代表的先秦儒家道德教育展开过言辞激烈的批评，成为诸子百家争鸣的重要内涵。这些批评是在社会秩序的重建及个体安身立命的宏大话语情境中进行的，并以此作为重要基点展开了诸子对理想社会秩序重建的叙述和对个体合理生存方式的追求。

（一）以自然对抗人为：道家对儒家道德教育的批评

儒家提倡以德治国，强调"仁、义、礼、智、信"的规训价值，主张通过"明人伦"的社会教化和个体自觉的道德修养达成"父父、子子、君君、臣臣"的理想社会。这一观念体系首先遇到了来自道家尤其是其创始者老子的反驳。"道"为老子思想的根源与核心，在老子看来，"道"

有两个最基本的规定：一为道生万物，即是指"道"为万物之本原，"道生一，一生二，二生三，三生万物"①；二为道法自然，认为"道"的基本属性是自然，"人法地，地法天，天法道，道法自然"（《老子·第二十五章》）。自然无为的天道是人类社会运行规律的依据，无为的自然是人类社会秩序效法的榜样，人类社会的理想状态就是一种素朴的无争无欲的社会，这种社会便是原始的小国寡民的社会。由天道"无为"的观念出发，老子否定了儒家以德治国的路线，认为它违背了天道自然的法则，与因循自然的无为而治相比，儒家所倡导的道德教育并不是最好的国家治理手段，故云："我无为，而民自化；我好静，而民自正；我无事，而民自富；我无欲，而民自朴。"（《老子·第五十七章》）② 主张通过无为让人们做到不争、知足，君主要懂得柔能胜刚，弱能胜强，能做到"无事""无欲"，能做到这些，自然就是一个具有高深德行的圣人，而民会自正、自富、自朴，人们彼此就会相安无事，社会由此而安定，天下从此而太平。老子批评当时儒家的道德教育是"人为"的教育，仁、义、礼、智是对个体自然本性的戕害，是大道隐而不显的产物，是家庭不和、国家混乱的结果，"大道废，有仁义；智慧出，有大伪；六亲不和，有孝慈；国家昏乱，有忠臣"（《老子·第十八章》）。

（二）以"平等兼爱"取代"爱有差等"：墨家对儒家道德教育的批评

与道家对儒家道德教育的批评相比，墨家与儒家在道德教育领域的争鸣则更为激烈，道德教育成为儒墨两家争鸣之焦点。在《墨子·非儒下》中，墨家对儒家道德教育、社会学说及孔子之言行极尽挖苦讽刺之能事。

---

① 《老子·第四十二章》，引自陈鼓应《老子注译及评介》，中华书局 2009 年版，第 252 页。下引《老子》仅标明章名。

② 司马迁亦推崇道家的无为而治，《太史公自序》谓："儒者博而寡要，劳而少功，是以其事难尽从；然其序君臣父子之礼，列夫妇长幼之别，不可易也。墨者俭而难遵，是以其事不可遍循；然其强本节用，不可废也。法家严而少恩；然其正君臣上下之分，不可改矣。名家使人俭而善失真；然其正名实，不可不察也。道家使人精神专一，动合无形，赡足万物。其为术也，因阴阳之大顺，采儒墨之善，撮名法之要，与时迁移，应物变化，立俗施事，无所不宜，指约而易操，事少而功多。"（司马迁：《史记》卷一三〇《太史公自序》，中华书局 1982 年版，第 3289 页。）在《史记》卷一二九《货殖列传》中也谓："善者因之，其次利道之，其次教诲之，其次整齐之，最下者与之争。"（司马迁：《史记》卷一二九《货殖列传》，中华书局 1982 年版，第 3253 页。）

稍后，以孟子为代表的儒家人物对墨子"兼爱"思想进行了不遗余力的抨击。墨家是小生产者的思想代表，主张建立人人相亲相爱、彼此互助互利的"兼相爱、交相利"的大同社会，其思想体现了强烈的社会正义感与批判现实主义精神。在墨家看来，儒家学说上不可治国，下不可安民，虚伪诈说，劳民伤财，"其道不可以期世，其学不可以导众"①。认为儒家倡导"亲亲有术，尊贤有等"，主张亲疏尊卑之异，违背平等兼爱之原则，"繁饰礼乐以淫人，久丧伪哀以谩亲"（《墨子·非儒下》）。认为儒家道德教育，其礼繁杂，其情伪饰，其行奢靡，是"贼天下之人者也"，本身就是非仁、非义的，一旦在"仁"与"孝"之间发生冲突，以致出现二者不能两全的局面时，依据儒家道德教育的基本精神，人们应放弃派生的依附的社会公德，以维系根本的至上的家庭私德，如此一来，儒家试图在家庭私德基础上实现社会公德的理想在二者遭遇冲突时，只能牺牲社会公德，这是倡导兼爱、大同的墨家不可接受的。

（三）用"以法治国"抨击"以德治国"：法家对儒家道德教育的批评

法家对儒家道德教育带有浓郁的实用主义色彩的批评自商鞅时期就已展开，至韩非达到高潮，它帮助法家从诸子百家中脱颖而出，成为第一个登上统治意识形态的思想学说。法家主张建立一个高度中央集权的封建国家，君主权势的建立和社会秩序的重整靠社会的道德教化和个体的道德自觉只是一种空想，而只有法制和法制教育才能做到这一点。在韩非看来，人们普遍存在着一种"算计之心"，趋利避害为人之本性，"安利者就之，危害者去之，此人之情也"②。由于"民固骄于爱，听于威矣"，因而希望通过道德教化而使人们自觉向善是办不到的事，只是不切实际的空洞说教，"仁义辩智，非所以持国也"（《韩非子·五蠹》）。韩非认为："圣人之治国，不恃人之为吾善，而用其不得为非也。恃人之为吾善也，境内不计数；用人不得为非，一国可使齐。为治者用众而舍寡，故不务德而务法。"（《韩非子·显学》）儒家的道德说教是国家思想混乱的根源之一，只有法制教育才能使人们做到"明于公私之分"，循公废私；甚至法家以

① 毕沅校注：《墨子·非儒下》，上海古籍出版社2014年版，第163页。下引《墨子》仅标明篇名。

② 《韩非子·奸劫弑臣》，引自陈奇猷校注《韩非子新校注》，上海古籍出版社2000年版，第279页。下引《韩非子》仅标明篇名。

为儒家阶层属于"五蠹"之一,是国家需要清除的对象。当然法家对于儒家的道德规范并非一味排斥,而是在符合"法"的基本精神、能够"明于公私之分"的基础上进行创造性的改造,韩非便讲,"臣事君,子事父,妻事夫,三者顺则天下治,三者逆则天下乱"(《韩非子·忠孝》)。其目的是"要把道德毁誉统一到'法'的基础上来,通过'法'这一客观的价值准则来确立一种新的社会道德秩序"。①

二 对意识形态的挑战:魏晋玄学对儒家道德教育的批评与改造

至西汉武帝时期,通过"罢黜百家,独尊儒术"的国家政策,儒家地位超过道家,儒家也由诸子之一一跃成为占据统治地位的学派,儒学也由此成为国家意识形态。纵观两汉历史,道教产生时间不长,影响不大,而佛教自两汉之际才开始传入中国,信徒不多,道教与佛教并未对儒家思想及其道德教育学说产生实质性的威胁。在以董仲舒等人为代表的汉代儒家学者的努力下,儒家思想包括其道德教育学说发展到了一个新的阶段。

至魏晋南北朝时期,政治统治及学术发展的情形又发生了重大变化。由于社会动荡不止,朝代更替频繁,在曹魏及司马氏等不同政治集团之间激烈的对抗冲突中,儒家的道德仁义沦为各个政治集团之间争权夺利的工具,轻视鄙弃儒学及其礼教的社会风气在萌发滋长。在这一社会背景下,产生了以王弼、何晏、阮籍、嵇康、向秀、郭象等人为代表的魏晋玄学。尽管玄学各个代表人物的思想并不一致,有时甚至观点分歧较大,就在对儒学及其道德教育学说进行批评和改造上却有相同之处,其"目的在于为名教的存在提供一种新的形而上的根据"②。

由于在玄学本体论的讨论中,倡导以"无"为本,以"有"为末,于是与"无"相应的自然秩序就被放置在与"有"相应的道德秩序之前,与"无"相应的自然人性处于与"有"相应的社会人性之前,那种淳朴、混沌的自然生活态度就被放在了明智的、理性的、和谐的礼乐生活态度之前。③ 魏晋玄学家用天道无为的自然观代替了汉代天人感应的有机自然

---

① 于树贵:《法家伦理思想的独特内涵》,《哲学研究》2009 年第 11 期。
② 朱贻庭:《中国传统伦理思想史》,华东师范大学出版社 2003 年版,第 238 页。
③ 葛兆光:《中国思想史》(第一卷)《七世纪前中国的知识、思想与信仰世界》,复旦大学出版社 1998 年版,第 455 页。

观，并用其来诠释先秦儒学的性、礼、天命等基本范畴与基本命题，对先秦儒家道德教育学说进行了批评与改造，使其呈现出一种新形态，魏晋玄学家对"礼""孝""忠"等儒家基本道德规范的界说典型地体现了这一点。

儒家之"礼"是对人的全部社会生活行为的规范，其比较完整、周延意义上的内涵构成，除了有人本身的"人情"因素外，还有自然的、社会的其他多种因素，特别是显示在天地、鬼神与人之间的那种秩序、等级的伦理因素，无疑是最主要的。但魏晋玄学家则主要从对人本身的、人的自然之性的显现（"情"）的调理、节制的意义上来界定"礼"之内涵及功能①，如郭象在解释"导之以德，齐之以礼"时称："德者，得其性者也"，"礼者，体其情也"。② 魏晋玄学所确认的"礼"是为顺应人之情的表现所必需的或应有的那些行为规范，是人之情感的自然流露，在传统儒学尤其是汉代儒学中"礼"所具有的那种神圣、永恒的色彩，在魏晋玄学中是很淡薄的。而对于"孝"与"忠"这两个儒学伦理道德中最重要的范畴，魏晋玄学也是从人性的自然流露——情的意义上予以界定的，如王弼说："自然亲爱为孝，推爱及物为仁也"（《论语集解义疏·学而》），又讲"忠者，情之尽也。恕者，反情以同于物者也"（《论语集解义疏·里仁》）。

基于对道德规范的不同理解，魏晋玄学与儒学在德性的生成、表现及培育这一问题上也存在着较大的分歧。儒家以思孟学派为代表的性善论主要将道德教育看成是一个通过自我持续不断的反省体察，从而使天赋德性得以保存与扩充的过程，而在以荀子为代表的性恶论的思想中，人格的培育过程则是用圣人经过经验归纳而形成的、具有特定内涵的道德规范改造先天恶性的过程。《礼记》讲"是以圣人作，为礼以教人，使人以有礼，知自别于禽兽"③，但在魏晋玄学家的眼里，以"情"为内涵的"孝""忠"等道德行为则是人之情感的自然表现，并不需要加以特别的培育，

①　崔大华：《儒学引论》，人民出版社 2001 年版，第 354 页。

②　（魏）何晏集解，（梁）皇侃义疏：《论语集解义疏·为政》，商务印书馆 1937 年版，第 14 页。下引《论语》只注明篇名。

③　王文锦：《礼记译解·曲礼上第一》，中华书局 2001 年版，第 3 页。下引《礼记》仅标明篇名。

"孝慈起于自然，忠孝发于天成"（《通典》卷八十《奔丧诏》）。如玄学家论"孝"，认为如果是出自对礼法的敬畏和对血亲的偏袒，那算不上合理，乃是人情之"伪"，但如果出于自然，尽管在具体的行为规范与礼节上与儒家所倡导的有很大的不同，就仍然是合理的，甚至是可贵的。嵇康甚至极端排斥儒家道德教育，认为"六经以抑引为主，人性以从欲为欢"，"若以明堂为病舍，以讽诵为鬼语，以六经为芜秽，以仁义为臭腐"，夸张性地警告人们不要学习儒家经典，不要修习儒家道德礼仪及规范，否则"睹文籍则目瞧，修揖让则变伛，袭章服则转筋，谭礼典则齿龋"，主张"兼而弃之"①。

三　来自外来文化的冲击：佛教对儒家道德教育的批评

在魏晋玄学对儒家道德教育学说展开批评与改造之时，作为一种异域文化的佛教在中国的影响急剧扩大。佛教以其三世轮回、因果报应的观念和极其精巧的思辨体系征服了普通民众和儒家知识分子，对儒家学说的统治地位构成了威胁，也对儒家道德教育学说形成了挑战，这一挑战在中国化佛教流派真正形成的隋唐时期及随后的两宋时期达到高峰。北宋著名理学家程颐曾毫不掩饰地讲"释氏之说衍蔓迷溺至深"，"佛氏之害，甚于杨、墨"。② 南宋大儒朱熹也坦言，佛教"张皇辉赫，震耀千古"，贤者好之，智者悦之，天下之庸奴、爨婢、黥髡、盗贼，亦匍匐而归之，甚至儒家知识分子也"鞠躬屏气，为之奔走服役之不暇也"。③ 这说明唐宋时期佛教实际上已在中国学术思想、信仰及社会教化领域拥有相当大的话语权和实际的控制能力。

为何会出现如此的局面呢？我们知道，佛学作为一种生命哲学，其核心是教人通过持戒、禅定等途径了悟佛性真谛而具般若智慧，最终超脱生死轮回，涅槃成佛，而具常、乐、我、净四德。佛教尽管在一定程度上认

---

① 戴明扬：《嵇康集校注》卷七《难自然好学论》，人民文学出版社 1962 年版，第 261—263 页。

② 《河南程氏粹言》卷一，引自程颢、程颐《二程集》，中华书局 2004 年版，第 1179 页，下引《二程集》仅标明卷数及篇名。

③ 尹波、郭齐点校：《朱熹集》卷七十《读大纪》，四川教育出版社 1996 年版，第 3657—3658 页。下引《朱熹集》仅标明卷数及篇名。

同和接纳了儒家封建伦理道德教化，认为它对于社会的治理确能起到一定的作用，但认为儒家执君臣父子、仁义道德为实有，有"理障"之弊，不能透析人性之本原、社会之本质。唐代华严宗大师宗密称，"二教惟权，佛兼权实。策万行，惩恶劝善，同归于治，则三教皆可遵行；推万法，穷理尽性，至于本源，则佛教方为决了"①，认为在较低层次的社会教化方面，儒家（包括道教）尚有可行之处，而要在较高层次上穷理尽性、洞察性命本质、成就自身，就只有佛教才能做到。

如果说汉代以董仲舒为代表的儒家，其以天人感应为基础、以三纲五常为内容的道德教育学说的出现是之前儒家与道家、法家、墨家斗争的一种结果的话，那么，宋明理学道德教育学说的出现则是儒家针对来自佛教（包括道教）的批评自身不断形而上学化的结果，它借助先秦儒家原典（主要为《四书》），借鉴佛（道）教的思维方式与理论成果，使儒家道德教育学说更加思辨和精致，通过强有力的本体论、人性论及认识论的支撑使儒家道德教育学说发展到一个新的水平。

四　启蒙时代的强音：明清启蒙教育思潮对理学道德教育的批评

在儒、佛、道三教对立并融合的文化发展态势下，理学道德教育体系的建立一定程度上消解了儒学道德教育自身存在的危机，经过元、明、清统治阶级的大力提倡最终占据了牢固的统治地位，支配着中国封建社会后期的学校教育及社会教化。但是，理学道德教育体系本身却潜藏着重大的理论缺陷，其理欲观、情理观、义利观带有明显的禁欲主义色彩，其在群己关系上过分强调群体的态度导致了对个性的否定，并在社会教化领域出现了普遍的道德异化现象。当明清之际启蒙教育思潮出现时，作为儒学在明清时期代表的理学尤其是程朱理学道德教育体系便成为其重要的批评对象，或者说，理学道德教育体系的这些理论缺陷正是明清启蒙教育思潮产生的重要诱因。以颜元、李贽、何心隐、陈确、傅山、戴震等一批思想家为代表的启蒙教育思潮对理学道德教育的批评，可以看作是儒学内部展开的自我批评，"其内容涉及多重领域，而价值体系的反省和调整，则始终

---

① 宗密：《华严原人论·序》，转引自石峻等编《中国佛教思想资料选编》（第二卷第二册），中华书局1983年版，第387页。

是其重心"①。

明末清初的启蒙教育思想，是中国社会由传统社会走向现代化的历史前进运动中出现的一种极具影响力的思潮。它以宋代以来以陈亮等人为代表的功利主义道德观为思想资源，以明正德、嘉靖年间社会风气的变化为前导，明代中叶江南资本主义生产关系的萌芽又为其提供了经济基础。明清启蒙教育思潮除了基于对宋明理学空疏无用的批评而提倡经世致用的思想、顺应明代后期"西学东渐"的出现而产生的科学主义思想，以及针对传统的封建专制而出现的对政治民主的呼唤外，着重批评了宋明理学道德教育学说中存在的"存天理、灭人欲"的教条主义倾向与压制个性、否定人的感官欲求和追求功利的道德观，为追求个性解放的新道德观摇旗呐喊。

明清启蒙教育思潮对宋明理学道德教育的批评是深入的、全方位的。启蒙思想家以自然人性论为出发点，对宋明理学禁欲主义的理欲观、情理观和义利观进行了批评，提出了新的理欲观、情理观和义利观。他们认为"欲出于天，理在欲中"，"人欲不在天理外"，痛斥理学道德说教之虚伪，主张冲破一切"条教禁约"的束缚，自由地发展人的天性；他们重"情"，将"情"看作世界的本原，一切创造的原动力，呼唤"复情""心情"，反对"桎梏人情"，充分肯定了人们冲破礼教束缚、追求爱情与幸福的合理性，如李贽认为，"夫私者，人之心也"②，"虽圣人不能无势利之心"（《李温陵集》卷十八《道古录》），对理学的以动机论为核心的道德至上主义进行反抗，主张以社会功利检验一切道德说教的合理性。除此之外，明清启蒙教育思潮主张个性的张扬与解放，猛烈抨击在社会教化领域中普遍存在的种种道德异化现象，如节烈、纳妾、殉葬、阉割等，提倡婚姻自由与对个体生命价值的追求，成为明清时期的最强音，并对近代学术思想产生了重要影响。

总体上看，中国古代各种思潮与学派对儒家道德教育理论及实践的批评，其出发点各不相同，有些是为了在同儒家的对抗、竞争中扩大其影

---

① 杨国荣：《善的历程：儒家价值体系的历史衍化及其现代转换》，上海人民出版社1994年版，第306页。

② 李贽：《李温陵集》卷九《提纲说》，明刻本。下引《李温陵集》仅表明卷数及篇名。

响，提高或巩固其地位；有的甚至为其成为国家的统治意识形态做准备，如道家、法家、墨家及佛教，我们可将其看作是外部批评；有些则是克服儒家道德教育在某一阶段发展中的危机，拯救其于式微，如魏晋玄学及明清启蒙教育思潮对儒家道德教育学说的批评。

第二节 对宋明理学德育思想进行现代诠释的必要性

由于诸种原因，我国德育现状总体上不太理想，德育目标由于缺乏现实的可操作性而难以完全实现，德育手段、方式有待更进一步的改进，德育的作用在理想与现实的巨大反差中被消弭。这种状况的出现有多方面的原因，有主观上的，也有客观上的；有理论上的，也有实践上的，但其中德育思想体系学理建设状况亟待进一步完善是一个主导方面。我们认为，合理的德育思想体系必须至少具备以下三个特征：第一，体系完备，应包括德育本体论、实践论、目标论诸方面，论证有力，符合逻辑，具有合理性；第二，从社会现实立论，切合社会现实，具有可操作性；第三，思想体系本身要能随着社会历史的发展而不断被改进，能够越来越有效地促进个体人格的全面生成和社会的有序运转，具有开放性。唯其如此，它才能把理论性和实践性统一起来，成为能有效指导现阶段我国德育实践的思想体系，在这方面，有许多工作需要我们去做。

我国德育思想体系的学理建设，是在马克思主义伦理学、西方现代德育思想和中国传统德育思想三重观念背景下展开的，其中传统德育思想尤其是理学德育思想无疑是最基本的观念背景，它不仅影响着我们对马克思主义伦理学的理解和运用，影响着我们对现代西方德育思想的评断和取舍，而且事实上它的一些合理的内核自然地成为我国当代德育的一个重要方面（这也是传统存在于现实之中的一个典型例证）。因此，对理学德育思想做一深入、客观的分析，指出其优点与不足，对我国现阶段德育思想体系的学理建设无疑是非常重要的，也必将直接或间接地影响到当代的德育实践。此外，我们知道，由于理学德育思想立足于我国古代封建社会的血缘宗族等级制度之上，适应封建官僚政治大一统发展趋势，对中国社会进程和国民心理品格影响至深，因而要完成现代社会的健康转型就必须对其加以客观系统的研究。从对理学德育思想的批判历史看，虽然大致上也经历了文化批判、革命批判、新文化批判和马克思主义批判等多个阶段①，表现为一个复次渐进、不断深化的过程，但从根本上讲，百余年来中国社会历史的巨变使批判难以真正完成，而现代新型社会政治、经济制度（尤其是社会主义市场经济体制）的确立与进一步完善使这一批判重新变得可能而且非常必要，我们究竟应当如何对待理学德育思想成为现时代的重要课题。

从发生学角度看，宋明理学德育思想产生于以人的依赖关系为特征的自然经济与宗法等级社会中，"纵观理学形成和发展的历史，倡明儒学人伦之学，显示与重光儒学治心与内用的魅力，把封建专制法理的儒学改造为可与内化心灵的儒学结合，是宋代整个理学家的总目标"②，它契合封建社会的生产方式与思想统治的需要，显示出符合人的道德主体性不断高扬这一合乎历史、合乎逻辑进程的思想趋向，因而具有历史合理性。但历史合理性绝不等于现实合理性。由于"传统和现代化是生生不断的'连续体'"③，关键问题是对在封建社会后期历史产生过重大影响的宋明理学德育思想如何进行批判性的改造。这主要有三种立场：一是从文化本体论出发，把它看成是现代人精神发展的绝对的历史根据和逻辑起点；二是从政治批判出发，把对它的文化批判上升为政治批判；三是从价值认识论出发，把它作为未完成的意义系统看待，把它的思想精华融于现实当中，吸取其合理的精神因素从而形成现代人的思想飞跃。毫无疑问，只有第三种立场是科学的。

之所以有这种提法是由于考虑到：其一，传统与现代在某种意义上是不可分之连续体，现代是传统的必然延续，这就要求我们必须把理学德育思想看作是相对于现实社会的价值存在物，看作是未完成的意义系统，只有这样，好的传统才有可能作为活的传统合理地被继承下来；其二，坚持历史文化本体和现实社会存在本体双重基础，可以有效地克服如下两种价值偏向，即或者把理学德育思想看成是绝对的历史起点与逻辑起点因而不

---

① 参阅万俊人《伦理学新论：走向现代伦理》，中国青年出版社 1994 年版，第 35—39 页。

② 陈谷嘉：《理学的兴起和儒家人伦道德学说的回归与振兴》，《伦理学研究》2004 年第 3 期。

③ 郭齐家：《中华民族的传统美德及其现代意义》，《山西师范大学学报》（社会科学版）1995 年第 2 期。

能被证伪而只能复活的教条主义倾向，或者出于主观需要任意裁剪、肢解理学德育思想的主观主义倾向。基于双重基础，从价值认识论角度出发，可以达到一种实在的、融历史于现实之中的思想飞跃，使历史以合理的精神形式在现实中存在；其三，从价值认识论出发，是基于现实社会需要的合理运思途径。中国封建社会和现代社会性质的根本不同，使得具有先验唯心主义性质的理学德育思想对我们而言更多的是形式合理性价值（合理的运思途径、理论性与实践性的统一），而非实质合理性价值（它最终维护的是封建等级社会秩序），换言之，它给予我们更多的是外在理论形态的借鉴意义而非思想内容的继承价值，前者是第一位的。

第三节　从三个系统看宋明理学德育思想

一　从人格发展系统看宋明理学德育思想

从人格发展系统看理学德育思想，其积极意义大致有以下两个方面：

（一）理学德育表现人的道德主体性，肯定了人的生存价值和意义

理学德育思想继承先秦儒家"为仁由己"的主体能动精神，通过抽象的哲学思辨，使道德品格成为个体先天主导的心理构成，个体自身成为道德认识和道德实践的主体。如果说在程朱理学中，天理的权威化使得人的道德行为带有被迫为善的性质从而主体性还不太明显的话，那么在陆王心学中人的道德主体性便高扬起来，主体道德行为不仅是克己，更为重要的是成己，是主体先天道德本性的自然流露，这无疑在更深的层面上体现了对自我的关注，自我的"本心"或"良知"成为准则，如陆九渊讲，"他人文字议论，但谩做公案事实，我却自出精神与他批判，不要与他牵绊，我却会斡旋运用得他，方始是自己胸襟"①，王守仁亦称"只致良知，虽千经万典，异端曲学，如执权衡，天下轻重莫逃焉"②。这种自做主宰的精神显示了他们不同凡响的主体性倾向。此外，在理学德育思想中人的存在具有恒定和普遍的价值，它不是在对每个人经验真实（行为）的归

---

① 《陆九渊集》卷六《与吴仲时》，中华书局 1980 年版，第 97 页。下引《陆九渊集》仅标明卷数及篇名。

② 吴光等编校：《王阳明全集》卷二十六《五经臆说十三条》，上海古籍出版社 1992 年版，第 976 页。下引《王阳明全集》仅标明卷数及篇名。

纳总结中判定其存在的价值与意义的，而是从先验唯心的角度演绎出"人本善"即每个人先天地具有存在价值的命题。在这个关切人类安身立命的终极关怀的唯心主义命题中却包含着深刻的道理。我们知道人作为道德存在是在人类已攀上自身本质的高度后表现出来的，虽然理学德育思想把人抽象化为道德人而失于片面化，但道德作为人的本质存在的一个方面甚至是其主要方面，则是毫无疑问的。

（二）理学德育注重培养知、情、意、行完善的品德心理结构

理学德育思想继承了先秦儒家注重完善的品德心理结构的传统。理学家大都认为个体的品德心理结构包含知、情、意、行四个方面。但由于他们的本体论、认识论、知行观以及时代背景存在一定差别，因此知、情、意、行在德育中的次序和地位有所不同，大致可分为三类：其一是以朱熹为代表的"知先行后"德育模式。先进行道德知识的传授，最终、最重要的是道德实践，要在整体上保持知行并进，而情、意贯穿其中，但由于情有善与不善，必须加以约束和控制。其二是陆九渊强调先立大志与"知先行后"的德育模式。由于他坚持性情合一，"性、情、心、才，都只是一般事物"，情既为道德情感，也是道德理性，是性的自然流露，故为善，它贯穿于整个德育过程中。其三是王守仁"知行合一"的德育模式。真知必行，不行不可谓知。王守仁也是性情合一论者，但他把二者看成体用关系，性必有情，情也有过与不及，所以重视性对情的自我调停。至于道德意志，王守仁同其他理学家有很大的不同，他认为主体的道德意志具有"无规定"的特征，是自发的，也是自由的，[①] 是"不器"，即不"执一"、不"意必"，也就是不执于形而下的一事一物，使主体意志超越于一切现实目的性，随感而应，率性而为，以至无为无不为，"随心所欲而不逾矩"，因此王守仁的意志便是无意志，是超意志。总的来说，理学德育思想注重培养知、情、意、行统一的道德心理结构，基本上符合现代教育心理学，对我们当代德育有一定借鉴价值。

现代型人格是健全型人格，人作为行为主体是政治主体、经济主体、权利主体、道德主体的统合，是理性与非理性、精神（心理）与生理的

① 方同义：《略论儒家伦理本体论的内在矛盾和王阳明良知说的本质特征》，《浙江师范大学学报》（社会科学版）1991年第2期。

平衡拓展，是适应市场经济与民主政治发展的开放型人格，而理学德育要塑造的人格至少在以下四个方面同现代人格发展趋向相背离。

（一）德性人格对权利人格的僭越

这种僭越是理学把道德与人的关系进行颠倒，并进一步把道德抽象化、绝对化的必然结果。理学不是从"道德为人存在"的唯物史观立场而是从"人为道德存在"的唯心史观立场展开其人格理论，剥掉了人的丰富的对象性关系，使人仅仅作为道德的附属物，现实的道德关系被抽象化、绝对化，三纲五常变成万世不移之理："三纲之要，五常之本"是"人伦天理之至，无所逃于天地之间"（《朱熹集》卷十三《癸未垂拱奏札》）。以先验的德性人格规定人，强调人对封建道德规范的无条件遵从，这就导致其对权利人格的僭越，从人格内涵中排除人的社会参与的权利。宋明时期农业社会的文化结构，造成了权利意识的虚幻性和财产关系的不确定性。到明代中后期，由于资本主义生产关系的初步萌芽和市民意识的觉醒，理学内部一度出现了重视权利人格的思潮，如王艮的"重身""珍生"等思想，但总体上局限在自我保存范围内，缺少参与社会的开拓精神。

（二）价值理性对工具理性的僭越

主体的价值理性侧重于对其自身及其环境存在的价值意义认知，而工具理性则侧重于对对象世界的客观事实认知。前者偏向价值论，后者偏向认识论。就理学德育思想本身而言，它属于心性修养之学，与近代西方德育思想尤其是康德、黑格尔等人以明确的主客分离的认识论为理论前提的德育思想不同，它以主客不分的"天人合一"为理论前提，"基本上不把主客关系和认识论放在视野之内"[①]，这样，所谓认识就只能是道德认识，只能是对先天存在的道德之"理"的反思与体认，"知识愈广，而人欲愈滋"（《王阳明全集》卷一《传习录上》），对客观事物的理性认知倒妨害了对天理的体认，科学技术被贬为奇技淫巧也是必然的了。

（三）心理发展对生理发展的僭越

同理学先验唯心的理气观相对应，其德育思想注重的是人的心性修养、人的道德品格形成，即人的精神（心理）发展，而忽略甚至轻视人的生理发展。我们知道，理学德育最根本的任务是"存天理""灭人欲"，

---

① 张世英：《程朱陆王哲学与西方近现代哲学》，《文史哲》1992年第5期。

"天理"即"天地之性"或"道心",而"人欲"则为气质的"攻取之性",是基于人的属物质的生理而产生的。由于人的心理品质(精神)先天完满,它只需要生理(物质)为载体使其现实化,因此,心理本质上不是一个开放性的发展过程,而是封闭性的恢复过程。这样,人的心理和生理两者之间并不是动态发展的辩证统一关系,人的发展被简单地理解为纯心理发展,被认为是在克服人的感性生理欲求的过程中完成的。如此一来,理学德育思想就如同中世纪基督教教育一样轻视甚至贬低个体生理发展的必要性。即使持有唯物主义"气"一元论的张载也持有这种看法:"医书虽圣人存此,亦不须大段学,不会亦不甚害事,会得不过惠及骨肉间,延得顷刻之生,决无长生之理,若穷理尽性则自会得。"① 重视心理发展无可厚非,但心理发展只有在生理健康的前提下才有可能正常进行,忽视生理的发展是理学德育思想的明显局限,明清之际颜李学派的军体教育思想便是针对此一流弊而提出的。

(四)道德实践对社会实践的僭越

实践是人存在的根本方式,只有在实践中,人才有可能显示自己的本质,人才能成其为人。从这个意义上讲,实践是人的本质。在理学德育思想中,人并不是孤立静止的,他是在日常生活中践履道德规范的社会的人,是道德实践的主体,王守仁甚至提出了道德实践本体的思想,让人在道德实践中显露自身的本质,这是理学德育思想的深刻之处。在这里,个体的道德实践有了独立自主的价值和意义,但其结果是人的实践被片面地理解为道德实践,专门追求经世致用的社会实践于个体而言便是不必要且不应该的,这在朱熹对陈亮的"义利双修王霸并用"的批判中表现得很清楚。这样,理学德育思想以个体道德实践排斥经世致用的社会实践,只能阻碍个体积极参与各种社会活动来改造社会、改造自然,而在片面的实践中人的本质力量只能有片面的发挥,人只能是片面的人。

二 从人与社会的关系系统看宋明理学德育思想

理学德育思想的最终目的不在于个体,而在于社会;不在于个体心性修

---

① 《经学理窟·义理》,引自章锡琛点校《张载集》,中华书局1978年版,第278页。下引《张载集》仅标明卷数及篇名。

养，而在于处理人与社会的关系。而当时社会主要包括：人类整体，封建等级制度，家族，作为人类整体一部分的集体等。因此，所涉及的人与社会的关系问题就是一个比较复杂的问题，有其合理之处，也有不合理之处。

从积极方面而言，理学德育思想注重整体利益，注重社会和谐统一，并把仁道原则与整体观念结合起来，渗透到个体的一切活动当中。张载在著名的《西铭》中写道："乾称父，坤称母；予兹藐焉，乃混然中处。故天地之塞，吾其体；天地之帅，吾其性。民吾同胞，物吾与也。……尊高年，所以长其长；慈孤弱，所以幼吾幼。圣其合德，贤其秀也。"（《张子正蒙·乾称篇第十七》）在王守仁那里，仁道思想与整体观念进一步被发挥："夫圣人之心，以天地万物为一体，其视天下之人，无外内远近，凡有血气皆其昆弟赤子之亲，莫不欲安全而教养之，以遂其万物一体之念。"（《王阳明全集》卷二《传习录中》）这种群体观念虽然建立在宗法血缘等级制度上，以剥夺个体独立性和发展条件为代价，与理学德育思想目的论、先验演绎的思维方式有直接的关系，但它毕竟是"人类自我实现的一个必经的历史阶段"①，至少在形式上坚持以人类群体利益为重的价值倾向。

就其不合理之处看，第一，由于理学德育思想本身的价值倾向、思维途径等是建立在宗族血缘基础上的，目的是为了维护大一统的封建等级制度，它的基本原理便是把血缘关系伦理化，把伦理关系政治化，层层递进，形成了伦理道德政治化的基本格局。因此，它与现代民主政治与人权平等观念格格不入，个体对国家、对社会的关系，化约为以忠君为核心的各种道德关系的集结，个体对于封建等级制度只能依从而不能改变或破坏。这些表现在理学德育思想的人格建立与人格生长理论上，便是讲求德性与政治的贯通、"内圣"与"外王"的统一，也就是《大学》所概括出的"三纲领""八条目"的"大学之道"。其局限性在于以纯粹的道德角色消解个体所承载的丰富社会角色，以尊卑贵贱的等级秩序消解人格平等，以"匹夫有责"的政治责任消解民主政治参与。

第二，弱化民族刚健性格。理学德育思想中，心理（精神）发展对生理发展呈现僭越状态，由于"内圣"到"外王"的思维倾向以及道德

---

① 章海山：《中西伦理思想比较研究初探》，《学术研究》1993 年第 2 期。

对于政治、经济等领域的不正常介入等，产生了弱化民族刚健性格的负面影响。通过理学德育所培养出来的人，表现为精神片面发展而不是身心协调发展，是以道德主体为主而不是道德主体、经济主体、政治主体的统一，注重道德观念而不是道德观念与科技观念、策略方法观念的统一。这从陈亮、叶适等人对理学教育言辞激烈的批判中可窥一斑："今世之儒士自以为得正心诚意之学者，皆风痹不知痛痒之人"①，"见闻几废，狭而不充，为德之病"②。

三 从人与自然的关系系统看宋明理学德育思想

人与自然，大致有认识与实践两种对象性关系。而理学德育思想所蕴含的人与自然的关系，严格来讲既不属于认识论体系，又不属于实践论体系。在理学家的视野中，自然是以对人的价值与意义为其存在根据，以某种特殊的方式进入人的视野的，它和人构成的主要为伦理审美关系。

就其积极方面而言，从生态伦理学角度看，理学德育思想倡导人对自然的顺应关系，主张人和自然之间保持平衡、融洽、和谐一致。这一思想的深刻性和合理性在于认识到人和自然的伦理关系说到底是人与人的伦理关系。③当人攀上自身的本质高度而成为理性的认知主体和实践主体时，人与自然的关系直接关系着人与人的关系，关系着人类活动的自由度，关系到人类的历史命运。今天，当人与自然的关系恶化而直接威胁到人类自身的命运时，理学德育思想所倡导的这种缺少对于世界的紧张感（马克斯·韦伯语）的缺陷倒给了人类拯救自身命运的一线生机。理学德育思想继承了先秦儒家价值优先的思维取向，并将善的追求提升并泛化为一种普遍的理性化要求，从而价值理性的主导地位最终由此得到确立。善的追求构成理性设计与主体行为的出发点，与此相应，人应当从价值理性而非工具理性角度考察人与自然的关系，这种观点虽有其片面之处，但有一点可以确定，它确可抑制因工具理性的片面膨胀而出现的技术专制等现象，

---

① 邓广铭点校：《陈亮集》（上册）卷一《上孝宗皇帝第一书》，中华书局 1987 年版，第 9 页。

② 黄宗羲：《宋元学案》卷五十五《水心学案·下》，中华书局 1982 年版，第 1802 页。下引《宋元学案》仅标明卷数及篇名。

③ 章建刚：《人对自然有伦理关系吗?》，《哲学研究》1995 年第 4 期。

从而能有效地减少科学技术带来的负面影响，这些方面许多学者已有较多论及。

就其消极方面而言，虽然程朱等人认为"一草一木皆有理"，含有一定的科学认识论思想，但从整体上看，自然界主要不是作为人的认识对象而出现，因此，对于工具理性（技、器层面的理性）未免有所忽视，使个体对真的求索与对器的整治越来越处于从属的地位，限制了自然科学技术的进步，使自然科学技术的发展和个体对科技知识的探求始终未能得到正面的价值支持。除此之外，理学德育思想在扬弃人类中心论的同时，对于人对自然界的主体实践作用未免有所忽视。尽管张载亦曾说过"天与人，有交胜之理"（《张子正蒙·太和篇第一》），但这种"交胜"主要是德情涵养上志与气的相互作用，并不是广义的实践过程，将人与自然的关系限制在精神境界的层面，多少弱化了其历史的深度。如果说，朱熹等人由于其理气观的影响还曾明确承认事物为自然存在的话，王守仁则避开这一问题而直接从心的寂感来判定事物的存在，重视事物的意义存在而非事实存在，直接取消了自然事物作为人的认识对象和实践改造对象的可能性和必要性，这不能不说是一个很明显的理论缺陷。

理学德育思想因其深刻的思维力度、丰富的实践品格、高尚的仁德境界以及其对现实德育具有很强针对性的指导作用，成为我们批判继承的宝贵资源。我们知道，对理学德育思想的批判与改造并不仅仅在思想领域内就能完成，它最终将由整个社会的长期实践来完成。近现代中国社会对传统道德（尤以理学德育为重）的批判历程——文化批判、革命批判、新文化批判和马克思主义批判虽然显示出层层递进、不断深化的趋势，但批判与改造的任务远没有完成，还需要随着社会历史的发展而不断拓展。可以说，对理学德育思想的批判与改造既是促进现代社会进一步完善化、有序化的价值先导，也将是其自始至终的价值选择，两者互动统一。我们也需要把对理学德育思想的批判与改造同社会现实紧密联系起来，从现实中而不仅仅是在思想中找到它的生长点，笔者认为这种价值认识论的立场是比较合理的，也是唯一有效的。它本身的复杂性和社会现实的复杂转变决定了这项工作的艰巨性，但无论如何，这项工作必须完成，因为它关系到中华民族价值观与精神的重建，关系到中华民族的历史命运。

第四节　宋明理学德育思想的形式合理性

一　合理的运思途径

从整体上看，理学德育思想是以德育本体论、认识论、人性论、价值论和实践论为构成内容的，以个体的道德价值存在为核心的，以调节人与人、人与社会、人与自然的关系为指归的，涉及政治、经济、法律、自然生态诸领域的人文主义德育思想。虽然在其历史的演变中有继承、改造甚至批判、拒斥，但整个理学德育思想的运思途径则是一致的，表现为从客观到主观再到客观的过程。

我们知道，在宋明时期，随着中国社会进入封建社会后期，各种社会矛盾也发生激化。北宋初即爆发了大规模的农民起义，农民阶级提出了"均贫富"的口号，而地主阶级改革派从富国强兵的目的出发，反对"贵义贱利"："诸儒之伦，鲜不贵义而贱利，其言非道德教化则不出诸口矣"。① 进而提出了"所以理财，理财乃所谓义"② 的主张；至南宋，民族矛盾尖锐起来，改革派出于抗金复土的需要，认为"既无功利，则道义乃无用之虚语耳"（叶适《习学记言序目》），提倡功利主义；到了明代中期，阶级斗争更加尖锐，大规模农民起义方兴未艾，统治集团内部矛盾重重，社会无序，纲常废弛。在理学家看来，这一切都是由人欲膨胀、义利不辨所造成的，人们在"利欲胶漆盆"中越陷越深，一味追求享乐和财富，要改变社会状况，必须明"义利之辨"。因而在理学德育思想中，"义利之辨"成为理论焦点，"天下之事，惟义利而已"，甚至成为"儒者第一义"（《河南程氏遗书》卷十一《明道先生语一》）。他们坚决反对"功利之学"，主张"不论利害，惟看义当为与不当为"（《河南程氏遗书》卷十七《伊川先生语三》）；"圣贤千言万语，只是教人明天理，灭人欲"③；"圣人述六经，只是要正人心，只是要存天理、灭人欲"（《王阳

明全集》卷一《传习录上》）。理学家认为，要解决各种社会矛盾，每个人都必须经过道德修养与教育，使"天理良知"这亘古不变的道德法则深植于人心，主体的道德修养与教育成为解决客观社会矛盾的主要手段，德育与社会紧密地联系起来，德育的作用在维护封建社会等级秩序中体现出来，个体修养达到一定程度后必然能化治天下，"内圣"必然开出"外王"来。这样，表面上先验完满自足的德性本身并不具有完满自足的意义，它是反思客观社会矛盾的思想结果，也是达到客观社会重新有序化的前提条件，理学德育思想便在这种从客观到主观再到客观的连接中显示出其运思途径的合理性。尽管理学家的义利之辨有其历史局限性，但形成理论以解决现实社会矛盾的运思路径体现了其鲜明的关注社会现实的立场。

二 理论性和实践性的统一

理学本体论（"理"或"心"）、认识论（"理一分殊""格物致知""省察""德性之知"与"见闻之知"等）、心性论（"心统性情""已发未发"等）与修养论（"持敬""涵养"等）归根到底直接为现实德育提供合理性论证，提供德育内容与方式方法，从而理学德育思想拥有了完整的德育思想体系所需要的两个基本部分：德育本体论与德育工具论，它一方面提供了德育的理想目标（"与天地合其德"的圣贤），并使其具有绝对的价值意味，成为个体生存的最高、最完善的价值体现从而具有导向功能；另一方面，通过对形下世界的意义确证，使得各种具体的道德规范的现实操作成为可能。因此，理学德育思想不仅具有绝对的价值理论系统，而且还具有围绕其展开的道德规范操作系统，把理论与实践紧密地联系了起来。理学德育思想在社会教化层面，由于其倡导一重化世界，提倡德育的现实调节与维持功能，坚持德育外推效应（有"内圣"必有"外王"）的必然性，因而突出其实践品格，倡导只有在每个个体积极入世的现实道德活动中德育的目的才能达到，极琐碎的日用常行也是显示道德之理的，"洒扫应对便是形而上者，理无大小故也"（《河南程氏遗书》卷十三《明道先生语三》）。在具体的学校德育层面，它的实践品格则表现得更明显。如果说，自 20 世纪 60 年代起西方社会才出现把抽象的德育思想体系和具体的学校德育衔接起来的倾向，从具体的学校德育实践出发来沟通抽象的德育思想体系从而赋予其实践品格，使其成为学校德育中的可操作系统，进而使学校德育内容、方法、程序及目标一贯化的话，那么，早在我国宋明时期，这种衔接与沟通已被看作是天经地义的。

理学家既是抽象的德育思想体系的自觉构建者，也是广泛的社会教化的有力推行者，更是具体的学校德育的倡导者与实施者。在他们看来，学校为教化之本，是实施德育的最重要场所，是社会教化之基础，因而他们同西哲柏拉图、康德等一心构建宏观、抽象的伦理道德思想体系的做法截然不同，一开始就将德育本体论与工具论紧密结合在一起，从具体的德育实践需要出发来构建其抽象的思想体系，因而在抽象的"理"本体和"心"本体之中容纳了以各种具体的道德规范为德育内容的、实际可行的各种德育原则和方式方法，如"持敬""涵养""积累""事上磨炼"等，走的是从德育实践出发、理论性和实践性相统一的路子。

第五节　宋明理学德育思想可总结的主要教训

现代社会为开放的民主型社会，而封建社会主要呈现出封闭的专制特点，为封建统治服务、提倡尊卑贵贱之分的。理学德育思想对现代德育理论和实践的价值更多的可能是要总结的教训，是前车之鉴。在此意义上讲，批判与超越似乎是第一位的，现代德育之所以具有现代待质，首先也就在于它对作为封建社会最完备的理学德育思想的批判与超越。理学德育思想可总结的经验教训主要包括以下几个方面。

一　主体品格的过度道德化

我们知道，个体作为"社会关系的总和"，其发展的趋势表现为个体主体品格的多样性和平衡性发展。社会越进步，主体品格构成将越合理、越完善，社会历史发展的表现之一就是个体主体品格逐步摆脱简单性、不平衡性，趋向多样化和平衡化。而在理学德育思想中，无论是性一元论者还是性二元论者，无论是坚持"理"本体还是"心"本体，个体的本质无一例外地被看作是先验地赋予其自身的道德本质，也只有道德本质才可以称得上是个体本质，"人之所以为人者，以有天理也"（《河南程氏粹言》卷二），也只有道德品格才能真正称得上是主体的品格，个体的存在、个体的活动无一例外最终指向道德的完善，不论是"修己"还是

"治人"，不论是对自身意义而言还是对社会意义而言都是如此。理学德育思想也承认个体不同领域的实践活动价值，并没有把人看成是纯粹的道德践履者，但是它不支持个体多元主体品格的平衡共存，同王安石、陈亮、叶适等注重事功的儒学外王派相比，其理论深度有余而思想视野不广。由于它把人的本质用先验的德性之理来界定，因而非但没有出现像西欧近代资本主义社会那样"人从已经攀上的本质高度上的倒退"①，反而又进一步抬升了人的道德本质，使其获得了本体论的支持而上升为先验的、绝对的道德本质，因此不可避免地消弭了个体作为独立的政治主体、经济主体、法律与权利主体的存在意义，最终反过来也削弱了个体作为道德存在者的稳定性。

二　德育功能的过度政治化

理学德育思想的直接目的就是要维护以血统、出身、权势等为根据而划分的社会等级制度，为封建社会君权至上和地主阶级对农民阶级的统治合理化服务，所谓"君尊于上，臣恭于下，尊卑大小，截然不可犯"（《朱子语类》卷六十八）。在理学德育思想中，道德与政治是不分的，政治是道德的外显形式，道德是政治的内在机制，显示出以德统政、以德代法、以德持礼的思想倾向。这种以德统政的思想倾向的出现既有自先秦以来家国一体、以德统政的历史根源，又有儒家"修齐治平"的思想根源，在宋明时期特定的历史条件下又被进一步强化。不论是坚持"正心以正朝廷，正朝廷以正百官，正百官以正万民，正万民以正四方"（《朱熹集》卷十一《庚子应诏封事》），以德行"为治之大原"，还是坚持"明明德必在于亲民，而亲民乃所以明其明德"（《王阳明全集》卷七《亲民堂记》），倡导施政为修身之道，都是将治理国家和修养德性混同起来，德育为现实政治服务的功能被强化，从而使德育丧失了"超越现实经验从而批判与引导现实前行并不断趋于完善的内在动力和外在力量"②，反过来也削弱了政治的权威性力量。

我们知道，德育与政治的关系的处理是一个比较复杂的问题，两者有

---

① 丁学良：《马克思的人的全面发展观概览》，《中国社会科学》1983 年第 3 期。
② 万俊人：《伦理学新论：走向现代伦理》，中国青年出版社 1994 年版，第 112 页。

时会紧密联系在一起，这是很自然的，但我们应当摆正它们之间的关系。应当看到，德育主要是为了培养个体自身的道德品质以便更好地处理自己与他人之间、自己与社会之间的关系；而政治则主要包括对外独立和对内自治两个方面，它是通过一系列手段（如军事、经济、行政、法律等）来进行，偏重于中性范畴，两者之间存在着一定的差别。

三　实践内涵的过度单一化

所谓实践内涵的过度单一化主要指实践活动主体成分的单一化和实践活动目的的单一化。在理学德育思想中，当主体品格道德化后，随之而来的便是主体实践内涵的单一化。从主体发展目标看，不论是"知礼成性"还是"复其心性之同然"，也不论是"学必至于圣人"还是"复尽天理"，毫不例外地都是长期道德实践的最终结果，那种发挥人的主观能动性、"制天命而用之"从而改造、征服自然的思想被抛弃了，那种倡导"明分使群"的社会分工合作思想也被忽视了。主体不再是具有丰富实践内涵的主体，与此相适应，主体间的关系也变得单调起来，道德关系似乎成为联结每一主体的唯一纽带，每个主体都像是一张巨大的道德之网上固定的纽结。在理学德育思想中最能表达主体间这种关系的莫过于"万物一体"的观念。

"万物一体"的观念在张载思想中已有了初步的表达，他在《西铭》中写道："乾称父，坤称母；予兹藐焉，乃混然中处。故天地之塞，吾其体；天地之帅，吾其性。民吾同胞，物吾与也。"（《张子正蒙·乾称篇第十七》）程颢也明确提出"仁者，与天地万物为一体"（《河南程氏遗书》卷二上《二先生语二上》）的观念。如果说在张载及二程思想中，主体间的道德关系还处于本体论意义上的本然存在形态的话，那么在王守仁思想中，"万物一体"作为主体交往的最高准则而取得了应然的形式。他说："夫圣人之心，以天地万物为一体，其视天下之人，无内外远近，凡有血气，皆其昆弟赤子之亲，莫不欲安全而教养之，以遂其万物一体之念。"（《王阳明全集》卷二《传习录中》）在此，万物一体的观念便具体化为以仁道原则对待一切社会成员，成为主体与他人共在过程中应当遵守的基本原则。

这种从道德角度设定主体间关系的做法注重主体间情感的打通，凸显主体间和谐共处的价值，挺立主体人格，但它忽视了主体间交往形式的多样性，忽视了主体间以合作方式从事实践活动的可能性与必要性，因为"主体间的关系并不仅仅涉及心理情感，与之相关的更有广义的社会结构、制度交往过程的形式化程序"① 等，尤其是主体在社会分工与合作基础上的交往关系会随着社会历史的发展变得越来越重要，主体间的关系是开放的、多元的，更是合作的、协同的，社会的发展越来越需要人们以集体的形式参与自然与社会的改造。

四　知识发展的过度失衡化

从某种意义上讲，道德知识更偏重于价值理性，注重意义；而科学知识和技术则偏重于工具理性，注重事实。一方面，德育注重让受教育者理解道德规范的意义与价值，即注重意义与价值的给予而不是事实与规律的确证；但从另一方面来讲，德育并无限制、阻碍科学知识和技术发展的内在需要。

在理学德育思想中，认识的作用被限定为去意会封建道德规范的绝对性、先验性和权威性，去认识"存天理、灭人欲"的必要性，而要认识先验自足的德性之理是不需要以科学认识为基础的；科学知识和技术的发现对理学家来讲更多的是反面价值，即使是持"气"一元论、注意探讨自然科学和实际问题，并对天文、兵法、医学等有一定涉猎的关学也有类似看法，如张载讲："诚明所知乃天德良知，非闻见小知而已"，"德性之知不萌于见闻"（《张子正蒙·大心篇第七》）；程颐也讲："惟理可进。除是积学既久，能变得气质，则愚必明，柔必强。盖大贤以下即论才，大贤以上更不论才，圣人与天地合德，日月合明。六尺之躯，能有多少技艺？人有身，须用才；圣人忘己，更不论才也"（《河南程氏遗书》卷十八《伊川先生语四》）；朱熹虽也承认主客观的对立，微弱地透露出一些科学认识论思想，但"穷理"最终是穷道德之理，"致知"最终是致道德之知，科学认识和道德认识终究不可同日而语。

陆九渊、王守仁更是强调科学知识的危害，在陆九渊看来，知识是"添的工夫"，而只有做"减的工夫"，才能"无识知之病"，才能达到

① 杨国荣：《人我之间：成己与无我》，《中州学刊》1996 年第 5 期。

"此心炯然，此理坦然，物各付物"（《陆九渊集》卷一《与赵监》）的境界。而王守仁亦认为"后世不知作圣之本，而专去知识才能上求圣人，敝精竭力，从册子上钻研，名物上考索，形迹上比拟。知识愈广而人欲愈滋，才力愈多而天理愈敝"（《王阳明全集》卷一《传习录上》），"大端惟在复心体之同然，而知识技能非所与论也"（《王阳明全集》卷二《传习录中》），排斥主体对科学知识的探求。我们认为，德育与科学知识之间的合理关系应该是教育受教育者如何正确地对待科学知识，使科学知识的获得、运用和发展中可能出现的负面影响降到最低点，树立合理的科学观，而不是因噎废食，消极地阻碍科学知识的发展，也只有这样，个体的发展以至于人类的进步才有可能合理化。

五　经权关系的过度紧张化

人的活动从道德角度划分，大致可分为道德活动、非道德活动与不道德活动三类，而真正涉及道德判断与道德选择的活动只构成了人类整体活动的一部分。就个体的道德实践活动而言，由于主体道德判断、道德选择及道德规范等方面绝对性与相对性的统一，必然要求德育思想体系对经与权的关系作出某种设定。如果说作为理学德育思想源头的先秦儒家德育思想在经权关系的设定上还留有一定空隙的话，那么理学德育思想则表现出缝合这个空隙的趋向，虽然有时它也承认权的重要性，主张"君子之道，随时而动，从宜适变，不可为典要，非造道之深，知几能权者，不能与于此也"（《周易程氏传》卷二），但总的说来，权只是"那常理行不得处，不得已而有所通变的道理"，只是"济经之不及耳"（《朱子语类》卷三七），占统治地位的只能是经，"百行万善总于五常"（《朱子语类》卷六），甚至于"圣人言语，自家只当奴仆，只随他去，他教住便住，他教去便去"（《朱子语类》卷四五），坚持教条主义，以圣人言语为经，在日用常行中只可贯彻，不可违背。

陆王心学德育思想虽倡导自主性，主张"收拾精神，自做主宰"，主张"良知即是易，其为道也屡迁，变动不居，周流六虚，上下无常，刚柔相易，不可为典要，惟变所适"（《王阳明全集》卷三《传习录下》），但其自主性是以无条件认同封建三纲五常的道德规范为基本前提的，表现为如何自觉、自愿地遵守这些道德规范而不仅仅是把它们看成外在的约束。个体无论如何自主，他必须坚持"理"乃"天下之公理"，"心"乃"天下之同心"，"道"乃"天下之公道"，无论是客观之经还是主观之经都具有权威性，这样，权也就不仅仅是不得已而采取的，更为重要的是，它成了经在现实社会层面具体运用的方式，经乃无时无处不在的统摄者，经权关系成了经体权用的关系。

理学的经权观中，"经始终占据主导地位，而权往往被用作经的补充，完成经的手段。权虽然可以对经有所变通，但这种变通本身必须受经的限定和制约。经学独断论，不仅大大降低、减弱了权在理学中的价值和作用，而且使其在后世的演变中渐失理论张力和活力，最终陷入了教条和僵化"①，经以在社会现实层面被灵活应用的形式取得了独断的地位，人的道德主体地位并没有真正得以确立。

六　精神发展的过度超越化

对形上世界的过分迷执，无疑会损减执着于形下世界的平实精神。对人自身认识的局限（对生理、心理平衡发展必要性的忽视）和对先验精神的迷执是理学德育思想和西方中世纪宗教教育的共同特点，由此所引发的一个最直接的结果便是对个体感性生命的漠视，德性的修成是以对感性生命需求的过分抑制为代价的，天理、人欲两极对立的思维方式使得感性生命只有作为德性精神的载负才取得其存在的合法性。

理学德育思想强调的不是感性生命与精神品性发展的相互依赖关系，而是感性生命需求对精神品性发展的危害，因此理学家主张为了精神品性的发展就必须抑制个体感性需求，"至若论其本然之妙，则惟有天理而无人欲。是以圣人之教必欲其尽去人欲而复全天理也"（《朱熹集》卷三六《答陈同甫》），"必欲此心纯乎天理而无一毫人欲之私，此作圣之功也"（《王阳明全集》卷二《传习录中》）。这种观念正如古代西方斯多葛派所认为的那样，感性生命对人的德性而言是服务于人的德性的一头"驮载的驴子"，"对有理性的人来说，肉体毫无价值"②。张载便讲："观书且

①　岳天雷：《理学权说析论：以程颐、朱熹、高拱为中心》，《中原文化研究》2013 年第 1 期。

②　章海山：《西方伦理思想史》，辽宁人民出版社 1984 年版，第 135 页。

勿观史，学理会急处，亦无暇观也。然观史又胜于游，山水林石之趣，始似可爱，终无益，不如游心经籍义理之间。"又讲："棋酒书画，其术固均无益也。"（《经学理窟·义理》）似乎个体生命的价值只能体现于存心养性、识察义理之中，这种认识无疑是极片面的，是现代德育思想所必须抛弃的。

七　德功关系的过度必然化

先秦诸子百家中大致存在着儒家"举贤"与诸子"使能"的差别，先秦儒家自身还能给"外王"以一定独立的地位，而理学德育思想则片面地发展了先秦儒家的"内圣"之学，从而把主体人格中德性与事功相对平行、独立的关系发展成为从德性衍化出才能的先后、演绎关系，"使'内圣'成为可以脱离甚至必须脱离'外王'而具有独立自足的价值和意义"①。在理学家看来，"向内便是入圣贤之域，向外便是趋愚不肖之途"（《朱子语类》卷一一九），"君子之事，进德修业而已。虽位天地、育万物，皆已进德之事，故德业之外无他事功矣。乃若不由天德，而求聘于功名事业之场，则亦希高慕外"（《王阳明全集》卷二五《祭朱守忠文》）。德性与事功之间并无必然的逻辑演绎关系，一味追求德性完善，认为有德必然有功是对主体人格作片面、抽象理解的必然结果，是一种牵强的主观的逻辑连接，是对德功关系的合情但不合理的设定。

---

① 李泽厚：《中国古代思想史论》，安徽文艺出版社 1994 年版，第 267 页。

第二章　宋明理学美育思想

宋明理学中蕴含着丰富的美育思想，其美育思想不仅为德性人格的养成服务，而且其德性人格本身就是美的人格、乐的境界。宋明理学美育思想强调通过音乐教育、诗文熏陶及美的人格的养成最终达于"诚""仁""乐"三位一体的理想人格。现代美国著名的哲学家、美学家乔治·桑塔耶那（George Santayana）认为："审美判断主要是积极的，那也就是说对善（good）的方面的感受，而道德判断主要是消极的，而且基本上是对恶（evil）的感受。"① 虽然桑塔耶那的主要目的是将美学与伦理学严格区分开来，同理学美善统一的价值观不合，但如果仔细探究理学美学与伦理学、理学美育思想与道德教育思想之间的不同的话，桑塔耶那有关审美判断是积极的而道德判断是消极的论述对我们不无启示。

第一节　宋明理学音乐教育思想

一　宋明理学音乐教育思想的根源：先秦儒家的观点

音乐对个人的发展和社会的进步有着十分重要的影响。在原始社会，音乐就已经对社会生产与生活有着重要的影响。先民们在祭祖先与天地的原始巫术活动中通过音乐与舞蹈淋漓尽致地表达他们的愿望，柴勒在《音乐的四万年》中称，"在原始人看来，音乐是人所能获得的唯一的一点神赐的本质，使他们能通过音乐去规定礼仪的方式而把自己与神联在一起，并通过音乐去控制各种神灵"②。音乐被看作是人与神沟通的最直接

---

① 参见朱狄《当代西方美学》，人民出版社 1984 年版，第 39 页。
② 转引自朱狄《艺术的起源》，中国青年出版社 1999 年版，第 224 页。

手段，被看作是维护社会正常秩序、保证社会生产顺利进行的有效工具，也是社会教育的一项重要内容。可以说，比较起其他各门艺术来，音乐在古代社会中占有最为重要的地位，起着最为重要的作用。[①] 到了奴隶社会，音乐的教育作用变得更为明显，商代明确提出"以乐造士"，音乐渗透在宗教教育与军事教育中；在西周，音乐对德行培养的重要性被凸显出来，《礼记》谓"凡三王教世子，必以礼乐。乐所以修内也，礼所以修外也"（《礼记·文王世子第八》）。音乐对个体内在道德情感的陶冶和礼仪对个体外在道德行为的规范成了教育最重要的两个方面。

在孔子的教育思想与实践中，音乐是重要的教育内容之一，史载"孔子以《诗》《书》《礼》《乐》教弟子"（《史记》卷四十七《孔子世家第十七》）。他不仅认为音乐对个体发展有重要作用，讲"兴于诗，立于礼，成于乐"（《论语·泰伯》），又非常重视音乐的社会功能，称"移风易俗，莫善于乐"（《孝经·广要道》），认为音乐有改变不良社会风气与陈规陋俗之作用。而被称为"中国音乐学的始祖"[②] 的《乐记》对音乐的产生、功能和礼乐的关系进行了详细的说明，认为音乐起源于"物动心感"，是人的思想和情感等心理活动对外部世界的反映，"乐者，音之所由生也；其本在人心之感于物也……感于物而动"。同时《乐记》也认为，音乐一方面以情感人，使人的性情得到陶冶而远离邪僻；另一方面又"与政通""通伦理"，不同的政治形式与社会风俗决定了不同的音乐，而好的音乐反过来也能够改变不好的社会风俗，即音乐"可以善民心，其感人深，其移风易俗，故先王著其教焉"。

另外，《乐记》也对礼乐关系、乐的思想内容（德）与表现形式（艺）两者的关系有着明确的阐述。《乐记》认为，从根本上讲，乐教与礼教的最终目标是一致的，都是对人的情欲的节制，礼、乐、刑、政协调配合，以达到人心和同、天下大治的共同目标："是故先王慎所以感之者。故礼以道其志，乐以和其声，政以一其行，刑以防其奸。礼乐刑政，其极一也，所以同民心而出治道也。"但乐教与礼教两者在具体目标和作用机理等方面存在着明显的不同，"乐者为同，礼者为异。同则相亲，异

---

① 参看蒋孔阳《先秦音乐美学思想论稿》，人民文学出版社 1986 年版，第 5 页。

② 吕骥：《中国音乐学、乐学和有关的几个问题》，《音乐研究》1985 年第 1 期。

则相敬"，又讲"乐自中出，礼自外作。乐由中出，故静；礼自外作，故文"。礼主要是作为外在的刚性社会制度与规范，强调的是亲疏、贵贱的等级区别；乐则与此不同，它是一种内在于人心的柔性力量，注重的是对人内在情感的调节。礼教是一种强制性的教育，目的在于维持等级严格的社会秩序，而乐教则是一种自然感化的教育，目的在于使处于不同社会等级的人们之间能够上下和合，因此《乐记》说，"礼者天地之别也"，"乐者天地之和也"，两者之间有明显的区别。与礼教相比，乐教能够发挥其独特的作用，能够弥补礼教的不足，是推行礼教的有益补充，这些观点对宋明理学音乐教育思想产生了重要影响。

二　宋明理学音乐教育思想的主要内容

在常人眼里，理学深奥难懂，并且被经常与禁欲主义联系起来。理学家被看作是一群古板而又严肃的道学家，是道德教条的灌输者与恪守者。但这种认识并不正确。理学家也是非常注重自由人格的培养的，理学家经常说的"与天地万物为一体"便是这种自由人格的最高境界，而音乐教育也是达到这种自由人格的一个重要途径。当然，在理学家眼里，乐与礼也是不可分的，与审美功底相比音乐的德性陶冶与社会教化功能才是最重要的，从周敦颐、张载、二程、朱熹到王守仁等理学教育思想家无一不体现了这一点，这也是对先秦儒家尤其是《乐记》音乐教育思想的继承，但同时他们也创造性地提出了一些颇有见地的音乐教育思想。

（一）周敦颐的音乐教育思想

周敦颐的音乐教育思想涉及音乐与礼仪、音乐与自然、音乐与人情、音乐与政治、古乐与今乐五个方面，言简意赅，对传统儒家乐与德合、乐与礼合、乐与政合的音乐教育观既有继承，又有发展。

第一，就音乐与礼仪的关系，他讲："礼，理也，乐，和也，阴阳理而后和。君君臣臣，父父子子，兄兄弟弟，夫夫妇妇，各得其理然后和，故礼先而乐后。"（《通书·礼乐》）即是把"礼"抽象为"理"并以之作为乐存在的前提，圣王制礼法，修教化，天下咸宁，才有作乐以教人之事。这种礼先乐后的思想是对《乐记》礼异乐同、礼外乐内思想的发展，表现了理学家把先秦儒家音乐教育思想进一步抽象化、伦理化的趋向。

第二，就音乐与自然的关系，他讲："圣人作乐，以宣畅其和心，达于天地，天地之气感而太和焉。天地和则万物顺，故神祗格，鸟兽驯。"
（《通书·乐中》）认为通过音乐的力量可以使天地和谐、万物顺畅，可以
使物态平衡、鸟兽驯服。周敦颐在音乐的起源问题上持"英雄史观"，并
将音乐的作用神秘化。

第三，就音乐与人情的关系，他认为："乐声淡而不伤，和而不
淫。……淡则欲心平，和则燥心释。"（《通书·乐上》）音乐教育的目的
就是要使人达到"优柔平中""无欲主静"的状态，而只有淡和的音乐才
能平人欲，释燥心，从而达到陶冶性情之效果。主"淡"是周敦颐对古
代音乐教育思想的发展，也是理学教育思想转向内圣之学的一个典型反
映。

第四，就音乐与政治的关系而言，在周敦颐看来，音乐教育作用的发
挥，离不开社会政治条件的制约：从正面讲，政善则乐正而天下治和，
"乐者，本乎政也。政善民安，则天下之心和"（《通书·乐中》）；从反
面讲，政弊则乐淫而天下败乱，"后世礼法不修，政刑苛紊，纵欲败度，
下民困苦。谓古乐不足听也，代变新声，妖淫愁怨，导欲增悲，不能自
已"（《通书·乐上》）。通过和淡的音乐教育，不仅可以促成人之美德，
亦有助于天下化治，他讲："优柔平中，德之盛也；天下化中，治之至
也"（《通书·乐上》）；而妖淫愁怨之音同样能影响人之性情与风俗政治，
但所"引发"的却是道德的沦丧与风俗、政治的弊败，"妖声艳辞之化也
亦然"（《通书·乐下》），"故有贼君弃父，轻生败伦，不可禁者矣"
（《通书·乐上》）。可以说，周敦颐对政治与音乐教育之间决定与被决定、
作用与反作用关系的认识是比较深刻、全面的。

第五，就古乐与今乐关系而言，周敦颐继承孔子、荀子及《乐记》
有关推崇古乐、指斥今乐的观点，认为，古乐与今乐是两种具有不同效果
的音乐，"乐者，古以平心，今以助欲；古以宣化，今以长怨"（《通书·
乐上》），由此他便合乎逻辑地导出了"不复古礼，不变今乐，而欲至治
者，远矣"（《通书·乐上》）的结论，表达了其变今乐复古乐的音乐教育
价值趋向。

（二）张载的音乐教育思想

张载的音乐教育思想是为其"知礼成性"的教育目的服务的，主要
包括以下三个方面。

第一，"乐其所自成"的音乐教育本体论。张载讲："礼反其所自生，乐乐其所自成。礼别异不忘本，而后能推本为之节文；乐统同，乐吾分而已。礼天生自有分别，人须推原其自然，故言反其所自生；乐则得其所乐即是乐也，更何所待！是乐其所自成。"（《经学理窟·礼乐》）在张载看来，礼之本原出于天，天自有大小尊卑之秩序，故礼有大小尊卑之节文，礼教重别（所谓"礼别异"），故教人明了自己所处之地位，尽自己应尽之义务，君君、臣臣、父父、子子，不相僭越，从而遵守"思不出位"的原则；而乐则不同，它本身圆满而不可分（所谓"乐统同"），它就是自身存在的最终根据，而不像礼那样可推之于天而别有根本。由此而言，如果说礼教重别，具体到每个个体而各有其不同内涵的话，那么，乐教则偏重于同，因而能使所有人体验到相同的愉悦感；如果说礼教是前溯的（"须推原其自然"）、他在的话，乐教则是当下的、自在的（"乐其所自成"），在乐符的流动中，人们本身所共有的娱乐和审美的需求得到了满足。张载的这种音乐教育观在理学家中无疑是很有特色的，在一定程度上注意到了音乐教育的独立性。

第二，论地理环境对音乐教育的决定作用。张载认为地理环境的性质决定了音乐的性质和音乐教育的效果，他讲："郑卫之音，自古以为邪淫之乐，何也？……其地不苦，不费耕耨，物亦能生，故其人偷脱怠惰，弛慢颓靡。其人情如此，其声音同之，故闻其乐，使人如此懈慢。"（《经学理窟·礼乐》）认为舒适的生存环境使得郑卫之人性情怠惰轻浮，也决定了其乐邪淫不正，闻其乐可使人产生懈慢之感。

第三，音乐教育要符合中庸之美。张载讲："古乐所以养人德性中和之气，后之言乐者止以求哀……哀则止以感人不善之心。歌亦不可以太高，亦不可以太下，太高则入于噍杀，太下则入于啴缓，盖穷本知变，乐之情也。"（《经学理窟·礼乐》）认为古乐以中和之音养人中和之德，音乐婉转平和而心性自然从善，而后代论乐则专求哀，"预先定下腔子"，违背了中庸之道，只能使人产生不善之心。另外，就歌调而言，也须符合中庸之道，既不宜太高也不宜太低，太高则声音急促细小，易使人产生忧虑之感，太低则声音绵缓呆滞，易使人产生怠慢之心。

（三）程颢、程颐的音乐教育思想

二程专论音乐教育的地方不多，但对音乐教育是比较重视的。二程的音乐教育思想主要包括以下三个方面。

第一，重视音乐教育对个体发展所起的作用。程颢讲，"弹琴，心不在便不成声，所以谓琴者禁也，禁人之邪心"（《河南程氏遗书》卷三《二先生语三》），认为弹琴的目的就是要禁人之邪心。他又讲，"先王之乐，必须律以考其声。今律既不可求，人耳又不可全信，正惟此为难。求中声，须得律。律不得，则中声无由见。律者自然之数。……此等物，虽出于自然，亦须人为之。但古人为之，得其自然，至于规矩，则极尽天下之方圆"（《河南程氏遗书》卷十五《伊川先生语一》），即是讲古人依律作乐以求中声，音乐教育合于自然之道，而今乐律不可求，更遑论有古代那样的乐教了。更多的时候二程将礼乐合论，要求以礼正乐，以乐和礼，礼与乐相辅相成而共为修身进道之关键。程颢讲："礼乐大矣，然于进退之间，则已得情性之正"（《河南程氏粹言》卷一）；程颐则继承了《乐记》的思想，认为"礼乐不可斯须去身"（《河南程氏遗书》卷二上《二先生语二上》），两人都非常重视礼乐对个体的发展所起的作用。

第二，将音乐教育的作用神秘化。在解释孔子"兴于诗，立于礼，成于乐"时，二程讲："中心斯须不和不乐，则鄙诈之心入之。不和乐则无所自得，故曰成。此乐之本也。……理义以养其心，礼乐以养其血气，故其才高者为圣贤，下者亦为吉士，由养之至也。"（《河南程氏外书》卷七）但程颢又讲："乐者可以成德……若夫乐则安，安则久，久则天，天则神，天则不言而信，神则不怒而威。至于如此，则又非手舞足蹈之事也。"（《河南程氏遗书》卷十一《明道先生语一》）他们认为音乐可使人内心和乐，使人欣然自得于理，故能成德，这是可以理解的，但他们又进一步夸大了音乐的作用，认为音乐可使人由成德而至"不言而信""不怒而威"的神妙的天人合一境界。我们知道音乐教育对个体的和谐发展具有非常重要的意义，但如果不加节制地过分夸大音乐教育的作用甚而将其神秘化，则完全是错误的，二程便是在思辨化唯心主义哲学基础上得出这个错误结论的。

第三，泛化音乐教育。在二程将音乐教育作用神秘化的同时，也存在将音乐教育泛化的倾向。他们认为，"推本而言，礼只是一个序，乐只是一个和。只此两字，含蓄多少义理"，甚至认为"天下无一物无礼乐。且置两只椅子，才不正便是无序，无序便乖，乖便不和"（《河南程氏遗书》

卷十八《伊川先生语四》）。这种解释无疑是把礼乐看成是人类社会得以存在的两大基础，即秩序与和谐的表征，并将音乐扩至万物，这种泛化无疑将音乐教育的专业性和丰富性全都抹杀了。

（四）朱熹的音乐教育思想

在朱熹博大精深的教育思想体系和长期的教育实践中，音乐教育也占有一席之地，在培养圣贤的教育活动中起着非常重要的作用。朱熹本人精于文学，并对音乐、书法、绘画等艺术领域广泛涉猎，《宋史》称赞其对琴法的论述是："本融末綮，至疏达而至缜密，盖所谓识其大者与！"① 朱熹的音乐教育思想大致包括以下两个方面。

第一，从乐与理的关系来看，理为本而乐为末。他讲："仁者，天理也，理之所发，莫不有自然之节。中其节，则有自然之和，此礼乐之所出也。"（《朱熹集》卷四十一《答程允夫》）并讲："道者，仁义礼乐之总名，而仁义礼乐皆道之体用也。圣人之修仁义，制礼乐，凡以明道故也。"（《朱熹集》卷七十二《苏黄门老子解》）从本源来讲乐出于理（道），从体用来讲理（道）为体而乐为用，他在解释孔子"志于道，据于德，依于仁，游于艺"时谓"游者，玩物适情之谓。艺，则礼乐之文，射、御、书、数之法，皆至理所寓，而日用之不可阙者也"，② 认为艺包括礼、乐、射、御、书、数，同道、德、仁相比，虽然为下为末，是小学工夫，但乐同礼、射、御、书、数一样，是必须学习的，且在培养圣贤的过程中具有先行性，学者教人须先教艺，只有把艺同德统一起来，才能成就圣贤。"学者于此，有以不失其先后之序、轻重之伦焉，则本末兼该，内外交养，日用之间，无少间隙，而涵泳从容忽不自知其入于圣贤之域矣。"（《论语集注》卷四《述而第七》）因此，音乐教育也是培养"本末兼该、内外交养"的圣贤所必需的。

第二，音乐教育对个体具有重要影响。朱熹认为，音乐教育对个体的发展而言，可以使个体消除邪秽而使其性情归于纯和，自然和顺而成就圣贤人格。"乐有五声十二律，更唱迭和，以为歌舞八音之节，可以养人之

---

① （元）脱脱：《宋史》卷一四二《乐十七》，中华书局1977年版，第3345页。下引《宋史》仅标明卷数。

② 朱熹：《论语集注》卷四《学而第七》，《四书章句集注》，中华书局1983年版，第94页。下引《四书章句集注》仅标明卷数。

性情，而荡涤其邪秽，消化其渣滓。故学者之终，所以至于义精仁熟而自和顺于道德者，心于此而得之，是学之成也。"（《论语集注》卷四《泰伯第八》）通过音乐教育可以"养其中和之德而救其气质之偏者也"，他在解释《尚书·舜典》"夔，命汝典乐，教胄子。直而温，宽而栗，刚而无虐，简而无傲"时称："凡人直者必不足于温，故欲其温。宽者必不足于栗，故欲其栗。皆所以因其德性之善而辅翼之也。刚者必至于虐，故欲其无虐。简者必至于傲，故欲其无傲。皆所以防其气禀之过而矫揉之也。所以教胄子者欲其如此，而所以教之之具则又专在于乐。"（《朱熹集》卷六十五《尚书·舜典》注）音乐可以"养君中和之正性，禁尔忿欲之邪心"（《朱熹集》卷八十五《紫阳琴铭》）。进而言之，圣人作乐之目的，便在于明道，在于育人才、正风俗、和上下、事神祇，音乐不仅对于个体有重要影响，对于社会秩序之维护乃至国家统治之稳定都有非常重要的作用，"圣人作乐以养情性，育人才，事神祇，和上下，其体用功效广大深切如此"（《朱熹集》卷六十五《尚书·舜典》注）。

从古今乐教的比较来看，朱熹认为音乐教育在古代教育中占有非常重要的地位，并以乐官为学校之长，认为："古人之乐：声音所以养其耳，采色所以养其目，歌咏所以养其性情，舞蹈所以养其血脉。今皆无之，是不得成于乐也。"（《论语集注》卷四《泰伯第八》）古人认识到了音乐在培养完美人格中所起的重要作用，所以重视乐教，而今乐教反而堕落，音乐教育处于衰退之境，基于这种认识，他讲"是以古之成材也易，今之成材也难"（《论语集注》卷四《泰伯第八》），并上奏宋宁宗请准其以乐授生徒，谓："自秦灭学，礼乐先坏，而乐之为教，绝无师授。律尺长短、声音清浊，学士大夫莫知其说，而不知其为阙也。望明诏许臣招致学徒，聚礼乐诸书，编辑别为一书，以补六艺之阙。"（《宋史》卷一三一《乐六》）

值得一提的是，朱熹重视音乐教育的思想完全贯彻在其教育实践中，《宋史》记载："朱子尝与学者共讲琴法。"（《宋史》卷一四二《乐十七》）宋代韩元吉谓："吾友朱元晦居于五夫里，去武夷一舍而近若后圃，暇则游焉。与其门生弟子挟书而诵，取古诗三百篇及楚人之词哦而歌之，潇洒啸咏，留必数日。盖山中乐悉为元晦之私也。"①（《武夷精舍记》）

---

① 韩元吉：《武夷精舍记》，载董天工《武夷山志》卷十，清道光五年重刊本。

这段话有以下两点值得注意。

其一，朱熹摆脱了汉唐诸儒从校勘、考据、训诂等方面"解杀"《诗经》的做法，从审美艺术的眼光看待《诗经》的音乐教育价值，认为："若夫颂雅之篇，则皆成周之世，朝廷郊庙乐歌之词，其语和而庄，其义宽而密。"（《朱熹集》卷七十六《诗集传序》）他对出于自然的"风"则更为看重，认为受"文王太姒德化之深"的《周南》《召南》"独为风诗之正经"，他讲："其谓之风，正以其自然而然，如风之动物而成声耳。如《关雎》之诗，正是当时之人，被文王、太姒德化之深，心胆肺肠一时换了，自然不觉形于歌咏如此。"（《朱熹集》卷七十六《诗集传序》）《诗经》开篇之所以美、之所以感动人，就是因为它是人的情感的自然流露，是自然的歌咏而毫无做作之状，因而才能感人，才能移风易俗，基于此，他甚至批评后世差官撰乐章，"无些子自然发见活的意思，亦何以致移风易俗之效耶？"（《朱熹集》卷五十《答潘恭叔》）

其二，朱熹以《诗经》及《楚辞》为其教育内容，讲堂私授，山间吟唱，将诗与歌结合起来，大大地提高了其感染力。这种在自然之中的吟唱是一种不同于讲授的教学形式，是对讲堂传授的一种创造性的突破，实际上已把自然教育、艺术教育和人格教育较完美地结合了起来，它已远远超出了儒家传统私堂讲授的教学模式，明显地受到了追求自然的道家的影响，是儒道互补的产物。

（五）王守仁的音乐教育思想

比起朱熹等人来，王守仁对音乐教育更为重视。他不仅有一套系统的音乐教育理论，而且还有一系列的音乐教育实践，并且取得了相当不错的效果。

第一，重视音乐在个体发展和化民成俗中所起的作用。王守仁讲学不拘于固定场所，或在山水之间，或在寺庙之内，常有为数不少的弟子跟随。王守仁寓教于乐，讲学之余与弟子吟诗对唱，其乐融融，其弟子谓："先生初归越时，朋友踪迹尚寥落。既后四方来游者日进。癸未年已后，环先生而居者比屋。如天妃、光相诸刹，每当一室，常合食者数十人，夜无卧处，更相就席，歌声彻昏旦。"（《王阳明全集》卷三《传习录下》）又称："滁山水佳胜，先生督马政，地僻官闲，日与门人遨游琅琊、瀼泉间。月夕则环龙潭而坐者数百人，歌声振山谷。诸生随地请正，踊跃歌

舞。"（《王阳明全集》卷三十三《年谱一》）

王守仁也非常重视音乐在社会教化中所起的作用。他在镇压江西农民起义后，在当地建立社学，实行礼乐教化，以求化民成俗："兴立社学，延师教子，歌诗习礼。……久之，市民亦知冠服，朝夕歌声，达于委巷，雍雍然渐成礼让之俗矣。"（《王阳明全集》卷三十三《年谱一》）

在《训蒙大意示教读刘伯颂等》与《教约》等文中，王守仁对实施儿童音乐教育的作用与要求做了具体说明。他认为音乐教育的作用不仅在于抒发意志，也在于宣泄郁结之气，使心情舒畅，"故凡诱之歌诗者，非但发其志意而已，亦以泄其跳号呼啸于咏歌，宣其幽抑结滞于音节也"；对于儿童而言，要求他们必须做到"整容定气，清朗其声音，均审其节调"，要"毋躁而急，毋荡而嚣，毋馁而慑"（《王阳明全集》卷二《传习录下》），久而久之便会精神宣畅，心气和平；他要求教师必须了解，音乐教育的目的不外乎使童子常存其心而远离邪僻，"凡习礼歌《诗》之数，皆所以常存童子之心，使其乐习不倦，而无暇及于邪僻"（《王阳明全集》卷二《传习录中》）。

第二，对乐与道（理）的关系的论述。王守仁与朱熹等人一样，也认为道（理）为本而乐为末，称："艺者，义也，理之所宜者也，如诵诗读书弹琴习射之类，皆所以调习此心，使之熟于道也。"（《王阳明全集》卷三《传习录下》）习乐之作用，同习射、读书一样，只是为了使此心熟于义理，如果抛弃了义理而只以艺（乐）为务，只能是舍本求末，徒饰门面而空虚无用，因而他主张，"学者须先从礼乐本原上用功"（《王阳明全集》卷一《传习录上》）。基于这种观点，他对后世两种音乐教育流弊进行了批判，一种流弊是作乐只重词调，而与教化无关。他讲："若后世作乐，只是做些词调，于民俗风化绝无关涉，何以化民善俗？"（《王阳明全集》卷三《传习录下》）要纠正这种流弊，王守仁认为不妨学学当时戏子，不用妖词淫调，只取些忠臣孝子的故事来唱，不仅通俗易懂，为人们所喜闻乐见，更重要的是还可以通过潜移默化的方式使民俗向善。

另一种流弊是音乐教育不本于人情而拘泥于形器之末。他讲："圣人之制礼乐，非直为观美而已也；固将因人情以为之节文，而因以易风移俗也。……后世之言礼乐者，不本其情，而致详于形器之末。"（《王阳明全集》卷二十二《拟唐张九龄上千秋金鉴录表》）认为圣人之制礼作乐，本乎人情。乐与礼一样，其制度、器具与动作等是随着时代的变化而变化的，但古今的人情是相同的，因而重要的不是拘泥于音乐制度、器具与动作等的考索，而在于对人情加以引导。世俗之乐如果能顺应人情，使听者欣欣然有喜色的话，则与古乐无异；反之，如果一种音乐违背人情，使听者疾首蹙额而相告，虽胜过《咸》《韶》，然则无补于治道。可见，王守仁之音乐教育始终是为"治心""治道"服务的。

三　对理学音乐教育思想的基本评价

纵观理学音乐教育思想的历史发展，我们不难得出以下四点结论。

第一，从性质上讲，理学音乐教育思想是先秦儒家音乐教育思想在宋明时期的延续和发展。理学家不仅一般地承认音乐对于人才培养和涵咏性情有重要作用，认为地理环境对音乐的好坏有直接的影响，好的音乐可以移风易俗等，而且也体现了理学特色，即从本体论的角度探讨了"乐之大原"即乐的起源问题，认为礼乐同出于理（心），形成了理（心）为体、乐为用的思想。周敦颐所谓的万物各得其理然后和，故礼（理）先乐后；朱熹"仁义礼乐皆道之体用也"（《朱熹集》卷七十二《苏黄门老子解》）陆九渊"艺即是道，道即是艺"（《陆九渊集》卷三十五《语录下》）；王守仁以良知为心之本体而《诗》为"志吾心之歌咏性情者"，《乐》为"志吾心之欣喜和平者"（《王阳明全集》卷七《稽山书院尊经阁记》），等等，都说明了这一点。张载虽然认为乐"乐其所自成"，但从根本上讲，"声音之道，与天地同和"（《经学理窟·礼乐》），音乐也符合天地之本然，并契合人之本性，因而进行音乐教育就是修身养性从而知礼成性的最好途径。理（心）体乐用的思想是理学家将理进一步抽象化、本体化后看待音乐起源问题的一个必然结果，是理学音乐教育思想的一个总的指导原则。这种理（心）体乐用的原则表现在音乐的教育功能上就是德重乐轻，德本乐末，并不能真正推动音乐教育的发展。

第二，在德性养成和音乐知识的传授与技能的培养的关系上，理学家普遍认为，德性的养成是最重要的，而音乐知识的传授与技能的培养只有为个体的德性养成服务，才有其存在的合理性。陆九渊便讲："凡文辞之学，与夫礼乐射御书数之艺，此皆古之圣贤所以居敬养和，用事致用，备其道全其美者。"（《陆九渊集》卷三十二《拾遗》）音乐教育是为道德教育服务的，音乐知识的传授、音乐技能的培养本身并不具有独立的价值，同德性的养成相比，它"为卑为贱，为下为后"（《陆九渊集》卷十五《与陶赞仲》），也就是延续了传统儒家"德成而上，艺成而下"的思路。

第三，在理学家看来，音乐教育不仅仅是为个体的德性养成服务，它的功能更主要的是为社会政治服务。就儒家音乐观的特征来看，"儒家音乐观的整个构架明显地是以音乐社会学或音乐政治学为重心，并辅以音乐本体学而建构的"①，其最终目的无非是封建社会的长治久安。在理学音乐教育思想中，音乐教育为政治服务的倾向表现得非常明显，周敦颐所谓"乐者，本乎政也"，程颐所谓礼乐两字"含蓄多少义理"，朱熹所谓圣人之制礼作乐"凡以明道故也"等无不体现了这一点。

第四，以音乐与政治的关系为前提，理学家在古乐与今乐关系上继承了孔子、荀子与《乐记》的观点，普遍主张复古乐而禁今乐。在理学家看来，古乐具有今乐无可比拟的教育价值，古乐清淡和谐，可以使人消除烦躁欲望而心平气和，而今乐则妖淫怨愁，诱导人们的欲望，徒增人们的悲伤，因而希望变今乐以复古乐。而且理学家也认定古乐不难恢复，如程颐认为"先王之乐……亦不难定，有知音者，参上下声考之，自得其正"；张载认为"今人求古乐太深，始以古乐为不可知。律吕有可求之理，惟德性深厚者能知之"；朱熹也认为古人有乐教，故成才也易，今人无乐教，故成才也难，他与蔡元定等人相与讲明古今礼乐制作之本原，并"定《钟律》、《诗乐》、《乐制》、《乐舞》等篇，汇分于所修礼书中，皆聚古乐之根源，简约可观"（以上均见《宋史》卷一三一《乐六》），其目的不外乎"使人知礼乐之不难行也"（《宋史》卷一二六《乐一》）。王守仁甚至认为"《诗》非孔门旧本"，因为孔子所定三百篇皆是雅乐，可奏之郊庙、奏之乡党，而现存之《诗经》，不删郑、卫之音，是"长淫导奸"（《王阳明全集》卷一《传习录上》），是后儒附会之作。他认为后世作乐，只做些词调，而要复古乐，必须去除妖词淫调，取些通俗易懂的忠臣教子的故事来感化人，"然后古乐渐次可复矣"（《王阳明全集》卷三《传习录下》）。

不难看出，理学家的这种变今乐、复古乐的音乐教育无非是把音乐教

---

① 吴毓清：《儒学传统与现代音乐思潮》，《中国音乐学》1993年第4期。

育纳入封建道德教化的范围之内，为封建统治服务，它剥夺了音乐内涵的丰富性和形式的多样化，使音乐教育的功能变得单一化，使音乐教育的内容简单化。"儒家历来又不允许感情的自由抒发"，"规定音乐之情必须'乐而不淫，哀而不伤'，怨而不怒，温柔敦厚，合乎礼制的规范，其实质不是主情，而是抑情"①，理学家的音乐教育也无非是要为"存天理，灭人欲"的教育目的服务，这是由其学派属性所决定了的，但这也并不否认理学家在音乐教育上曾提出了一些新颖的有价值的看法。

第二节　宋明理学人格美育思想

宋明理学思想体系的旨归在于通过对性命义理问题的探讨提升每一个体的精神境界，因而可以将其称为"学为圣人"思想运动。从这一角度讲，理学是人学，关注人格塑造中的本体论问题与方法、渠道问题，即理学家反复阐述的本体与工夫问题。理学家所希望达成的理想人格并不是单纯的善的境界，而是含具"诚""仁""乐"的真、善、美三者合一的"混成"境界。这种境界或理想人格当然是道德的，是以客观存在的"理"（程朱理学）或主观存在的"心"（陆王心学）为其基础的，是道德性的"理"或"心"的体现，但它同时又是审美的，是在日用常行中克己复礼的道德修养基础上通过全身心的生命直觉体验获得的一种心灵的愉悦感受，一种与天地合一的精神自由，维持着个体身心的平衡、社会的和谐及人与自然界的融合。

从思想渊源上讲，理学的人格美育思想是对先秦儒家人格美育思想的继承，但同时，正如理学超越了先秦儒学一样，理学人格美育思想也是对先秦儒家人格美育思想在继承之上的一种超越，这种超越主要表现在本体与工夫两个方面的拓展与深化，这使得理学人格美育思想体系更富于思辨，更趋于精致。

一　周敦颐的人格美育思想

理学理想人格中美的特征在理学开山祖师周敦颐的思想中有着明显的

---

① 蔡仲德：《李贽的音乐美学思想》，《中国音乐学》1993 年第 2 期。

体现。在周敦颐看来，"诚""神""几"三者统一的圣人其本身就体现了一种美的特征。现实中的周敦颐淡泊富贵利禄，追求人格的充实与完善，欣赏颜回式的安贫乐道，对现实中的一切富贵贫贱都能泰然处之，胸怀洒落，如光风霁月。周敦颐的人格美育思想主要有以下四个方面的内容。

（一）知行一统、动静和谐的人格特征

周敦颐讲："无欲则静虚动直。静虚则明，明则通；动直则公，公则溥。明通公溥，庶矣乎！"（《通书·圣学》）静虚为心之体，动直为心之用。静虚则自然发为明通，所见道理无不通透；动直则自然发为公溥，所行则无间于物我人己而大公无私，而明通公溥作为两者的和谐统一，则为天人合一的圣人境界。就动静两者的关系而言，"动而无静，静而无动，物也。动而无动，静而无静，神也……物则不通，神妙万物"（《通书·动静》）。这种动中有静、静中有动（"不离于形而不囿于形"——曹端注）的神妙莫测的行为品格正是圣人品格的内涵："诚、神、几，曰圣人。"（《通书·圣》）

（二）求实去名、安贫乐道的人格追求

在周敦颐看来，高官厚禄、金银珠宝都是微不足道的，真正的富贵是基于道德修养之上的心态的泰然平和。他讲："君子以道充为贵，身安为富，故常泰无不足，而铢视轩冕，尘视金玉，其重无加焉尔。"（《通书·富贵》）这具体表现为在名实关系的处理上求实而胜名："实胜，善也；名胜，耻也。故君子进德修业，孳孳不息，务实胜也。德业有未著，则恐恐然畏人知，远耻也。小人则伪而已。故君子日休，小人日忧。"（《通书·务实》）在他看来，君子品格的发展过程就是一个求实去名的过程，而小人则反此而行；君子的人格美就在于能不断地求实去名、进德修业，并且有轻松愉悦的情感体验，而不像小人那样心劳日拙，即《尚书》所言："作德，心逸日休；作伪，心劳日忧。"（《尚书·周官》）

周敦颐对于"孔颜乐处"津津乐道，据《宋元学案》记载，周敦颐常令前来请教的程颢、程颐兄弟去寻"孔颜乐处"。据《居士分灯录》《佛法金汤编》等佛教典籍记载，周敦颐自己曾问道于东林常总禅师、晦堂祖心禅师等人，而这些禅师竟然也以"孔颜乐处"开示他，而终有所得。周敦颐讲："颜子一箪食，一瓢饮，在陋巷，人不堪其忧，而不改其乐。夫富贵，人所爱也，颜子不爱不求而乐乎贫者，独何心哉？天地间有至贵至富、可爱可求而异乎彼者，见其大而忘其小焉尔。见其大则心泰，心泰则无不足，无不足则富贵贫贱处之一也。"（《通书·颜子》）另外，和后来其他一些理学家一样，周敦颐也提倡从对自然界生意无限的感受中感悟人与万物的一体，感受人与自然的和谐，感受一种生机盎然、生生不息的欢畅，这种对个体生命价值和人与自然一体的愉悦体验是理学美的人格的重要体现。

（三）易恶为善、由偏至正的人格修养

周敦颐讲："性者，刚柔善恶中而已矣"，"刚善，为义、为直、为断、为严毅、为干固；恶，为猛、为隘、为强梁。柔善，为慈、为顺、为巽；恶，为懦弱、为无断、为邪佞。惟中也者，和也，中节也，天下之达道也，圣人之事也。故圣人立教，俾人自易其恶，自至其中而止矣"（《通书·师》）。在他看来，阴阳二气交感而化生万物，万物变化无穷，而人为其中最为灵秀者，但在现实中，由于各种因素的影响，性有了刚柔善恶之分，刚善、刚恶、柔善、柔恶都有其偏颇之处，因此圣人教人，在于使人自易其恶，由偏至正，而达于中和之性。这种中和之性便具有一种无过无不及的心性和谐之美。

二 张载的人格美育思想

作为理学教育家群体中的重要一员，张载对于人格的美也给予了很多的关注，他对于美的人格形成的可能性与必要性、对于美的人格形成的方法、美的人格的境界等问题都有深入的阐述，是理学人格美育思想的重要组成部分。张载的人格美育思想主要包括以下四个方面。

（一）从资质美恶到如天成性：美的人格的生成

张载讲："人之气质美恶与贵贱夭寿之理，皆是所受定分。如气质恶者学即能移，今人所以多为气所使而不得为贤者，盖为不知学。……必学至于如天则能成性。"（《经学理窟·气质》）在张载看来，每一个体在先天遗传上便有智愚高下等所谓气质美恶之别，但不论气质是美是恶，都需要通过学习来变化气质以成性。对于气质美者来说，"天资美不足为功，惟矫恶为善，矫惰为勤，方是为功"（《经学理窟·气质》），气质美者固不足恃，气质恶者更需要痛下工夫。同时对每个个体来说，成就美好的人格需要有一心向圣的志趣与毅力，"学者不论天资美恶，亦不专在勤苦，但观其趣向着心处如何"（《经学理窟·学大原下》）。

当然，学以变化气质中也渗透着艺术美与自然美对人的情感的陶冶，张载认为，人之情感、欲望也是人性中不可缺少的，对其不仅要以礼导之，还要以美感教育如用音乐、诗歌等去陶冶它。他强调："得仲尼地位亦少诗礼不得"（《经学理窟·学大原上》），音乐、诗歌都是表达感情的，人通过它们表现出人与天地万物的和谐统一，"声音之道，与天地同和"（《经学理窟·礼乐》）。通过对艺术的创造表现人的本质，通过对艺术的欣赏陶冶人的性情，有助于使个体达到一个尽善尽美、绝对自由的天人合一的境界，像天那样清虚广大，无意、必、固、我之凿而能妙应万物，出神入化，从心所欲而能不逾矩，即所谓"存虚明，久至德，顺变化，达时中，仁之至，义之尽也。知微知彰，不舍而继其善，然后可以成人性矣"（《张子正蒙·神化篇第四》）。

（二）"虚明照鉴""大其心"的审美感知论

张载把"虚明照鉴""大其心"作为达到天人一体境界的必要手段，从审美感知的角度来看，提倡对审美对象进行直观的整体的观照，不局限于一物之狭、一己之私，这是有一定道理的。他认为"虚明照鉴，审之明也"[1]，强调主体应保持一种灵明虚静之心，去除成心私意之蔽而不"循象丧心"。同时张载又讲："大其心则能体天下之物，物有未体，则心为有外。世人之心，止于闻见之狭。圣人尽性，不以见闻梏其心，其视天下无一物非我。"（《张子正蒙·大心篇第七》）"大其心"指的是打破主体与客体的对立，消融自我与万物的界限，以整体直觉之心感悟天下万物"与我同源，而待我以应而成"（《张子正蒙注》卷四《大心篇》），我与万物便处于普遍的关联之中，"无我然后得正己之尽，存神然后妙应物之感"（《张子正蒙·神化篇第四》），这正是张载将"虚明照鉴"作为"一种绝妙的审美观照和审美认识方法"[2] 后获得的审美感受。张载所讲的万物一体、天人合一，正如冯友兰先生所讲："这是一种精神境界，一种经

---

① 《张子正蒙·神化篇第四》。王夫之注曰："君子不滞于意，故贞明而事理不迷。照鉴者，不假审察而自知之谓。"（见王夫之《张子正蒙注》卷二《神化篇》，中华书局1975年版，第61页。下引《张子正蒙注》仅标明卷数及篇名。）

② 潘立勇：《论张载的美学思想》，《浙江社会科学》1994年第1期。

验，一种体会，严格地说，不是一种知识。有知识就有所知的对象，这就有主观和客观的对立。而'穷理'的目的，正是要'合内外'，取消这种对立。"①

（三）追求和乐易简的人格修养论

张载的人格修养论以和乐简易为主要特征。他讲："和乐，道之端乎！和则可大，乐则可久，天地之性，久大而已矣。"（《张子正蒙·诚明篇第六》）王夫之对此的解释是："和者于物不逆，乐者于心不厌，端，所自出之始也。道本人物之同得而得我心之悦者，故君子学以致道，必平其气，而欣然有得，乃可与适道。""和乐者，适道之初心，而及其至也，则与天地同其久大矣。"（《张子正蒙注》卷三《诚明篇》）这个注解是符合张载原意的。在张载看来，君子于物不逆、于心不厌的和乐态度正是引导其学以致道并返回到天地之性的前提条件，故他又讲："'乐则生矣'，学至于乐则不能自已，故进也。"（《经学理窟·学大原上》）"上达则乐天，乐天则不怨；下学则治己，治己则无尤。"（《张子正蒙·至当篇第九》）以简易之心体道而心自和乐，"易简故能悦诸心"（《张子正蒙·至当篇第九》），和乐则心自弘大而道理易见，"盖意乐则易见，急而不乐则失之矣。盖所以求义理，莫非天地、礼乐、鬼神至大之事，心不弘则无由得见"（《经学理窟·义理》），在人格修养中追求简易的美和情感的愉悦性。

（四）民胞物与的人格情操

在张载看来，万物与人共禀天地之性，人应超越一切个人利害，以博爱的、宽广的胸怀对待万事万物，他讲："性者，万物之一源，非有我之得私也。惟大人为能尽其道，是故立必俱立，知必周知，爱必兼爱，成不独成。"（《张子正蒙·诚明篇第六》）他在《西铭》中明确地表达了这种人格情操，"民吾同胞，物吾与也"，学者应该树立"为天地立心，为生民立命，为往圣继绝学，为万世开太平"的人生宗旨。张载所提倡的这种人格摆脱了具体的礼节条文的约束，体现了浑厚、宽广、豪迈的人格胸怀，不仅是善的，也是美的，不仅是自觉的，也是自愿的，更是自由的。

---

① 冯友兰：《中国哲学史新编》（下），人民出版社1999年版，第165页。

三　程颢、程颐的人格美育思想

在二程关于人格问题的论述中，也涉及何为人格美及如何养成美的人格。在人格境界论中，二程都强调完美人格所具有的情感愉悦性，这种情感愉悦性是对道的体认与内化后自然而然的反映。我们知道，理学德育思想的核心在于强调"存天理，灭人欲"，强调只有人的私欲被克服殆尽，天理才能尽显，更多地从消极意义上立论，而其人格美育思想则主要是积极的，强调的是人的审美体验与人格善的品性的最终完美统一，在这一点上，洛学的创始人程颢和程颐也不例外。在二程关于人格问题的大量论述中，始终渗透着审美情感的愉悦性，即"乐"的感受。在二程看来，"乐"既是达于完美人格的手段，同时也是达于完美人格后自然而然的体验，是手段与结果的统一，"学至于乐则成矣，笃信好学，未知自得之为乐。好之者，如游他人之园圃；乐之者，则己物尔"（《河南程氏遗书》卷十一《明道先生语一》），又讲，"仁者在己，何忧之有？"（《河南程氏外书》卷一）

总体上讲，二程所讲的完美的人格境界是一种美善统一、仁乐一体的人格境界，在此境界中，善与美、己与人、己与物、主观与客观之间的界限已经被消解了，它既是审美的，又是道德的，既是理性的，又是直觉的，是己与物、己与人的统一，体现的既是自我的心性和谐之美，又是人与社会、人与自然的和谐之美。在具体达于完美人格的方法与途径上，如果说程颢偏重于直觉体验的话，程颐则更倚重道德理性的作用。

程颢之直觉体验是以"静观"为其特点的，它"是直观思维和想象力的结合，是主体能动性在美学境界中的具体运用和表现"[①]。程颢有诗云：

> 闲来无事不从容，睡觉东窗日已红；
> 万物静观皆自得，四时佳兴与人同。
> 道通天地有形外，思入风云变态中；
> 富贵不淫贫贱乐，男儿到此是豪雄。（《河南程氏文集》卷三《秋日偶成》）

---

① 蒙培元：《理学范畴系统》，人民出版社1989年版，第512页。

程颢在这首著名的诗中提出"静观"之说，认为通过"静观"而进入的是主体与天地万物浑然一体的审美境界，它就存在于主体对具体审美对象的审美感受之中，因为它是超功利的，因而不为富贵所引，名利所动。可以说，由"静观"的审美方法所带来的审美体验及其外在表现是人格美的重要内容。程颢之"静观"是以"定性"为主体内在的前提条件的，"所谓定者，动亦定，静亦定，无将迎，无内外"，强调心无内外，动静皆定，强调人要合于道就不能"自私""用智"，"人之情各有所蔽，故不能适道，大率患在于自私而用智。自私则不能以有为为应迹，用智则不能以明觉为自然"（《河南程氏文集》卷二《答横渠张子厚先生书》）。"自私"指的是主体的行为出自私意的考虑，"用智"指的是主体依据对概念的分析所进行的认识活动，这两者同程颢所倡导的直觉体验是相悖的，也是被他否定的。

程颐的思路与程颢显然有不同之处，他把道德理性、道德知识作为进入审美境界的中介。他讲："怎生地乐？勉强乐不得，须是知得了，方才能乐。故人力行，先须要知。"（《河南程氏遗书》卷十八《伊川先生语四》）个体要达于乐的境界必须先有道德知识，必须知道所乐何事，"'乐莫大焉'，'乐亦在其中'，'不改其乐'，须知所乐者何事"（《河南程氏遗书》卷五《二先生语五》），但有了道德知识并不能自然而乐，勉强循理并不能给人带来情感的愉悦，"古人言乐循理谓之君子，若勉强，只是知循理，非是乐也。才到乐时，便是循理为乐，不循理为不乐，何苦而不循理，自不须勉强也。若夫圣人不勉而中，不思而得，此又上一等事"（《河南程氏遗书》卷五《二先生语五》）。知理而不循，虽知而不乐，这种人连君子也算不上；知理而循，知且乐，便是君子；而圣人则从容中道，出神入化而乐在自然之中了，这又不是君子可达到的。

四　朱熹的人格美育思想

朱熹的人格美育思想被纳入其创造性地发展了的理学仁学体系中，同时又具有明显的现实品位。"人格美学与审美教育是朱子理学美学体系中相辅相成的两个核心组成部分，人格美是朱子理学美学追求的最高的美，是朱子理学美学所追求的理想的人生境界，审美教育则是实现这种理想人生境界的重要的和必要的手段与途径。"① 朱熹的人格美育思想主要表现在以下三个方面。

（一）人格美的不同层次

孟子曾讲："可欲之谓善，有诸己之谓信，充实之谓美，充实而有光辉之谓大，大而化之之谓圣，圣而不可知之谓神。"（《孟子·尽心下》）朱熹从人格发展的角度对其进行了创造性的阐发。在朱熹看来，"善"是第一个层次，"善人只是资质好的人……是个都无恶底人，亦不知得如何是善，只是自是个好人而已"（《朱子语类》卷六十一），即善表现的只是一种人人对其爱而不恶的资质美；在"善"之上是"信"，"'有诸己之谓信'是都知得了，实是如此做。此是就心上说，心里都理会得"（《朱子语类》卷六十一），能够做到"信"的人，已对道德知识有确切的了解，达到了一种自觉，是一种"真"之美；"美"是高于"善""信"的第三个层次，"'充实之谓美'，是就行上说，事事都行得尽，充满积实，美在其中，而无待于外"，到了这一阶段，个体的人格已具有了完满自足的价值，能自然而然地表现于外部的行为上，因而是自由的，人格美体现在个体内与外、知与行的统一，但这只是一种个体人格的美，还未上升到社会人格的美；"大"是第四个层次，朱熹认为，"'充实而有光辉之谓大'，和顺积中，而英华发外；美在其中，而畅于四肢，发于事业，则德业至盛而不可加矣"（《孟子集注》卷十四《尽心章句下》），此时，个体之人格美表现为一种内在的自我德性与外在的社会功业的统一；如果能将这种统一上升到自然而不露痕迹，不思不勉，从容中道自然而乐，"泯然无复可见之迹"时便到了"圣"的阶段，而"神"是对"圣而不可知"状态的描述，圣人至妙不可测知谓之"神"，并非是"圣"上别有一等人。

由此，朱熹便清晰地勾勒出了人格美的发展、提升脉路，由"善"至"神"，个体的人格美的发展、提升脉路是一个由潜在的美逐渐外化为现实美、道德知识与道德实践逐渐达成完美统一、个体之人格与社会之德业趋向一体的过程，也就是潜在与现实、知与行、内圣与外王的统一，而它的极致，便是真理境界（诚）、道德境界（仁）及审美境界（乐）三

---

①　潘立勇：《朱子人格美学的逻辑结构》，《文史哲》2001 年第 2 期。

者的合一，是一种有着愉悦的审美体验的自由的人格。朱熹有诗云：

> 纷华扫退吾性情，外乐如何内乐真；
> 礼义悦心衷有得，穷通安分道常伸。
> 曲肱自得宣尼趣，陋巷何嫌颜子贫；
> 此意相关禽对语，濂溪庭草一般春。①

（二）人格美的仁学基础

朱熹的人格美育思想是以其仁学思想为基础的。二程曾以"生之理"释仁，发展了儒家传统仁学，"使仁变成了形而上的绝对的道德理性或道德本体"②，而朱熹则进而提出了仁是天地生物之心，而人得仁以为心的命题，因而"仁"的境界便是一种天人合一、物我一体的和乐境界。此时的仁已不仅仅是人的一种德性，更重要的是它被赋予了人之所以为人的全部内涵，"仁者，人之所以为人之理也"（《孟子集注》卷十四《尽心章句下》）。教育的目的就是为了求仁，"圣人只教人求仁，盖仁义礼智四者，仁足以包之，若是存得仁，自然头头做着，不用逐事安排"（《朱子语类》卷六）。要达于仁的境界，就需要克去私欲以复天理，这一过程也是一种渗透着审美的情感愉悦体验的过程，"私欲克尽，故乐"（《朱子语类》卷三十一）。但它不仅仅是一个情感愉悦的体验过程，也是一个需要格物穷理的过程，道德理性的作用渗透其中，"不就事上学，只要便如曾点样快活，将来却恐诳了人去"（《朱子语类》卷四十），而朱熹似乎更倾向于通过理性的方法达于一个包含或超越理性的感性的审美境界。

（三）人格美的现实品位

朱熹的人格美育思想具有浓厚的现实品位。靖康之乱后，南宋政权被秦桧、汤思退之流把持，他们提倡议和，卖国求荣，民族气节丧失殆尽，朱熹痛斥秦桧"以恣睢戕善良，销铄人心忠义刚直之气，以喜怒为进退，崇奖天下谄谀偷惰之风"（《朱熹集》卷九十九《除秦桧祠移文》）。对于历史上一些高风亮节之士，朱熹崇褒有加，对于一些奸佞小人，表现了无

---

①　郑端辑：《朱子学归》卷二三，商务印书馆 1937 年印行。
②　蒙培元：《理学范畴系统》，人民出版社 1989 年版，第 490 页。

比的痛恨，称："予尝窃推《易》说以观天下之人，凡其光明正大、疏畅洞达，如青天白日，如高山大川，如雷霆之为威而雨露之为泽，如龙虎之为猛而麟凤之为祥，磊磊落落，无纤芥可疑者，必君子也。而其依阿淟涩，回互隐伏，纠结如蛇蚓，琐细如蚍蜉，如鬼域狐蛊，如盗贼诅祝，闪倏狡狯，不可方物者，必小人也。"（《朱熹集》卷七十五《王梅溪文集序》）朱熹盛赞诸葛亮、杜甫、颜真卿、韩愈、范仲淹等人的高尚人格，其目的也是造就南宋士人救国保民的忧患意识、经世致用的态度以及身处逆境而敢作敢为毫不退缩并能洁身自好的"狂狷"精神，正是有了这种狂狷精神，朱熹自己也敢于逆流而行，上谏主战，体现了真正的师儒风范。

五 陆九渊的人格美育思想

和其他理学家一样，陆九渊也是在道德功利性与审美超功利性相结合的基础上论述其人格美思想的。

（一）人格美的内在依据

在陆九渊看来，本心完满自足，人应当自立，消除物欲之蔽而直接扩充本心，其目的是为了"大做一个人"。"义理之在人心，实天之所与，而固不可泯灭者焉"（《陆九渊集》卷三十二《拾遗》），且"人生天地之间，禀阴阳之和，抱五行之秀，其为贵孰得而加焉"（《陆九渊集》卷三十《程文》），正因为人为天地间至灵至贵，尚未外化的人格具有一种美的特征，因而就需要通过自做主宰、扩充本心的方式将这种潜在的人格美变为现实的人格美。而在现实中，很多人却由于种种原因做不到这一点，如"年少子弟，居一故宅，栋宇宏丽，寝庙堂室、厩库廪庾，莫不具备，甚安且广。而其人乃不自知，不能自做主宰，不能洒扫堂室，修完墙屋，续先世之业而不替，而日与饮博者遨游市肆，虽不能不时时寝处于故宅，亦不能复享其安且广者矣"（《陆九渊集》卷四《与胡达材》）。这一扩充的过程既包括在功利性的日用常行中自做主宰的理性的道德践履，"此《中庸》戒慎恐惧，而浴沂之志，曲肱陋巷之乐，不外是矣。……若茫然而无主，泛然而无归，则将有颠顿狼狈之患，圣贤乐地尚安得而至乎？"同时它又有超功利性的审美情感体验，"内无所累，外无所累，自然自在，才有一些子意便沉重了。彻骨彻髓，见得超然于一身，自然轻清自然灵"（《陆九渊集》卷三十五《语录下》）。

（二）人格美发展的整体性

与朱熹对人格的发展阶段进行详细划分的做法不同，陆九渊将人格的发展看作是一个不可分的连续的过程。他讲："自有诸己以至大而化之，其宽裕温柔足以有容，发强刚毅足以有执，齐庄中正足以有敬，文理密察足以有别，增加驯积，水渐木升，固月异而岁不同。然由萌蘗之生而至于枝叶扶疏，由源泉混混而至于放乎四海，岂二物哉？"（《陆九渊集》卷一《与邵叔谊》）在这里，从"有诸己"到"大而化之"就如同从"萌蘗之生"到"枝叶扶疏"，"从源泉混混"到"放乎四海"一样表现为同一性从起点到终点的发展，其间没有泾渭分明的内与外、知与行、个人与社会、美与真善等的分别，人格以整体、连续的方式展示出它宽裕温柔、发强刚毅、齐庄中正而又文理密察的美来，这种美的人格是仁义礼智"四端"自然且自由的体现。整体的人格亦具有宽宏气象和豪杰气概，立大志，行大道，破俗流而卓尔不凡，他讲："后生自立最难。一人力抵当流俗不去，须是高着眼看破流俗方可。要之，此岂小廉曲谨所能为哉？""学者须是弘毅。小家相底得人憎。""此是大丈夫事，么麼小家相者，不足以承当。"又讲："大世界不享，却要占个小蹊小径子；大人不做，却要为小儿态，可惜！"（《陆九渊集》卷三十五《语录下》）

（三）人格美内涵的入世情怀

由于认为"万理具于一心"，陆九渊特别强调每个人要"自做主宰""自立自重"，超迈脱俗，做一顶天立地的"大人"。这种"大人"能摆脱世间的卑俗污流，抛弃个人的私意物欲，志存高洁，气度豪迈，爱国忧民，充满强烈的社会责任感，不追逐名利而以弘道为己任。陆九渊于十七岁时作《少时作》，云："从来胆大胸膈宽，虎豹亿万虬龙千，从头收拾一口吞。有时此辈未妥帖，哮吼大嚼无毫全。朝饮渤澥水，暮宿昆仑巅，连山以为琴，长河为之弦，万古不传音，吾当为君宣。"（《陆九渊集》卷二十五《少时作》）他的另外一首诗"仰首攀南斗，翻身倚北辰，举头天外望，无我这般人"（《陆九渊集》卷三十五《语录下》），也描绘了这种"大人"形象。在陆九渊看来："大人之事，至公至正，至广大，至平直。剖蠡管之见，荡其私曲，则天自大，地自广，日月自昭明，人之生也本直，岂不快哉，岂不乐哉！"（《陆九渊集》卷十四《与包敏道》）"勤其事，心乎国，心乎民，而不为身计。"(《陆九渊集》卷二十三《白鹿洞书院论语讲义》)陆九渊本人也是一位淡泊个人名利、志向高远且忧国忧民的有强烈入世情怀的儒者。

六 王守仁的人格美育思想

王守仁之人格美育思想既有理学一贯坚持的真善美合一、诚仁乐一体的特征，同时又有自己的独特之处。他强调人格内涵的完整性，本体与工夫的统一性，强调培养入世与出世相融通、敬畏与洒落相统一并具有豪杰气概的独立个体。具体而言，王守仁的人格美育思想主要体现在以下四个方面。

(一) 乐为心之本体

王守仁对人生持一种乐观主义情怀，他撰写《为善最乐文》，认为不同的人对快乐的追求不同，有君子之乐，有小人之乐，"君子乐得其道，小人乐得其欲"，君子之乐"仰不愧，俯不怍；明无人非，幽无鬼责；优优荡荡，心逸日休；宗族称其孝，乡党称其弟；言而人莫不信，行而人莫不悦。所谓无入而不自得也，亦何乐如之！"而小人之乐则"营营戚戚，忧患终身，心劳而日拙，欲纵恶积，以亡其生，乌在其为乐也乎？"(《王阳明全集》卷二十四《为善最乐文》)显然君子之乐以循理为乐，以得道为乐，以为善为乐，是一种循理行善后精神的自足、快乐，是小人得欲之乐所无法比拟的。王守仁认为，"乐是心之本体"，是先天而有、圣愚无间的，只不过圣贤自知而常人不自知而已。"乐是心之本体，虽不同于七情之乐，而亦不外于七情之乐。虽则圣贤别有真乐，而亦常人之所同有。但常人有之而不自知，反自求许多忧苦，自加迷弃。虽在忧苦迷弃之中，而此乐又未尝不存。但一念开明，反身而诚，则即此而在矣。"(《王阳明全集》卷二《答陆原静书》)

既然心之本体为乐，那么苦又来自何处？王守仁认为，仁人与天地万物为一体，本欣合和畅，只为物欲客气所搅乱，才有间断不乐，如果能扩展心体、推致良知，则能消除物欲客气之隔，恢复心体本然之乐。在王守仁看来，人只有经受痛苦的折磨才能有真乐，在《题梦槎奇游诗卷》中称："吾心有不尽焉，是谓自欺其心；心尽而后，吾之心始自以为快也。惟夫求以自快吾心，故凡富贵贫贱、忧戚患难之来，莫非吾所以致知求快之地。苟富贵贫贱、忧戚患难而莫非吾致知求快之地，则亦宁有所谓富贵贫贱、忧戚患难者足以动其中哉？世之人徒知君子之于富贵贫贱、忧戚患难无人而不自得也，而皆以为独能人之所不可及，不知君子之求以自快其心而已矣。"（《王阳明全集》卷二十四《题梦槎奇游诗卷》）王守仁一生历经多次人生磨难，但能坦然面对、随处而乐，都源自这一信念的支持，体现了乐观的人生情怀。

（二）完善的人格内涵

王守仁认为："吾良知之体，本自聪明睿知，本自宽裕温柔，本自发强刚毅，本自齐庄中正文理密察，本自溥博渊泉而时出之。"（《王阳明全集》卷六《答南元善》）即无间于圣愚、老少、男女、贫富、贵贱而人人皆有的良知为一含具知、情、意、行的统一体，具有知是知非的判断能力，渗透宽裕温柔的道德情感，蕴含发强刚毅的道德意志，表现为合乎良知的道德践履，它将知情意行结合，将本体与功夫、下学与上达打通，并使知与行合相互融通，使两者你中有我，我中有你，拒绝片面的人格、断裂的人格与扭曲的人格，使人格具有了一种完整的美、永恒的美与立体的美。

（三）敬畏与洒落统一的人格境界

在为人处事上，王守仁强调立诚主敬，君子首务在"立其诚而已"，"故圣人之学，只是一诚而已"（《王阳明全集》卷三《传习录下》），诚为心之本体，有诚，发于事亲则孝，事兄则悌，事君则忠，交友则信，通过立诚，可复其心之本体。立诚实质上是要求立敬畏之心，以敬畏之心，立大本，即于本源处用功，去除浮躁傲慢之习气，克服自是好名之病根，谨慎不苟，敬畏立身。同时，王守仁又提倡洒落之人生，他说，良知之体"本无富贵之可慕，本无贫贱之可忧，本无得丧之可欣戚，爱憎之可取舍"（《王阳明全集》卷六《答南元善》），良知之应物，如同明镜之照物，应处皆真而万事皆显，过处皆化而痕迹不留，圣人之心如同明镜，应物而不留形，排除了一切名利货色之扰，是自由的、洒落的。

（四）豪杰气概

与儒家传统中追求"内圣外王"的理想人格有所不同，王守仁将"狂者"人格引入其中，作为自己心目中的理想人格。狂者心有主宰而不被外物所牵，保存"真己"，克服"私己"，从天理之所好而不纵耳目之欲，"真己是躯壳的主宰，若无真己，便无躯壳，真是有之即生，无之即死"（《王阳明全集》卷一《传习录上》），保持有高度的道德自觉心；他们虽身处俗世但能超凡脱俗，出淤泥而不染，面对颓废之流俗，不当"故避非毁，同流合污"，"吾侪从事于学，顾随俗同污，不思辅仁之友，欲求至道，恐无是理矣"（《王阳明全集》卷八《书顾维贤卷》）；他们历经磨难而不向恶势力低头，具有狂者胸次，"古之狂者，嘐嘐圣人而行不掩，世所谓败阙也，而圣门以列中行之次。忠信廉洁，刺之无可刺，世所谓完全也，而圣门以为德之贼。某愿为狂以进取，不愿为愿以媚世"（《王阳明全集》卷四十一，邹守益作《阳明先生文录序》）；他们遵守尧舜圣贤之道但却拥有独立的判断力，虽孔子、朱子，苟不合于理也敢于批评，"夫学贵得之心，求之于心而非也，虽其言之出于孔子，不敢以为是也。而况其未及孔子者乎？求之于心而是也，虽其言之出于庸常，不敢以为非也，而况其出于孔子者乎？"（《王阳明全集》卷二《答罗整庵少宰书》）这就是王守仁心目中的豪杰气概。

不可否认，理学家的人格美育思想具有其局限性，其"存天理，灭人欲"的人格伦理追求就其总体倾向来说是为了维护既定的社会秩序，很容易被统治者所利用，导致对个性的扼杀和对奴性的强调；其理想人格的内向性使其在"内圣"与"外王"关系中过分偏向前者，所培养的人才往往缺乏处理社会现实问题的能力；另外，其理想人格及其修养工夫过分注重内在体验的自足，对外部世界的认识及开拓精神则不足，妨碍其人格内涵中科学精神的养成。但也应该看到，理学之理想人格是融真善美为一体的人格，既有救世济民的入世情怀，又有远离俗流的高洁志趣；既有光风霁月的洒落胸怀，又有鸢飞鱼跃的诗意人生。宋明理学之人格美育思想对当代社会亦有其非常重要之借鉴价值，其所崇尚的理想人格、人格境界及对人的道德主体性的高扬有助于当代人类保持人性的伟大与尊严；其所追求的"天人合一"的境界亦有助于当代人类开拓自己的人生境界，有助于我们处理好人际关系及天人关系；宋明理学家所倡导的重视体验、强调个体内在性情的和谐有益于我们更好地保持身心平衡与人格完善。①

---

① 潘立勇：《宋明理学的人格美育思想及其现代意义》，《文艺研究》2000 年第 1 期。

第三节 宋明理学诗文美育思想

20世纪80年代以来，总体来说，学术界在宋代理学诗派研究中取得的最大共识在于，探讨理学家的诗学思想和诗歌创作时，既关注二者与理学思想的关联，注意到理学与诗学之间的矛盾性，也关注到理论与创作之间同样存在着矛盾。理学诗派的诗学思想与创作，既有因理学思想制约而对诗学产生不利影响的一面，但在不同时期、不同理学家那里又有所修正、有所突破，从而对诗学产生积极影响。①

在理学美育体系中，诗文美育也占有相当重要的地位。理学家普遍具有较高的文学修养，他们除了阐述其文学理论，对文学的地位、作用、文学的创作与欣赏等站在理学的立场上进行论述外，也创作了大量的诗赋等文学作品，其中有不少脍炙人口的作品，如周敦颐的《爱莲说》、程颢的《春日偶成》及《秋日偶成》、朱熹的《春日》等。这些文学作品中诗歌占据了相当的比例，理学家或多或少地都有诗歌留世，如理学开山者周敦颐有诗二十九首，象数学体系的创立者邵雍存诗一千五百八十三首，关学创立者张载存十六首，洛学的创立者二程兄弟中程颢存六十七首，程颐也有三首留世，另外，南宋时期理学的集大成者朱熹存有一千三百一十八首，心学体系的开创者陆九渊也存诗二十三首②，明时著名哲学家、教育家王守仁也有五百五十多首诗赋留传下来。在理学家的文艺理论和大量诗文中，表达了他们的诗文美育思想。

一 周敦颐的诗文美育思想

周敦颐的诗文美育思想集中表现在《通书·文辞》中，主要通过诗文与道的关系来论述诗文的地位、性质与作用。在他看来，诗文主要是作为承载道的工具而存在，道是本，诗文是末："文所以载道也。轮辕饰而人弗庸，徒饰也，况虚车乎！文辞，艺也；道德，实也。笃其实，而艺者

---

① 叶帮义：《20世纪80年代以来大陆的宋代理学诗派研究》，《南京师范大学文学院学报》2007年第3期。

② 参见谢桃坊《略论宋代理学诗派》，《文学遗产》1986年第3期。

书之，美则爱，爱则传焉。贤者得以学而至之，是为教。故曰：'言之无文，行之不远。'然不贤者，虽父兄临之，师保勉之，不学也；强之，不从也。不知务道德而第以文辞为能者，艺焉而已。噫！其弊久矣"。

从周敦颐的这段话中，我们至少可以得出以下四点结论。

其一，就诗文与道的地位而言，道是第一位的，是先在的，是本，是核心；诗文是第二位的，是后在的，是末，是形式。形式是为内容服务的，诗文是用来承载道的；如果文不载道，便是有名无实，即使诗文优美，也只是徒具形式，在以道作为万物尺度的周敦颐看来是没有什么价值的，甚至是有害的。

其二，诗文因为自身的优美而具有独立的审美价值，其真正的美育价值体现在它能促进道的传播。儒家之道是诗文的核心，但在现实社会中人们并未认识到这一点，为诗文而诗文，追求诗文自身的美，颠倒本末，其弊已久。

其三，诗文与道的理想关系为以文载道，文道合一。诗文离不开道，道也离不开诗文，离文之道"行之不远"，离道之文"艺焉而已"，文与道应是一而二、二而一的，诗文具有美育价值，但这种美育价值最终服务于对道的传播与体认上。在这里，周敦颐想克服两种偏向，一种是有道无文，此为不及；另一种是有文无道，即"第以文辞为能者"，此为过。这种文道合一说虽不免忽视了诗文所具有的独立审美价值，作为传道之工具，诗文的美育价值是服务于其德育价值的，其价值是第二位的，是有限制的，但这种观点也打破了传统儒家"有德者必有言"的思维定式，指出了诗文修习的必要性，与以前只重诗文之美而忽视内容的偏向和后来有些理学家只重道德而认为"作文害道"的偏见相比更为合理一些。①

其四，进一步讲，即使文美而道实，其影响力也受制于受教育者的觉解意识。不管文有多美，道有多实，对于那些没有觉解意识，不去主动学习欣赏的人而言都是毫无意义的，"然不贤者，虽父兄临之，师保勉之，不学也；强之，不从也"，更不用说那些有道无文或有文无道的东西了。

可以说，周敦颐对于诗文的论述为以后理学家的诗文理论定下了一个

---

① 程颐便称"作文害道"，而清儒张伯行在《通书·文辞》中有注曰："然则人何必以文辞为哉？惟在务乎道德可已。"这种认识相对于周敦颐而言则是一种倒退。

基调，以后的理学家在论述诗文的价值时也主要是从文道关系的角度去立论。

二　邵雍的诗文美育思想

邵雍是北宋著名的理学家，同时也是一位诗人，一生作诗千余首。这些诗除了直接阐述哲理和少量的讥讽时事外，多为描写自己乐天知命及闲适人生，但邵雍写这些诗的旨趣却在于从其中窥见大道。

邵雍的诗论主要体现在其《伊川击壤集·自序》中，"《击壤集》，伊川翁自乐之诗也，非唯自乐，又能乐时，与万物之自得也"。既为"自乐"，邵雍便把诗歌的创作看作是怡然自得、自然天成的，纯粹是性灵的自然发露而非为任何外在目的，如其《闲吟》："忽忽闲拈笔，时时乐性灵。何尝无对景，未始便忘情。句会飘然得，诗因偶然成。天机难状处，一点自分明。"（《伊川击壤集》卷四）由于这种"自乐"是与"乐时"特别是"万物之自得"相联系的，因而便不是个人的抒情写意，不是个人的喜怒好恶的表现，诗是"天理"和"人性"的体现。如果写诗时沉湎于个体之情欲，忽视了"理"的规范，便会损害"天理"，故创作要超越一时或一己的喜怒好恶，以旁观者的身份去观察万事万物，"以道观道，以性观性，以心观心，以身观身，以物观物"，这也就是邵雍的"以物观物"说。

邵雍认为："以物观物，性也；以我观物，情也。性公而明，情偏而暗。"（《皇极经世·观物外篇》）"任我则情，情则蔽，蔽则昏矣；因物则性，性则神，神则明矣。"（《皇极经世·观物外篇》），因而"以我观物"就是以"情"观物，是以个体"一身之休戚""一时之否泰"观物，其直接的结果便是观物中个体情感的泛滥，故他讲，"近世诗人，穷戚则职于怨憝，荣达则专于淫佚，身之休戚发于喜怒，时之否泰出于爱恶，殊不以天下大义而为言者，故其诗大率溺于情好也"，因而慨叹"情之溺人也甚于水"（《伊川击壤集·自序》）；而"以物观物"便是以"性"观物，即是以一种公明清朗的心性观照万物，排除一己之情感与喜怒，所谓"虽死生荣辱转战于前，曾未入于胸中"（《伊川击壤集·自序》）。

从表面上看，邵雍倡导的是一种无意为之的创作态度，认为诗歌无非是创作者"因闲观时，因静照物"的自然抒发，对诗歌的创作持一种超然的、旁观的、客观的态度，诗歌的创作就如同明镜照物一般，自然而然而无一丝主观杂念，这种主张有别于传统儒家的诗教观。但从更深层次看，由于万物为天理的体现，观照万物便是体认天理，因而所谓的"万物之自得"无非是从万物中体认天理，所谓"以物观物"即是以"理"观物，"非观之以目，而观之以心也，而观之以理也"，如此便与传统儒家的诗教观不谋而合，以为诗"可以移风俗，可以厚人伦，可以美教化，可以和亲疏，可以正夫妇，可以明君臣"（《伊川击壤集·诗史吟》），诗文的美育价值还是附属于其德育价值的。

三　程颢、程颐的诗文美育思想

理学家一般都是重道轻文，二程也不例外，自称"不能赋诗"的程颐甚至表现得更为极端，仅有三首诗留世，并将"有高才，能文章"与"年少登高科""席父兄之势为美官"并列为人生三大不幸。在二程看来，圣人之言、圣人之文已涵盖万事、融摄万理，后世言文虽多却有害无益，程颐便讲："圣人六经，皆不得已而作，如耒耜陶冶，一不制，则生人之用熄。后世之言，无之为缺，有之徒为赘，虽多何益也？圣人言虽约，无有包含不尽处。"（《河南程氏遗书》卷十八《伊川先生语四》）。因此对于学者而言，目的便是学道而非学文，不学道而只学文的后果是，一方面，学文永远只是学文，对内在德性的提升起不到任何促进作用，只是低层次的学，"学文之功，学得一事是一事，二事是二事，触类至于百千，至于穷尽，亦只是学，不是德。有德者不如是"（《河南程氏遗书》卷二上《二先生语二上》）；另一方面，如果专意于文辞，无疑会妨碍对于道的体认，而这两者是无法协调的："凡为文不专意则不工，若专意则志局于此，又安能与天地同其大也。《书》云'玩物丧志'，为文亦玩物也。……古之学者，惟务养情性，其它则不学。今为文者，专务章句悦人耳目。既务悦人，非俳优而何？"（《河南程氏遗书》卷二上《二先生语二上》）

在二程看来，文不是想学就能学得好的，必须花一定的时间与气力，需专心致志，但这又必然会影响到对更为重要的道的体认与关注，圣人作文意在抒胸中所蕴，虽为不得已，却也是自然流出，即所谓有德者必有言。而后世做文专求文辞之精妙以悦人耳目而已，只能是玩物丧志，徒为

赘言不说，甚而迷惑学者："言之，而知德者厌之，不知德者惑之，何也？由涉道不深素无涵蓄尔。"（《河南程氏粹言》卷一）

二程对学文的否定也包括对学诗的否定。有人问程颐"诗可学否？"他回答说："既学诗，须是用功，方合诗人之格。既用功，甚妨事。……某素不作诗，亦非是禁止不作，但不欲为此闲言语。且如今言能诗无如杜甫，如云'穿花蛱蝶深深见，点水蜻蜓款款飞'，如此闲言语，道出作甚。某所以不常作诗。"（《河南程氏遗书》卷十八《伊川先生语四》）但实际上，二程也作诗，亦不废吟咏，同周敦颐一样，他们也认识到文辞之好坏直接影响到弘道的效果，称"威仪辞让以养其体，文章物采以养其目，声音以养其耳，舞蹈以养其血脉"（《河南程氏遗书》卷二上《二先生语二上》），尤其是性喜戏谑的程颢更喜欢吟风弄月，在吟咏中将个体生命与生生不息的宇宙融合为一体，如其《秋日偶成》中"万物静观皆自得，四时佳兴与人同"便被人们经常引用。在这里，诗可以感发人的意志，可以提高人的精神境界，程颢讲："诗可以兴，某自再见茂叔后，吟风弄月以归，有'吾与点也'之意。"（《河南程氏遗书》卷三《二先生语三》）理学家一再称道的"曾点境界"便可以通过诗的"吟咏性情，涵养道德"的作用而达到，"将原来孔子所赞叹的人生境界化为了诗学的境界"①。二程之作诗与评诗，目的就是要从中涵泳性情、体认大道，这可以说是对儒家诗教传统的一个创新。

四　朱熹的诗文美育思想

作为理学之集大成的朱熹著述极为丰富，也有大量的诗歌留世，计一千三百一十八首，其中也不乏脍炙人口的诗作。朱熹的文学素养很深，其诗文创作达到了相当高的水平，并从其理学哲学的角度和高度阐述其诗文理论，其诗文美育思想是其美学思想的一个重要组成部分。

朱熹诗文美育的前提是其"文从道出"说和诗理合一说。他讲，"这文皆从道中流出，岂有文反能贯道之理"（《朱子语类》卷一三九）。"文从道出"说主张道重文轻、道急文缓、道先文后、道本文末、道主文宾、

---

① 顾易生、蒋凡、刘明今：《宋金元文学批评史》，上海古籍出版社 1996 年版，第 760—761 页。

道体文用，文完全处于道的统辖之下，既是对唐宋以来"文以明道""文以贯道"等颠倒本末的观点的批评，又是对欧阳修等人"文与道俱"中不分本末的纠正，更是对周敦颐"文以载道"论的创造性阐述。其诗理合一说则主张以理为诗，强调做诗时必须心虚理明，如此才能作出好诗来。但朱熹并未以道代文，以理代诗，其"文从道出""文道一贯"的观点虽视文章诗歌为末技余事，但由于他将道与文的关系看作是体与用的关系，有用无体固不可取，但有体无用也属偏颇，如同吃饭时缺少了下饭的菜一样，在文道一贯、美善统一的前提下也要坚持诗文的审美价值，承认诗文存在的必要性："若曰惟其文之不取，而不复议其理之是非，则是道自道文自文也。道外有道，固不足以为道，且文而无理，又安足以为文乎。盖道无适而不存者也，故即文以讲道，则文与道两得，而一以贯之，否则亦将两失之矣。"（《朱熹集》卷三十《与汪尚书》）因此从根本上讲，道与文、理与诗之间的关系是一种德与美的统一关系，只有讲求美的诗文的表现形式，才能使"人之爱而用之"，这一点与周敦颐是一脉相承的。

在诗文的创作上，朱熹反对务为艰深、穷极华丽、驰骋工巧三种创作倾向，要求学者作诗文从学为道、学为人入手，学者只有将对道的认识、体悟化为内心感受，然后以诗文的形式溢发出来，诗歌才合于生生不息的天地之大德，才是自然而然的，是平淡的，也是生机勃勃的，是一种有道者的气象，这种诗文创作方法也就是朱熹所讲的"天生成腔子"。在诗文创作中，朱熹最尚平淡自然，他讲："圣人之言，坦易明白，以言以明道"，"大抵圣贤之言，本自平易，在平易中其旨无穷"（《朱子语类》卷一三九）。诗文创作是道心的自然流露，意蕴无穷，而不是为做诗文而做诗文，不在于专尚文辞修饰，也并非一味的浅显通俗，而是要"达意""得理"，顺乎"义理"之自然。同时，"他特别提倡温柔敦厚的风格，推崇涵泳、曲折、风致、萧散平淡的意境……从诗的情感体验中寻求性善的道德义理，而不是直接从社会政治的角度讲诗歌教化"①，这样，人的自然情怀、心理情感，都已与伦理道德融合为一。

值得注意的是，朱熹极其重视《诗经》和《楚辞》的美育价值，纠

---

① 王哲平：《朱熹文学思想论略》，《南昌大学学报》（人文社会科学版）2000 年第 3 期。

正了汉唐以来诸儒的错误解释，还其本来面目，其所著《诗集传》广为流传，被誉为中国《诗经》研究史上的第三个里程碑。对于《楚辞》，朱熹曾花了极大的精力进行注解，临终时还在修改《楚辞集注》。对于《诗经》，朱熹主张去《序》观诗，以《诗》说《诗》，抛弃了《诗序》"美刺"和"止乎礼义"的穿凿之说，强调于诗本文中去体会诗的意味。《诗经》《楚辞》的美育价值在朱熹看来就在于感发人的意志，丰富人的情感体验与想象力，唤起人们向善的自觉，从而感染、陶冶心性，促进社会和谐发展。他讲："善可为法，恶可为戒，不特诗也，他书皆然。古人独以为'兴于《诗》者'，《诗》便有感发人底意思。今读之无所感发者，正是被诸儒解杀了，死着诗义，兴起人善意不得。"（《朱子语类》卷八〇）这与他认为的当初孔子删定《诗经》"使夫学者即是而有以考其得失，善者师之而恶者改焉"（《朱熹集》卷七十六《诗集传序》）的目的是大相径庭的。不仅是《诗经》和《楚辞》，通俗优美的杜甫诗歌及汉乐府民歌的美育价值也受到朱熹的重视。

对诗文美的体验与欣赏，朱熹也有其独到的见解。首先，他提倡审美主体应保持"虚静而明"的心理状态，消除一己成见，超脱利害观念。他讲："不虚不静故不明，不明故不识。若虚静而明，便识好物事。"（《朱子语类》卷一百四十）其次，他提倡熟读涵泳，"玩味本文"，强调对诗文应反复吟诵熟读，仔细玩味，"时时诵读本文便知其语脉所在"（《朱子语类》卷八十），主张对诗文之美进行全身心的体验，"须是踏翻了船，通身在那水中，方看得出"（《朱子语类》卷一百一四）。最后，提倡"通悟"，主张对诗文整体的系统的领悟，反对胶着文辞、断章取义，"须是通悟方看得"（《朱子语类》卷八十）。

五　陆九渊的诗文美育思想

同朱熹为学强调"即物穷理"而注重博览群书不同，陆九渊为学强调"发明本心"而追求易简之道，在诗文的创作与欣赏上，如果说朱熹倡导诗文为理（道）的流出而重于"明理"的话，陆九渊则主张诗文为心（道）的体现而重于明心。陆九渊坚持"六经注我"，主张不立文字，因而著述较少，但也写了二十多首诗和一些文章书信，虽未有专门的诗文理论，但对诗文创作与欣赏也有一些独到的见解。

陆九渊是在心艺一统的前提下谈论艺术包括诗文的美育功能的，由于心即是道，心即是理，因此在文道观的具体内容上他与朱熹并未有实质性的分歧。他讲："凡文辞之学，与夫礼乐射御书数之艺，此皆古之圣贤所以居敬养和，周事致用，备其道全其美者。一不出于忠信，则虽或能之，亦适所以崇奸而长伪。"（《陆九渊集》卷三十二《拾遗》）认为以道统艺（诗文），艺术（诗文）就可以发挥涵养中和之性、成就完美人格的作用，但如果以艺（诗文）僭道，则适得其反，只能崇长奸伪之心。陆九渊在解释"游于艺"时讲："艺者，天下之所用，人之所不能不习者也。游于其间，固无害其志道、据德、依仁，而其道、其德、其仁，亦于是而有可见者矣。"（《陆九渊集》卷二十一《杂著》）在浓厚的道学气息中承认艺术（诗文）存在的必要性。

以道统艺表现在文道关系上，便是"道本文末"说。陆九渊讲："读书作文，亦是吾人事。但读书本不为作文，作文其末也。有其本必有其末，未闻有本盛而末不盛者。"（《陆九渊集》卷四《与曾敬之》）他在与弟子的信中称："有德者必有言，诚有其实，必有其文。实者本也，文者末也。今人之习，所重在末，岂惟丧本，终将并其末而失之矣。"（《陆九渊集》卷十一《与吴子嗣》）道德品性充实于内，优美文辞发见于外，而如果一味追求文辞的华丽，最终反将一无所获，因此他告诫学生"毋倚于文辞"。

虽然如此，陆九渊的诗文美育思想仍有其独到之处，主要表现在以下三个方面。首先，陆九渊强调在为学中要坚持独立自主的思考，这种观点也渗透进其诗文写作、欣赏与评价中。他主张在诗文的写作上应有自己独立的见解，宁可得罪人也不卑俗，"大凡文字宁得人恶，得人怒，不可得人羞得人耻"（《陆九渊集》卷三十五《语录下》）。同时应根据自己的才力及场合，不可一味喜夸好胜。在诗文的欣赏、评价上，不为作文者文意所拘、所累，以"天下事如吾家事"的胸怀评鉴诗文，如此对自己亦有启发。"他人文字议论，但谩作公案事实，我却自出精神与他披判，不要与他牵绊，我却会斡旋运用得他，方始是自己胸襟。途间除看文字外，不妨以天下事逐一自题评研考，庶几观它人之文自有所发。"（《陆九渊集》卷六《与吴仲时》）

其次，在陆九渊看来，一个人的气质可以从文章中看出来，"人之文章，多似其气质，杜子美诗乃其气质如此"，因此主张根据学生文章之好坏而施教，"大凡文字，才高超然底，多需要逐字逐句检点他；才稳文整底，议论见识低，却以古人高文拔之"（《陆九渊集》卷三十五《语录下》），即是主张高中求稳，稳中求高。陆九渊经常对师友论学之书信进行评点，如认为吴显仲来书"尽平常妥帖，无甚病痛，但恐亦是偶然尔"（《陆九渊集》卷二《与吴显仲》），曹挺之的来书"气象甚觉龃龉"（《陆九渊集》卷三《与曹挺之》），批评黎师侯诗"不是理明义精，只是揩磨得之"，"是平生爱图样子"，就是朱熹的来信也认为是"文辞缴绕，气象褊迫"（《陆九渊集》卷二《与朱元晦》），等等，目的是通过对书信的评点塑造学生美的气质。

最后，在陆九渊看来，文风日伪，臆说诡辩层出不穷，模仿假借流行于世，后世之诗已不及古诗。但他也承认，后世之诗中也不乏杰作，它们能够给人以美的陶冶，如陶渊明诗"来自天稷，与众殊趣，而淡泊平夷，玩嗜者少"，杜甫诗"爱君悼时，追摄骚雅，而才力宏厚，伟然足以镇浮靡"，尤其是黄庭坚诗"包含欲无外，搜抉欲无秘，体制通古今，思致极幽眇，贯穿驰骋，工力精到"（《陆九渊集》卷七《与程帅》）。这些诗"模写物态，陶冶情性，或清或壮，或婉或严，品类不一，而皆条然各成一家"（《陆九渊集》卷十七《与沈宰（二）》）。

六 王守仁的诗文美育思想

王守仁"致良知"的心学是对陆九渊心学理论的继承与发展。与其他理学家一样，王守仁的文学功底非常深厚，除了写有一些文章，也有大量诗歌留世，他的诗文美育的立论基础也是其文道关系论，而其文道关系论具有鲜明的心学特色。

对于诗文本体的探究是理学文学理论的一个特点，这也是理学诗文美育的一个基本的立足点，在这一点上，王守仁与其他理学家并没有本质上的区分。王守仁对于文道关系的论述主要包括以下四个方面。

首先，从内外关系上看，道内文外。道与文的关系实质上就是内容与形式的关系，具体地讲就是礼与文的关系，"礼"（道、理）是"文"的内在根据，"文"是"礼"的外在表现，诗文作为"文"的一部分，是"礼"的外在表现形式之一。王守仁讲："天理之条理谓之礼。是礼也，其发见于外，则有五常百行，酬酢变化，语默动静，升降周旋，隆杀厚薄之属；宣之于言而成章，措之于为而成行，书之于册而成训；……是文也者，礼之见于外者也；礼也者，文之存于中者也。"（《王阳明全集》卷七《博约说》）在这里，王守仁所谓的"文"是从广义的角度而言的，与《周易·系辞》中对"文""通其变，遂成天下之文"的解释是一致的，诗文作为"文"的一部分，同宇宙其他一切外在的事物（包括自然界生生不息的运动变化、人类的行为方式及其文化创造等）都是理的外在体现，而这正是王守仁体用一源、显微无间的哲学思想的体现。

其次，从本末位置上看，道本文末。王守仁讲："文散于事而万殊者也，故曰博；礼根于心而一本者也，故曰约。博文而非约之以礼，则其文为虚文，而后世功利辞章之学矣。"（《王阳明全集》卷七《博约说》）表现为"万殊"的文无独立性，自身并不具备最高的价值，而如果失去了礼这一根本为文而文的话，就是本末倒置，就是功利辞章之学，与圣人之学是背道而驰的，故他讲："精于文词而不精于道，其精僻也。夫道广矣大矣，文词技能于是乎出。而以文词技能为者，去道远矣。"（《王阳明全集》卷七《送宗伯乔白岩序》）基于这种观点，他告诫学生为学做人切不可颠倒本末："缔观来书，其字画文彩皆有加于畴者，要本盛而枝叶茂，理固宜然。然草木之花，千叶者无实，其花繁者，其实鲜矣。"（《王阳明全集》卷六《与马子莘》）在他看来，当时社会在文艺创作与欣赏上存在着十分严重的本末倒置现象，社会败乱也与人们尚虚文浮辞有直接关系："子以明道者使其返朴还淳而见诸行事之实乎？抑将美其言辞而徒以譊譊于世？天下之大乱，由虚文胜而实行衰也。""天下所以不治，只因文盛实衰，人出己见，新奇相高，以眩俗取誉，徒以乱天下之聪明，涂天下之耳目，使天下靡然争务修饰文词，以求知于世，而不复知有敦本尚实、返朴还淳之行。"相反在远古的羲、皇之世，"全是淳庞朴素，略无文采的气象"（《王阳明全集》卷一《传习录上》）。

再次，从先后顺序上看，道先文后。王守仁在解释《论语》"志于道"一章时讲："只'志道'一句，便含下面数句功夫，自住不得。譬如做此屋，志于道是念念要去择地鸠材，经营成个区宅。据德却是经画已成，有可据矣。依仁却是常常住在区宅内，更不离去。游艺却是加些画采，美此区宅。艺者，义也，理之所宜者也，如诵诗读书弹琴习射之类，皆所以调习此心，使之熟于道也。苟不志于道而游艺，却如无状小子；不先去置造区宅，只管要去买画挂做门面，不知将挂在何处?"(《王阳明全集》卷三《传习录下》)

最后，由于"道即是良知"，良知是心之本体，因而道与文的关系从本质与根源上讲就是心与文的关系。王守仁认为，诗文实质上就是心体的自然流露，就像六经是自我心性本体的自然流露一样。由于王守仁的心性本体是理性与感性的统一，是生机无限的生命本真，这就使得诗文的创作与欣赏突破了冷冰冰的理与道的框架，突破了理学传统的性情二元论对审美主体感性生命的漠视，而成为个体性情的当下观照，是关于整个人的生命的写照，个体感性与人类理性达到了高度的统一。正因为这样，王守仁非常注重在诗歌美育实践中将理性的培养与感性的涵养有机地结合在一起，他讲："凡诱之歌诗者，非但发其志意而已，亦所以泄其跳号呼啸于咏歌宣其幽抑结滞于音节也。"(《王阳明全集》卷二《传习录中·训蒙大意示教读刘伯颂等》)

虽然理学家各自的人生经历不同，性情不同，思想体系有所不同，其诗文美育也各有其独特之处，但从总体上考察理学诗文美育思想，我们不难发现其共同特点，主要表现为以下几个方面。

首先，对诗文美育价值进行本体论思考是理学家共同的做法，其目的在于为诗文美育奠定哲学基础，为其寻求合理性的根据。理学家首先不是文学家，而是一个思想家、哲学家、封建社会后期官方哲学的创建者，他们热衷于探讨宇宙本原问题，认为"道"（"理"或"心"）是天地万物的本原。他们共同的兴趣在于弘扬儒家心性义理之学，这就决定了在其思想视野中，诗文作为艺之一分子，也是"道"（"理"或"心"）的体现，是第二性的，是一个对其合理性需要做出解释的事物。对于诗文合理性的论证在理学体系中就是对道与文关系的论述。

在理学家看来，道为本、为体、为先，诗文为末、为用、为后，道是诗文的本原，诗文是道的体现，如果说丢掉了本原，为文而文、为诗而诗，溺于词章、修饰文辞，那就是有末无本；如果"以文贯道"，那就是本末倒置；而如果坚持"文与道俱"，那就是不分主次。在理学家眼中，这些做法都是错误的，不仅使文丧失了其作为道的载体、作为道的表现的工具价值，而且更为严重的是，它不仅败坏了文风，败坏了学风，败坏了士风，也败坏了社会风气。因此，从文道统一、道本文末、道体文用的文道关系出发，理学家普遍坚持诗文为道的显现这一基本观点，理学家所做的诗歌很多都是哲理诗，"诗在理学家而言，则已完全融入性理之学范畴之内，而理学诗实际上也就成了理学思想的诗化形态"①，"理学家也自然把反映事物发展变化规律的'理'作为艺术表现的重要内容之一，倡导一种由形与神、情与理结合而成的理趣美"②。这些哲理诗能运用诗歌的意象述理，使诗情与哲理结合起来，从而脱离了理障，当然此时的诗情已是经过理学家所净化过的情，正如邵雍在《伊川击壤集自序》中所讲："故哀而未尝伤，乐而未尝淫。虽曰吟咏性情，曾何累于性情哉。"邵雍的《伊川击壤集》可以视为一部理学诗专集，朱熹的千余首诗其核心也是阐述其心性义理之学，其他理学家也都如此，如周敦颐的《静思篇》、程颢的《酌贪泉诗》及张载的《圣心》等无不如此。当然理学家也作了一些枯燥无味的说理诗，缺少诗之灵气，刘克庄称其只能算是"语录讲义之押韵者"（《后村先生大全集》卷一百一十）。

其次，更为具体地说，文道统一就是美善统一。理学从本质上讲是道德性命之学，其对心性义理的阐发是为个体的道德层面上的心性修养服务的，其诗文美育也不例外，中国儒家自先秦以来美善统一的观念在理学诗文美育中也得到了体现。在理学家的观念中，诗文优美的韵律、华丽的辞藻本身并不具有审美的价值，纯粹的美感体验和纯粹的形式美都是不存在的，反过来，如果过多地注意形式而不关注它所要表达的内容，这样的诗文是无根基的，也是有害的。文道统一的实质是将诗文的形式美与其道德内容紧密结合起来，也就是将美的形式与善的内容结合起来，形式是为内容服务的，美是为善服务的，这就决定了理学诗文美育具有伦理化的倾向，"理学美学特别强调审美的理性原则和教化功能，审美的功利性和道德的超功利性奇妙地结合在一起"③。这具体表现在以下两个方面。

第一，从诗文的外在社会影响上看，美的形式与内在内容的完美结合可以更好地发挥道德教化的功能，正如周敦颐所讲"美则爱，爱则传

---

① 许总：《中国古代哲理诗三阶段的特征及发展轨迹》，《晋阳学刊》1998 年第 1 期。

② 余松：《宋代理学文论述评》，《保山师专学报》2000 年第 2 期。

③ 潘立勇：《理学美学初探》，《学术月刊》1995 年第 4 期。

焉"，在这里，诗文的美主要具有工具的价值，它为道德教化提供了很好的形式。诗文的这种道德教化功能朱熹有过明确的说明，他讲："诗者，人心之感物而形于言之余也。心之所感有邪正，故言之所形有是非。惟圣人在上，则其所感者无不正，而其言皆足以为教。其或感之之杂而所发不能无可择者，则上之人必思所以自反，而因以有劝惩之，是亦所以为教也。"（《朱熹集》卷七十六《诗集传序》）在《论语或问》中朱熹对于诗歌的这种道德教化功能讲得更明确："诗本于人之情性，有美刺讽喻之旨，其言近而易晓，而从容咏叹之间，所以渐渍感动于人者，又为易入，故学之所得，必先于此，而有以发起其仁义之良心也。"（《论语或问·泰伯第八》）他的《训蒙诗》一百首就是以诗的形式进行道德教化，而邵雍的《伊川击壤集》大多以某某吟为题，如《无苦吟》《病亟吟》《小车吟》《感事吟》《乐物吟》等，都是于性情的吟咏中宣喻哲理，鉴诫世人。①

　　第二，从诗文内在的意境来看，理学家的很多诗文是吟咏性情的，除了对人生、世事的一些感慨外，相当多的都是抒发个人"得道"式的人生体验，描写一种理想的人生境界和人格理想。这种人格理想是属伦理的而又超伦理的，准审美的而又超审美的，是一种美的境界，也是一种善的境界，更是一种美善统一的境界，而且理学家吟咏性情往往借助自然景物而发，在山水自然之咏中将道德理性、审美感性融为一体。"就诗学思想而言，理学家文道观的影响主要表现为对传统的儒家诗教的强调与注重。但传统诗教既讲求'言志'，又追求'美刺'，在总体上具有裨补时事的功利意义与涵养性情的修身作用这两大方面，而宋代理学家虽亦不离美刺，然重心则在涵养性情之一端。"② 在理学家的很多诗文中都表达了这种通过愉悦的情感体验达到的"与天地合一"的精神境界，这一境界消融了主客二元对立的矛盾，心灵由于没有任何的束缚与桎梏而达于一种自由的状态，这种状态也是一种"乐"的状态。这种"乐"既有对于人生真谛的透悟而感到的"乐"（"孔颜乐处"），也有对于人与自然一体流行的体悟而感到的"乐"（"曾点境界"），是一种积极进取的生命体验。

---

　　① 　许总：《中国古代哲理诗三阶段的特征及发展轨迹》，《晋阳学刊》1998 年第 1 期。

　　② 　许总：《论南宋理学极盛与宋诗中兴的关联》，《社会科学战线》2000 年第 6 期。

最后，在诗文风格上，理学家普遍推崇自然、平淡的审美感受与审美意境。"美与善、文与道、诗与理，都是探讨思想内容与表现形式问题。文和诗怎样令人喜爱、引进共鸣，如心动神移、可喜可悲、或歌或泣等感情的交流，便蕴含着审美感受和审美意识问题……这种审美感受和审美意境的表达与创造，需要一种艺术风格的美来贯彻。朱熹强调一种质朴自然、平淡有味的风格美，反对华丽纤巧，刻意造作。这种审美意识，可以说是宋代的思潮。"①

理学家自然、平淡的诗文美育风格一方面受到理学以诗文说理的目的影响，同时也与理学家文学理论中"文从道出"的观念及对诗文内容的强调、对"静观"的审美态度的强调有关。理学诗的渊源是宗唐以前的古诗，陶渊明平淡质朴的诗风对于理学家的诗歌创作产生了重要的影响，如邵雍表示过绍继渊明之意："近暮特嗟时翳翳，向荣还喜木欣欣。可怜六百余年外，复有闲人继后尘。"（《伊川击壤集》卷七《读陶渊明归去来》）朱熹对陶诗也有深刻的体会："若但以诗言之，则渊明所以为高，正在其超然自得，不费安排处。"（《朱熹集》卷五十八《答谢成之》）同时唐代诗人白居易平易浅近的诗风也对理学家的诗歌创作产生了影响。

从理学诗文表达的内容看，虽然理学家倡导以诗文美的形式来表达道的内容，却是性情的自然流露，无丝毫的勉强与做作，不用苦思冥想，不用计较工拙，不太讲究诗法格律，因而不用在词藻的华丽与否上下工夫。如邵雍的诗非常通俗，不作苦吟，率性成章，清人以其诗"不复以文字为长，意所欲言，自抒胸臆，原脱然于诗法之外"（《四库提要·击壤集》）；程颐曾讲诗文应像"天工生出一枝花"般具有自然美；朱熹也讲，"大抵圣贤之言，本自平易，而平易中其旨无穷"（《朱子语类》卷一三九），又讲，"作诗间以数句适怀亦不妨。但不用多作，盖便是陷溺尔。当其不应事时，平淡自摄，岂不胜如思量诗句。至如真味发溢，又却与寻常好吟者不同"（《朱子语类》卷一百四十），在平淡中超越平淡，从平淡中体会无穷的韵味，这便是一种平淡之美。

总的来看，"从'理'（'道'、'善'）出发，通过'美'（'文'、'诗'），把伦理道德原则、规范或自然界合乎规律的现象和能给个体以精

---

① 张立文：《朱熹美学思想探析》，《哲学研究》1988 年第 4 期。

神愉快的感性形式、艺术表现结合起来，达到美与善、文与道、诗与理的和谐统一，这便是'和'的境界"①。这不仅是朱熹诗文美育的逻辑结构，也是宋明理学诗文美育的逻辑结构。

---

① 张立文：《朱熹美学思想探析》，《哲学研究》1988 年第 4 期。

第三章　宋明理学社会教育思想

宋明理学家不仅对学校教育倾注了大量的精力，同时也非常关注民间社会的教化问题，他们对先秦儒家社会教育思想资源进行创造性发挥，提出了系统的社会教育思想体系，同时也在长期为师、为官的人生实践中孜孜不倦地推行社会教育以改善社会风俗，总结出了一套行之有效的社会教育原则、策略与方法。理学社会教育思想以"德主刑辅"为社会教育的基本原则，主张以道德化的政府推行社会教育，并提倡建立完善的社会教育网络体系。

第一节　儒家"德主刑辅"政治文化的教育学意蕴

对于儒家政治文化，一般认为主要包括以民为本、推行仁政，以礼定刑、德刑兼用，强调血缘、注重伦常，提倡修养、强调教化等内容，其核心纲领可以用"德主刑辅"来概括。"德主刑辅"是我国古代政治文化的核心和特色，对于德刑关系，道家及法家等各派思想家或多或少均有论述，先秦儒家提出了"德主刑辅"的观点，并伴随儒学的长期发展而不断创新，其核心主张一以贯之，具有鲜明的学派特色，并因儒家在思想上长期居于正统地位而深远地影响了整个中国古代社会。儒家"德主刑辅"政治文化是随着儒学的不断发展而丰富和完善的，并有着浓郁的教育学意蕴，成为儒家特别是宋明理学家推行社会教育的核心纲领。

一　儒家"德主刑辅"政治文化的发展历程

儒家"德主刑辅"思想不是一蹴而就的，而是随着社会的发展和儒家思想的深化经历了一个由零散到系统、由粗糙到细致、由浅近到深入的积淀过程。中国古代儒学先后经历了先秦儒学、两汉儒学及宋明理学等重要发展阶段，儒家"德主刑辅"政治文化的内涵及其目的也经历了一个不断发展变化的过程。

（一）从重德到重刑的演变：先秦儒家"德主刑辅"政治文化

先秦儒家"德主刑辅"思想是在西周"明德慎罚"思想基础上发展而来的具有独特内涵的政治文化模式，是在百家争鸣状态下对未来社会政治运作的一种设计。针对周王室式微、人心不古的现状，孔子继承和发展了西周"礼治"思想，以仁释礼，援仁入德，突出了德的政治意义，极力主张"为政以德"，强调道德教化，而且认为道德教化所产生的社会作用，是政、刑所不能比拟的，"道之以政，齐之以刑，民免而无耻；道之以德，齐之以礼，有耻且格"（《论语·为政》）。但孔子并不否认刑罚的重要性，他主张"宽猛相济"，并从其中庸哲学出发提倡刑罚适中："礼乐不兴，则刑罚不中，刑罚不中则民无措手足。"（《论语·子路》）

孟子发展了孔子的德治思想，在性善论的基础上提出了"仁政说"。他告诫统治者必须依靠道德教化来争取民众的支持和服从，"以德行仁者王……以德服人者，中心悦而诚服也"（《孟子·公孙丑上》）。当然仁政也需要辅之以刑，"莫如贵德而尊士，贤者在位，能者在职，国家闲暇，及是时，明其政刑，虽大国必畏之矣"（《孟子·公孙丑上》）。但他又针对当时各诸侯国统治者滥用刑罚的现象提出了"省刑罚"的主张，"无罪而杀士，则大夫可以去；无罪而戮民，则士可以徙"（《孟子·离娄下》）。

荀子基于其性恶论，以儒家学说为基础吸收了法治的思想，反对教化万能论，主张礼、法并重，提出了隆礼重法的政治文化模式，并逻辑地引申出了其德刑关系构架：先德后刑、德主刑辅，主张以礼统法，反对不教而杀："故厚德音以先之，明礼义以道之，致忠信以爱之，尚贤使能以次之，爵服庆赏以申之，时其事、轻其任以调养之、长养之，如保赤子。政令以定，风俗以一。有离俗不顺其上，则百姓莫不敦恶，莫不毒孽，若被不祥，然后刑于是起矣。"（《荀子·议兵》）赏罚必须以教化为其基础才能充分发挥作用，充分说明了他"以教为本"的基本立场。荀子的德主刑辅思想和孔孟相比已有了明显的区别，流露出重刑的苗头，"赏重者强，赏轻者弱；刑威者强，刑侮者弱"，"故制号政令，欲严以威；庆赏刑罚，欲必以信"（《荀子·议兵》）。

（二）走向统治意识形态：汉代儒家"德主刑辅"的政治文化

秦王朝以法兴、以法亡的历史使汉初统治者不得不慎思暴秦"专任刑罚"的法家思想，转而以主张"无为而治""与民休息"的黄老学说作为治国的指导思想。但从汉初高祖刘邦到武帝刘彻的数十年间，儒家一直没有放弃将儒学变为国家政治意识形态的努力，基于秦亡的教训而对儒家"德主刑辅"政治文化进行阐述是其主要任务之一。以作为汉代"群儒之首"的董仲舒为例，他以其天人感应的神学目的论为哲学基础，以阴阳学说附会德与刑的关系，提出"刑者德之辅"，"教，政之本；狱，政之末也"，由此确立了"德主刑辅"治国模式。他说："天道之大者在阴阳。阳为德，阴为刑；刑主杀而德主生。是故阳常居大夏，而以生育养长为事；阴常居大冬，而积于空虚不用之处。以此见天之任德不任刑也。天使阳出布施于上而主岁功，使阴入伏于下而时出佐阳；阳不得阴之助，亦不能独成岁。终阳以成岁为名，此天意也。王者承天意以从事，故任德教而不任刑。刑者不可任以治世，犹阴之不可任以成岁也。为政而任刑，不顺于天，故先王莫之肯为也。"①（《汉书》卷五十六《董仲舒传》）由此，君主治理国家，须遵循天道而行事，宽猛相济、王霸并用。但由于"天之任阳不任阴，好德不好刑"，三时主德，一时主刑，故天子行道，以仁义礼智教化百姓而辅之以刑罚。从此，"德主刑辅"的政治文化方针成为封建时代政治统治的指导思想，儒家所宣扬的伦理道德精神和纲常礼教标准成为调整各种社会关系的基本准则。

（三）对霸道和异端的驱逐：宋明理学"德主刑辅"的政治文化

"从二程开始，王道和霸道的论辩便成为道学家试图影响现实政治的一个重要手段"，②理学"德主刑辅"政治文化的提出有着明确的目标，即反对霸道功利之术与释老虚无之教。理学家依据其天理人性的思辨理论，对先秦儒家"德主刑辅"政治文化进行了创造性的阐述和论证，认为"德主刑辅"的政治文化应该包括以德化为立国之本，先德后刑、以刑辅德，反对不教而杀；提倡严刑、肉刑、慎刑，反对滥刑、轻刑、无刑，并希望最终通过德化之昌盛而达于无刑、无讼之治国境界。

---

① 班固：《汉书》卷五十六《董仲舒传》，中华书局 1962 年版，第 2502 页。

② 干春松：《儒家王道政治秩序的构建及其遇到的困境》，《哲学研究》2011 年第 4 期。

　　理学家对"德主刑辅"的提倡有其深刻的社会历史背景，它是伴随对由宋至明政治统治的批判而提出的，这种批判主要指向两点：其一，包括最高统治者在内的整个官僚阶层个体德性修养的缺失而不能以德率民，为民表率，同时，理学家普遍指出，各级政府存在着严重的程式化、腐败化和酷刑化的问题；其二，对于由宋至明的统治策略，理学家普遍持一种怀疑与批判的态度，认为统治者未能以德化为先，而钟情于财利兵刑功利之术、佛老二氏虚无之教，这也是国家之所以不治、世风之所以日下的重要原因。

　　理学家对"德主刑辅"政治文化的阐释除了有其特定的社会历史背景外，也有基于理学本体论和人性论的证明。在本体论证明上，理学家或从客观唯心论的"天理"出发，或从主观唯心论的"本心""良知"出发，论证"德刑一体""德主刑辅"。在人性论方面，"德主刑辅"的思想也得到了理学性善而有气质之偏说的证明，"宋儒言性，虽主孟氏，然必分义理与气质而二之，则已兼取孟、荀二义，至其教人以变化气质为先，实暗用荀子'代性'之说"。[①] 一方面理学家坚持人性善的先验性与普适性，从而提出了"德主"即教化为本的主张；另一方面，理学家认为人性中存在气质之偏的因素，而要克治"气质之偏"，教化的作用在一定程度上却是有限的，必须辅之以刑罚。

二　儒家"德主刑辅"政治文化的教育学意蕴

　　从儒家"德主刑辅"政治文化内涵可以看出，儒家一贯把教化万民作为"政事之本"，并将刑罚作为政治统治的有效手段。上自先秦，下至宋明，如何促进并保持社会秩序的稳定与社会关系的和谐，并进而达于一个理想的伦理化的社会始终是儒家所关注的一个核心问题。而这一问题的解决主要是以教育（教化）的方式通过促进每一个体道德化的发展以及加强刑罚的惩戒作用来完成。具体来说，儒家"德主刑辅"政治文化的教育学意蕴主要体现在以下两个方面。

　　（一）坚持政治统治的"教育路向"

　　作为统治意识形态出现的儒家"德主刑辅"政治文化的本质可以用

---

　　① 王先谦：《荀子集解·跋》，中华书局 1988 年版，第 15 页。

"教育路向"四字来概括。在儒家思想家看来，为政不仅要以德化为本、为主，同时刑罚作为一种统治力量其效果也在于它惩戒的教育作用。政治统治的"教育路向"主要体现在以下三个方面。

1. 政治中的道德教育者：对国家及社会治理主体的素质及责任要求

在儒家政治文化中，统治者不仅担负着国家和社会的管理职责，更承载着社会美德和圣贤人格的典范职责。他们必须"为政以德"，以其道德人格风范和伦理言行，引领民众和社会的道德风尚，从而为整治和安定社会秩序，保持社会政治生活的健康向上，确立先进的政治伦理标准。

首先，作为教育者的君主必须仿效先贤，以身率天下。儒家对尧、舜、禹等古代先贤的德行做了很高的评价，"古之贤王，好善而忘势"（《孟子·尽心上》），尧积极推行教化，"克明俊德，以亲九族；九族既睦，平章百姓；百姓昭明，协和万邦，黎民于变时雍"（《尚书·尧典》）。孔子则把政治的实施过程看作道德感化过程："政者，正也，子帅以正，孰敢不正？"（《论语·颜渊》）孟子认为君主首先要成为道德的楷模，"君仁，莫不仁；君义，莫不义；君正，莫不正。一正君而国定矣"（《孟子·离娄上》）。宋明理学出于对最高统治者个体德性修养的缺失而不能以德率民的批判，提倡修君德而化万民。在儒家观念中，普遍认为帝王为社会教化之源，君王修德不仅为官吏作出了榜样，同时也为万民所效法之榜样，是实行"德主刑辅"策略的根本所在。

其次，各级地方行政长官负有以道德教化百姓，重视教育、移风易俗的教育责任。在中国古代社会，推行教化是地方官员的政务之一，如两汉时期郡国学校的一个重要办学目的即是通过在学校定期举行"乡饮酒""乡射"等传统礼仪活动，向社会普遍推行道德教育。可以说，至近代前，从理论上讲，地方官学也部分地承担着地方社会教化的职责。① 理学教育家在地方任职期间也很重视地方社会教化，如朱熹在南康军时下发《劝谕谤》，王守仁在担任庐陵知县期间，以政府通告的形式对百姓进行道德教化，可以说，理学教育家忠实地体现并创造性地发展了儒家为政为德的思想。

最后，家族作为地方基层组织，其权力的执行者族（家）长也要承

---

① 参见孙培青主编《中国教育史》，华东师范大学出版社 2000 年版，第 108 页。

担起教导子弟的责任，在家教中完成对子弟的德性培养。在儒家政治文化中，一切社会政治观无不以家族为本位，将家族内部关系的合理调整视为一切政治行为的出发点，家（族）长负有教导子弟的重要职责，由己到家、由家到国、由国而及天下。王守仁在担任地方官期间，针对纷争频仍、民风不古的社会状况，提出了具体要求："夫乡邻之道，宜出入相友，守望相助，疾病相扶持。乃今至于骨肉不相顾。县中父老岂于一二敦行孝义，为子弟倡率者乎？……中夜忧惶，思所以救疗之道，惟在诸父老劝告子弟，兴行孝弟。……谕告父老，为吾训戒子弟。"（《王阳明全集》卷二十八《告谕庐陵父老子弟》）

2. 刑辅：刑罚作为道德教育辅助的教育学意义

儒家在极力倡导为政以德、德教为先的同时，也认识到德治、德教并非万能，应积极重视刑罚所具有的惩戒作用，以刑罚作为推行教化的辅助手段，因而在此我们可以将刑罚作为一种辅助德化的教育力量和教育手段。作为教育力量的刑罚惩戒通过施加外部强制的否定性评价和制裁，使个体形成一种戒惧之心，从而明是非，知进退。对于刑罚的教育作用，儒家认为：其一，刑罚具有教育本人的作用。对于向恶之人，只有通过刑罚的震慑才能使其不肆于恶。如程颐讲："自暴者，拒之以不信；自弃者，绝之以不为。虽圣人与居，不能化而入也。"（《周易程氏传》卷四）刑罚成了震慑自暴自弃之人的唯一手段。对于向善之人，刑罚同样也有其警戒的意味，如朱熹讲："无慕乎外而自为善，无畏于外而自不为非，此圣人之事也。若自圣人以降，亦岂不假于外以自修饬。所以能'见不善如探汤'。不使不仁者加乎其身，皆为其知有所畏也。"（《朱子语类》卷二十六）其二，刑罚还具有教育他人的作用。如朱熹所说"惩治一人而天下知所劝戒，所谓辟以止辟"（《朱子语类》卷七十八），以刑一人而防刑万人，杀一儆百，警戒、指引他人行为。

儒家除了看重刑罚的惩戒作用外，甚至直接以礼定刑，使道德原则通过刑罚惩戒的强制性力量得到凸显与宣扬。随着儒家思想统治地位的确立和巩固，伦理纲常礼教逐步与法律相结合，以礼入律，礼刑合一，礼获得了全社会一体遵循的法律强制力。以春秋决狱为开端，法律儒家化不断深入，以经注律近于泛滥，至唐代礼法交融达到顶峰。董仲舒专门编定的《春秋决狱》二百三十二事，是经义决狱的集中代表；《唐律疏议》则是纲常礼教法典化的典型代表；朱熹则明确提出了"明刑弼教"的思想，在知漳州时晓谕百姓居丧时应持服遵律，违者加以严厉惩戒："诸丧制未终，释服从吉若忘哀作乐。自作遣人等徒三年，杂戏徒一年。即遇乐而听及参与吉席者，各杖一百。"（《朱熹集》卷一百《晓谕居丧持服遵礼律事》）可见，"引礼入法"贯彻了儒家基本精神，使法律的强制实施过程同时成为道德的推行过程，"一准乎礼"，其实质就是一准乎道德，刑罚惩戒中凸显与宣扬了道德原则。

（二）坚持教育实践的"政治情结"

在教育与政治的关系上，儒家认为二者直接相关，密不可分，教育的目的就是直接服务于政治，政治主要依靠教育来实现。为了达到德政的目的，儒家强调以道德教育作为施政的基本手段，政治的根基最终落实到道德教育上。这主要体现在以下两方面。

1. 教育的政治功能的凸显：培养政治人才

儒家教育的政治功能非常明确，"学而优则仕"，教育就是要培养有理想、有道德、治国平天下的"君子""圣人"。《学记》中说："古之王者，建国君民，教学为先。"主张通过育人来建立正常的政治生活秩序。荀子认为教育所培养的"君子"是"礼义之始"，"天地之参也，万物之总也，民之父母也。无君子，则天地不理，礼义无统"（《荀子·不苟》）；董仲舒在《对贤良策》中讲得更明确，"立大学以教于国"，培养治国之才。理学诸子认为人才是政治得失的主要因素，"天下之治，由得贤也。天下不治，由失贤也。世不乏贤，顾求之之道如何尔"（《河南程氏文集》卷五《上仁宗皇帝书》）。因此，必须培养圣人、贤才才能使社会巩固和发展。在儒家思想家看来，教育的功能不在于个体的完善发展，不在于培养社会各行各业人才，而在于通过教育及自我修养为社会输送国家政治统治所需要的贤才，其在实践中的典型表现便是通过层层选拔性极强的考试挑选占受教育者少数的那些饱读诗书的儒家士子参与各级政府的运作，教育与政治的联姻在儒家体系中达到了极致。

2. 以道德统辖教育：教育政治化的必然结果

儒家出于维护君主统治的目的，极为重视教育，这就决定了儒家必然要把教育主要归结为"德教"，以达"内圣外王"的理想人格。也就是说，儒家"德主刑辅"的政治文化中的德并非仅指"政治道德"，而是指修身、齐家、治国、平天下的伦理道德修养，即儒家的"圣王"理想。所谓"内圣"，即有很高的道德修养；所谓"外王"，即在修身的前提下，为国建功立业，道德修养和治国之道高度统一在一起。《大学》是阐述由学而入仕的博大学问的儒家经典，其关于教育为政治培养人才的基本原则为后来的儒家一贯推崇，它开宗明义就指出："大学之道，在明明德，在亲民，在止于至善。"并提出"八条目"作为实现此"三纲领"和途径和方法："古之欲明明德于天下者，先治其国；欲治其国者，先齐其家；欲齐其家者，先修其身；欲修其身者，先正其心；欲正其心者，先诚其意；欲诚其意者，先致其知；致知在格物。"这样，物格而后知至，知至而后意诚，意诚而后心正，心正而后身修，身修而后家齐，家齐而后国治，国治而后天下平，"自天子以至于庶人，壹是皆以修身为本"。修身乃是齐家治国之本，从某种程度上讲，儒家可以被看作是专讲教化及修身的学派，在学校教育、社会教育及家庭教育中对德化的极力强调是儒家教育思想的一个突出特点。

三 儒家"德主刑辅"政治文化的教育学意蕴：现代性探析

（一）局限性分析

儒家"德主刑辅"政治文化是我国古代小农自然经济形态和宗法社会构造的必然政治文化取向。不可否认它存在很多局限性：首先，就教育与政治的关系而言，教育与政治的过分联姻损害了教育的独立性，使教育成为政治的附属品，教育文化失去了自身独立的品性而完全成为政治文化的组成部分。其次，就教育自身的发展而言，贤人治国的思路使儒家过多地将目光集中在道德教育及自我心性修养上，教育文化失去了其全面性的品性而走上片面化的发展道路。再次，就道德教育而言，"以礼定刑"的原则目的在于借助法律的强制性力量来推行儒家的纲常教化，殊不知这种混淆两者本质的做法却适得其反，因时制宜、因地制宜、因情制宜的伦理道德规范本应通过引导、宣传的方式进行，但由于将其权威化、永恒化并借助于法律的力量推行使得伦理道德规范成为控制人们行为的强制性戒律。最后，儒家"德主刑辅"政治文化的内涵是狭隘的，就"德"而言，道德教化的内容上的局限性自不待言；就"刑"而言，强调的是刑法的惩戒作用，而非将完整的包括民法在内的整个法律体系作为治国的手段，使传统中国社会不可能建成一个民主的法制社会。

（二）积极意义分析

儒家"德主刑辅"政治文化是经过了自春秋至封建社会晚期两千余年的积累演变而比较成熟的政治文化，是中国传统政治文化的核心与精华，它所具有的浓郁的教育学意蕴对当代中国社会教育的发展无疑有深刻的启迪意义。

1. 治国应德刑并用，礼法互补，将道德教化与刑罚惩戒相结合

德礼之教从思想入手，达到了教育人、引导人、指引人的发展方向的目的。从孔子的"克己复礼为仁"到董仲舒的"以仁安人，以义正我"以及二程的"学必至于圣人，求得圣人之道"，都在于引导人形成高尚品德，成为符合社会需要的人。法刑之术则从惩治入手，去恶扬善，惩一儆百，以威慑力警示和改造人的思想。荀子主张"严刑以戒其心"（《荀子·富国》），二程认为"法者，明事理而为之防者也"（《周易程氏传》卷二），法用以教化民众，维护正常的社会秩序。儒家还正确认识道德教化与刑罚惩戒是两种基本的国家治理手段，必须兼而用之，不可偏废，徒善不足以为政，徒法不足以自行，"治之经，礼与刑，君子以修百姓宁。明德慎罚，国家既治四海平"（《荀子·成相》）。如果说道德教化是一种积极的教育，那么刑罚惩戒则是一种消极的教育，儒家将二者有机地结合在一起，"礼者禁于将然之前，而刑者禁于已然之后"，相辅相成，互为补充，共同发挥了良好的作用。在当代社会，道德文明的建设与法制文明的推进依然是国家政治文化的两大主题，中国古代社会教育中的德法结合思想，乃是宝贵的教化智慧，经过扬弃和改造，仍然可以作为我们建设政治文明的借鉴。

2. 政府应强调教化，积极介入，将道德教化作为政事之本

儒家极为重视教化，将教化作为治国之本。孔子认为对民众庶之不如富之，富之不如教之，把教育作为立国之本，放在治国的首位；《学记》称"是故古之王者建国君民，教学为先"；《礼记》谓"民知尊长养老，而后乃能入孝弟。民入孝弟，也尊长养老，而后成教；成教而后国可安也"（《礼记·乡饮酒义第四十五》）。教化民众是国家安定的前提。董仲舒说："夫万民之从利也，如水之走下，不以教化隄（堤）防之，不能止也。是故教化立而奸邪皆止者，其隄（堤）防完也；教化废而奸邪并出，

刑罚不能胜者，其隄（堤）防坏也。古之王者明于此，是故南面而治天下，莫不以教化为大务。立大学以教于国，谨庠序以化于邑，渐民以仁，摩民以谊，节民以礼。故其刑罚甚轻而禁不犯者，教化行而习俗美也。"（《汉书》卷五十六《董仲舒传》）程颐重视教民的思想也很有价值，他主张："民可明也，不可愚也；民可教也，不可威也；民可顺也，不可强也；民可使也，不可欺也。"（《河南程氏遗书》卷二十五《伊川先生语十一》）儒家的道德教化思想系统而完备，经过世代教化的积淀，儒家关于做人、处事和立国的名言早已深入人心，并在潜移默化中传布到社会生活的各个领域，有效地遏制和化解了社会矛盾和纠纷，成为中国社会稳定发展的心理基石。

对道德教化在国家治理中重要性的认识使得儒家极为强调以国家之力推行教化，要求各级政府积极参与社会教化，将推行社会教化作为政事之本。如理学思想家在这一方面提出了许多富有建设性的观点，在中央政府方面要求最高统治者提高个人修养并将其作为中央政府推行社会教化的前提，认为要以中央政府制度化的建设作为推行社会教化的基础，要求中央政府应保持社会教化政策的稳定性与连贯性，主张中央政府的社会教化政策应与其他国家政策相互协调，互相配合；认为地方政府应承担地方社会教化的主要职责，主张地方政府在推行社会教化首先应做到以德治吏，要对社会教化持乐观积极的态度，地方政府在推行社会教化时必须进行调查了解，因地制宜地推进地方教化，地方政府应做好统筹协调工作，多方配合，应充分调动各种人力资源参与地方社会教化，地方政府在推行地方社会教化时要坚持循序渐进、综合治理的基本原则等。

第二节　德化与刑罚之间：宋明理学
社会教育的原则与思路

对于理学家而言，如何促进并保持社会秩序的稳定与社会关系的和谐，并进而达于一个理想的伦理化的社会是其始终关注的一个核心问题，这一问题的解决，主要是以教育（或教化）的方式通过促进每一个体道德化的发展来完成，这种对于国家治理与社会发展中教育优先性地位的提倡是由儒学的文化特性所决定了的。社会教育作为教育的重要组成部分，由于在保持社会秩序稳定、促进社会关系和谐中起到举足轻重的作用而被理学家广泛重视。

在理学社会教育思想与实践中，道德教化与刑罚惩戒是两种最基本的手段。在这里，如果说道德教化是一种积极的教育，偏重于形成个体内在的向善的自觉并进而外化为良好的行为习惯的话，那么，刑罚惩戒则是一种消极的教育，更倾向于以可能施加的外部刑罚处置而使个体形成一种戒惧之心，从而避免对既有的社会秩序与社会关系的破坏，而不是以刑罚处置本身为其目的。德、刑在社会教育中的地位与关系正如程颐所讲："治蒙之始，立其防限，明其罪罚，正其法也，使之由之，渐至于化也。或疑发蒙之初，遽用刑人，无乃不教而诛乎？不知立法制刑，乃所以教也。盖后之论刑者，不复知教化在其中矣。"（《周易程氏传》卷一）朱熹也讲："律所以明法禁非，亦有助于教化，但于根本上少有欠阙也。"（《朱熹集》卷五十八，《答邓卫老》）

在理学社会教育的思想与实践体系中，不同社会教育的主体针对不同的教育对象，围绕着道德教育与刑罚惩戒来组织种种教育资源，采取灵活多样的方法来实施具体的社会教育行为。而就这两种基本的社会教育手段在理学社会教育体系中的地位与关系而言，用一句话来概括，就是以道德教化为主，以刑罚惩戒为辅，即德主刑辅。理学社会教育对德刑关系的处理，一方面是对基于学派的传承而对先前儒家德刑观念的继承，另一方面也是基于对社会现实的具体分析而进行的理论创新，而这种创新的表现是多方面的，既有对德刑关系理论基础的改造，也有对德刑关系命题的充实，更有在具体的社会教育实践中对如何处理德刑关系的有益尝试。下面以理学濂、关、洛、闽主要教育家为代表，就其社会教育中德主刑辅的理论与现实基础与表现、德主刑辅观念中诸命题含义、德主刑辅的保障及实施等问题作一简要阐述。

一　理学社会教育中的德主刑辅：现实与理论的基础

德主刑辅的观念并非理学所始创，也并非儒家所独有，不过最为儒家所力主。对于德主刑辅问题，先秦儒家也有较为充分的论述，如孔子谓："道之以政，齐之以刑，民免而无耻；道之以德，齐之以礼，有耻且格。"（《论语·为政》）又讲："圣人之设防也，贵其不犯也；制五刑而不用，所以为至治也。"（《孔子家语·五刑解》）孟子也讲："贵德而尊士，贤者在位，能者在职，国家闲暇，及是时明其政刑，虽大国必畏之矣。"（《孟子·公孙丑上》）对这一问题，后来儒家人物也多有论述，基本上都主张以刑辅德、期于无刑，提倡先德后刑、反对不教而杀，坚持重德轻刑，主张慎刑戒杀等。

理学家对于德主刑辅观点的叙述并非对先秦以来儒家德刑关系论点的简单沿袭，而是有其深刻的社会历史背景及理论基础，换言之，它是理学家对当时的社会秩序与社会关系状况进行分析的基础上，依据其天理人性的思辨理论，对先秦以来儒家德主刑辅观点的创造性阐述。这种阐述虽然正如下文所述由每个理学家对问题的思考角度及理论体系的不尽相同而有着一定程度的差异，但共同点是主要的，这种共同点表现为德主刑辅的阐述有着共同的现实与理论基础。

（一）倡导德主刑辅的现实基础

在理学家的言论中，普遍流露出一种强烈的对国家治理状况的不满及对社会秩序无序的批判，一种对当时帝王失德、民心不归的失望，对纲纪不振、吏治不明的揭露，对学校不昌、士风薄恶的痛心，对教化不明、民心竞奔的批判，认为这些社会弊端导致的结果便是社会秩序的混乱及人伦关系的恶化，最直接的表现便是社会风气的恶劣。如陆九渊便称："王泽之竭，利欲日炽，先觉不作，民心横奔，浮文异端，转相荧惑，往圣话言，徒为藩饰。而为机变之巧者，又复魑魅魍魉其间，耻其非耻，而耻心亡矣。"（《陆九渊集》卷一《与邵叔谊》）理学教育家德主刑辅的社会教育策略正是在洞察当时社会流弊的基础上提出的，有其现实社会基础。

一方面，出于对最高统治者德性修养的缺失而不能以德率民的批判，提倡修君德而化万民，为德主刑辅社会教育策略提供根本性的支持。不管是与古代圣王（尧、舜、禹、商汤、文、武、周公等）相比，还是仅对其品性的现状而言，对于最高统治者的德性修养，理学家存有一种普遍的失望感，如王守仁在《自劾不职以明圣治事疏》中对明武宗朱厚照的批评："今圣主在上，泽壅而未宣，怨积而不闻"，"每月视朝，朔望之外，不过一二"，"劳力于掣肘，耗气于驰逐，群臣惶恐，两宫忧危，宗社大本，无急于是"，"自即位以来，经筵之御，未能四五，而悦心于骑射疲劳之事"（《王阳明全集》卷二十八《自劾不职以明圣治事疏》）等。在理学家看来，君心为治之大本，君心之正邪，决定着民心之善恶、社会之治乱，而现实中帝王德性之不修正是社会不治的重要原因。因此对于君主来说，首先应"正心诚意"以立其大本，这样才能以德率民，刑罚的作用才能得以正常发挥。

提倡帝王修德以治天下，理学家是一致的，如周敦颐主张修圣德而化万民："天道行而万物顺，圣德修而万民化。大顺大化，不见其迹、莫知其然之谓神。故天下之众，本在一人。道岂远乎哉？术其多乎哉？"（《通书·顺化》）程颢主张定君志而趋正道："君道之大，在乎稽古正学，明善恶之归，辨忠邪之分，晓然趋道之正；故在乎君志先定，君志定而天下之事成矣。所谓定志者，一心诚意，择善而固执之也。"（《河南程氏文集》卷一《上殿劄子》）朱熹主张正君心而正万事："故人主之心正则天下之事无一不出于正，人主之心不正则天下之事无一得由于正。"（《朱熹集》卷十一《戊申封事》）王守仁则主张养君心而别善恶："人君之心，顾其所以养之者何如耳？养之以善，则进于高明，而心日以智；养之以恶，则流于污下，而心日以愚。"（《王阳明全集》卷二十二《人君之心惟在所养》）如此等等。理学教育家普遍认为帝王为社会教化之源，修德不仅对官吏作出了榜样，同时也为万民所效法，是实行德主刑辅策略的根本所在。

另一方面，出于对君主治国策略的批判，提倡儒家道德教化的重要性与优先性，而以刑辅之。对于君主的统治策略，理学家普遍持一种怀疑与批判的态度，认为统治者未能以德化为先，而钟情于财利兵刑功利之术、佛老二氏虚无之教，也是国家之所以不治、世风之所以日下的重要原因。周敦颐作为理学开山鼻祖，倡明德化，于理学有创始之功："自秦、汉以来，言治者泊于五霸功利之习，求道者沦于异端空虚之说，而于先王发政施仁之术，天理人伦之教，莫克推寻而讲明之，故言治者若无豫于学，而求道者反不涉于事，民莫睹乎三代之盛，可胜叹哉！唯先生崛起于千载之后，独得微指于残编断简中，推本太极，以及乎阴阳五行之流布，人物之所以生化，于是知人之为至灵而性之为至善，万理有其宗，万物循其则。举而措之，可见先王之所以为治者，皆非私智之所出。"（《宋元学案》卷十二《濂溪学案下》）在张载看来，不以德化为本而尚功利之术，是将道学与政术别作二事，君相应以父母天下为王道，不能推父母之心于百姓，怎能谓之王道？而所谓父母之心是视四海之民如己之子，如此，治国之术必不为秦汉之少恩，必不为五伯之假名。朱熹对王安石变法的态度也体现了其倡导王道仁政教化、反对霸道功利之术的主张："若真有意于古，则格君之本、亲贤之务、养民之政、善俗之方，凡古之所谓当先而宜急者，曷为不少留意，而独于财利兵刑为汲汲耶？"（《朱熹集》卷七十《读两陈谏议遗墨》）朱熹又在上孝宗皇帝书中论佛老之非，认为："平治之效所以未著，由不讲乎大学之道，而溺心于浅近虚无之过也。"（《朱熹集》卷十三《癸未垂拱奏劄（一）》）

理学家对治国策略的批判不仅仅基于对现实的考察，同时也出于对传说中上古三代之治的向往，认为三代以教化为先，虽有刑罚而不用，人人比屋可封，后世不以教化为本，徒有刑罚而民不治，如程颐讲："窃以生民之道，以教为本。故古者自家党遂至于国，皆有教之之地。民生八年则入于小学，是天下无不教之民也。既天下之民莫不从教，小人修身，君子明道，故贤能群聚于朝，良善成风于下，礼义大行，习俗纯美，刑罚虽设而不犯。……后世不知为治之本，不善其心而驱之以力，法令严于上，而教不明于下，民放僻而入于罪，然后从而刑之。噫！是可以美风俗而成善治乎？"（《河南程氏文集》卷九《为家君请宇文中允典汉州学书》）

君主治国策略的失误直接影响到国家吏治与地方政府的作为。由于君主崇尚功利之术、虚无之教，不能选贤使能、以德化民，因而纲纪的紊乱、官吏的腐败与社会风气的恶化便是必然的结果，各级官吏或者钻营于官场之间，以苛政待民而中饱私囊，如陆九渊所称，"大抵吏胥献科敛之计者，其名为官，其实为私。官未得一二，而私获八九矣"（《陆九渊集》卷四《与赵宰》）；或者崇尚虚无之教、耽于淫佚之事而不知以德率民，如朱熹称："盖有国家者所以昭事明神，祈以降祥锡福于下，其勤如此。顾今之为吏者，所知不过簿书期会之间，否则觞豆歌舞，相与放焉而不知反，其所敬畏崇饰而神事之者，非老子、释氏之祠，则妖妄淫昏之鬼而已。其于先王之制、国家之典所以治人事神者，曷尝有概于其心哉？呜呼！人心之不正，风俗之不厚，年谷之不登，民生之不遂，其不亦以此欤？"（《朱熹集》卷七十九《鄂州社稷坛记》）

在理学家看来，君主对功利之术、虚无之教的提倡最终结果是纲纪紊乱，学校废弛，民风竞奔，盗贼四起，上不能以德率民、教化百姓，下不能各务其业，劝善戒恶。君主不以修德为事，日日耽于宴游享乐之间，谏臣冷落、佞臣伴行；各级官吏不能勤政守职、化民成俗，日以钻营交结为事，以苛政扰民为能；士人则或沉溺于章句、训诂与辞章之学，以应科举、逐功名为务，或迷恋于佛道虚无之说，而于正己修身之事漠不关心；而百姓或不知和睦忍让而日陷于狱讼，或为生计所迫而流为盗寇，父老不知教化其子弟，整个社会处于一种失序的状态，这是理学家所不愿看到的。

（二）倡导德主刑辅的理论基础

对于德主刑辅的提倡，除了基于对当时国家治理的考察外，也有理学家基于本体论与人性论的证明。而本体论与人性论的证明也是理学教育思想抽象化、思辨化的具体体现，这是理学的特色。

1. 本体论的证明

德主刑辅命题的本体论证明由于理学思想体系特征的不同可分为强调"理"的客观唯心论的证明（如张载和朱熹等人）和偏重于"心"的主观唯心论的证明（如陆九渊和王守仁等人），这与理学思想体系强调本体论研究的思维趋向是一致的，德主刑辅的治国策略也由于理学本体论的证明成为一个具有排他性的唯一合理的治国策略。

周敦颐：法天为治，仁育刑肃。在周敦颐看来，圣人法天治民，仁育万物，刑肃万民，因而以德刑治民是效法天的结果，是法天的表现。他讲："天以阳生万物，以阴成万物。生，仁也；成，义也。故圣人在上，以仁育万物，以义正万民。"（《通书·顺化》）"天以春生万物，止之以秋。物之生也，既成矣，不止则过焉，故得秋以成。圣人之法天，以政养万民，肃之以刑。"（《通书·刑》）正由于德刑同为法天的结果，因而具有本源上的一体性。

张载：理为礼本，刑自礼出。张载希望用礼来节制社会秩序，实现礼治的社会。在他看来，"礼"出自"理"，"理"决定"礼"，是"礼"的根本。"盖礼者理也，须是学穷理，礼则所以行其义，知理则能制礼，然则礼出于理之后。"（《张子语录下》）礼有出于自然的，也有出于人为的，而教化刑罚都是礼治的具体体现，从根本上讲，都是合理的："礼者圣人之成法也，除了礼天下更无道矣。欲养民当自井田始，治民则教化刑罚俱

不出于礼外。"（《经学理窟·礼乐》）

二程：法天明刑，道体刑用。在刑的来源上，二程认为："先王观雷电之象，法其明于威，以明其刑罚，饬其法令。法者，明事理而为之防者也。"（《周易程氏传》卷二）而就德与刑的关系而言，道为体，刑为用，"治身齐家以至平天下者，治之道也。建立纲纪，分正百职，顺天揆事，创立制度，以尽天下之务，治之法也。法者，道之用也"（《河南程氏粹言》卷一）。

朱熹：德本刑末，刑在德中。朱熹将"理"作为德、刑的根据，认为"礼"字、"法"字实为"理"字。"盖三纲五常，天理民彝之大节，而治道之本根也。故圣人之治，为之教以明之，为之刑以弼之，虽其所施或先或后，或缓或急，而其丁宁深切之意，未尝不在乎此也。"（《朱熹集》卷十四《戊申延和奏劄一》）就德刑二者关系而言，德又是刑的根本，"政者，为治之具；刑者，辅治之法。德礼则所以出治之本，而德又礼之本也"（《论语集注》卷一《为政第二》），德礼包括刑政于其中，德与刑并非二事，道德性命之与刑名度数，虽有精粗本末之分，然其相为表里，如影随形，则又不可得而分别也，"有德礼则刑政在其中者，意则甚善"（《论语或问》卷二）。

陆九渊：以心为本，德刑一体。陆九渊是一个心本体论者，在他看来，理不在物而在心，"天下有不易之理，是理有不穷之变。诚得其理，则变之不穷者，皆理之不易者也。理之所在，固不外乎人也"（《陆九渊集》卷三十二《拾遗·学古入官议事以制政乃不迷》）。而治国之根本，本于君主之一心。君不可以有二心，政不可以有二本，将德、刑并列起来以为政有宽猛，认为德、刑出自君主之二心是犯了二本的错误。既无二本，便无先后，便不可交替使用。在陆九渊看来，君主以仁心化治天下，而"五刑之用，谓之天讨，以其罪在所当讨，而不可以免于刑，而非圣人之刑之也"（《陆九渊集》卷三十《政之宽猛孰先论》），何况圣人在用刑之际也体现了其宽仁之心。

王守仁：以心为本，刑自心出。王守仁对陆九渊的"心即理"的命题做了充分的发挥，认为："心即理也。学者，学此心也；求者，求此心也。"（《王阳明全集》卷二《传习录中》）此心具有天理，天理的具体化就是"礼"，而刑法作为"文"的一种，是礼的外显之一："天命之性具于吾心，其浑然全体之中，而条理节目森然毕具，是故谓之天理。天理之条理谓之礼。是礼也，其发见于外，则有五常百行，酬酢变化，语默动静，升降周旋，隆杀厚薄之属。"（《王阳明全集》卷七《博约说》）礼刑宜之于言而成章，措之于为而成行，书之于册而成训，炳然蔚然，虽其条理节目繁杂而至于不可穷诘，但从根源上讲无不是心的外显，而圣人之心乃为政之本，是一切礼乐刑政教化之本源，"仁君之心，天地民物之主也，礼乐刑政教化之所自出也"（《王阳明全集》卷二十二《人君之心惟在所养》）。

2. 人性论的证明

理学的人性论是对先秦儒家人性论的继承与发展，虽然理学的人性论并不统一，但一个明显的事实是，先秦以来儒学关于人性论的诸多矛盾与争端已逐渐得到消解。理学关于人性论的一个总的趋向是以孟子先验的人性善说为本，改造荀子的性恶论，抛弃了董仲舒、韩愈等人的性三品论，坚持人性善的先验性与普适性，但同时也对人性中的气质之偏等因素或人的现实恶行的出现给予了足够的重视。理学的这种人性论使得理学家对教育作用与范围的认识更为彻底，对人的发展、变化的可能性给予了充分的肯定，但同时并未走向极端，而是给刑罚的震慑与惩治留有余地。

第一，以教化为本的根据：人性善的先验性与普适性。在理学家看来，人性是天之所予人者，是不学而能、不虑而知的，且为圣凡所共有，朱熹讲："天降生民，则既莫不与之仁义礼智之性矣。"（《大学章句序》）陆九渊讲："理乃天下之公理，心乃天下之同心。"（《陆九渊集》卷十五《与唐司法》）王守仁也讲："天下之人，同此心，同此性，同此达道也。"（《王阳明全集》卷七《重修山阴县学记》）同时，人性具有永恒性、虚灵性及主宰性等特点。① 一方面，正是由于人性善的先验性与普适性，使得身为教育家的理学家对教化寄予了极大的希望，对教化的乐观态度弥漫于理学家的言论之间，如张载称："圣人设教，便是人人可以至此。'人皆可以为尧舜'，若是言且要设教，在人有所不可到，则圣人之语虚设耳。"（《经学理窟·学大原下》）程颐讲："人皆可以至圣人，而君子之

① 参阅张学强《拒斥与吸收：教育视域中的理学与佛学关系研究》，巴蜀书社 2002 年版，第 203—219 页。

学必至于圣人而后已。不至于圣人而后已者，皆自弃也。"（《河南程氏遗书》卷二十五《伊川先生语十五》）另一方面，由于气禀、俗见等因素的影响而使人不能为善，因而必须对其加以教化，如陆九渊讲："此心本灵，此理本明，至其气禀所蒙，习尚所梏，俗论邪说所蔽，则非加剖剥磨切，则灵且明者曾无验矣。"（《陆九渊集》卷十《与刘志甫》）陆九渊在对百姓官吏的宣讲中对此讲得也很清楚，他说：

> 凡民之生，均有是极，但其气禀有清浊，智识有开塞。天之生斯民也，使先知觉后知，先觉觉后觉。古先圣贤与民同类，所谓天民之先觉者也。以斯道觉斯民者，即皇建其有极也，即敛时五福，用敷赐厥庶民也。今圣天子重明于上，代天理物，承天从事，皇建其极，是彝是训，于帝其训，无非敛此五福，以锡尔庶民。郡守县令，承流宣化，即是承宣此福，为圣天子以锡尔庶民也。凡尔庶民，知爱其亲，知敬其兄者，即惟皇上帝所降之衷，今圣天子所锡之福也。若能保有是心，即为保极，宜得其寿，宜得其福，宜得康宁，是谓攸好德，是谓考终命。（《陆九渊集》卷二十《荆门军上元设厅皇极讲义》）

第二，以刑罚为辅的根据：对教化作用有限性的认识。虽然理学家希望通过教育达成一个理想的社会，但他们并非理想主义者。他们对于教化作用的有限性有着清醒的认识，因此并非一味地强调通过教化而使每个个体向善，而是给刑罚的震慑留有一定空间。具体而言，之所以刑罚是必要的，张载、程颐和朱熹等人将其原因更多地集中在人性中恶的因素的存在，这种恶具体表现为气禀的偏浊，这也是圣凡贤愚分途之始，如朱熹讲："禀得精英之气，便为圣为贤，便是得理之全，得理之正。禀得清明者便英爽，禀得敦厚者便温和，禀得清高者便贵，禀得丰厚者便富，禀得长久者便寿，禀得衰颓薄浊者，便为愚、不肖，为贫、为贱、为夭。"（《朱子语类》卷四）而陆九渊和王守仁等人更多地将注意力放在了克治后天恶的因素上，认为是后天的恶习遮蔽了先天的善性，王守仁谓："性无不善，故知无不良。良知即是未发之中，即是廓然大公，寂然不动之本体，人人之所同具者也。但不能不昏蔽于物欲，故须学以去其昏蔽。然于良知之本体，初不能有加损于毫末也。"（《王阳明全集》卷二《传习

录中》）

对于人性中恶的因素的对治，理学家将重点放在了教育与自我修养上，提出了"主敬""自省"等道德教育原则与自我修养的方法。但在理学家看来，对于极少数人而言，教育并不必然使其克去人欲，复尽天理，自觉向善，如程颐认为，人性本善，然亦有不向善者，原因就在于虽然人性皆善，但亦有人属不移之下愚，主要表现为自暴与自弃，对自暴自弃之人，教化是不起作用的："人苟以善自治，则无不可移者，虽昏愚之至，皆可渐磨而进也。唯自暴者，拒之以不信；自弃者，绝之以不为；虽圣人与居，不能化而入也，仲尼之所谓下愚也"（《周易程氏传》卷四），因而只有通过刑罚的震慑使其不肆意于恶。对于向善之人刑罚甚至同样也有其警戒的意味，如朱熹讲："'君子怀刑'，言思刑法而不必犯之，如惧法之云耳。""无慕于外而自为善，无畏于外而自不为非，此圣人之事也。若自圣人以降，亦岂不假于外以自修饬。所以能'见不善如探汤'，'不使不仁者加乎其身'，皆为其知有所畏也。"（《朱子语类》卷二十六）从根本上讲，与主动的施教相比，刑罚的使用是不得已而为之。陆九渊讲："君子固欲人之善，而天下不能无不善者以害吾之善；固欲人之仁，而天下不能无不仁者以害吾之仁。有不仁、不善为吾之害，而不有以禁之、治之、去之，则善者不可以伸，仁者不可以遂。……夫五刑五用，古人岂乐施此于人哉？天讨有罪，不得不然耳。"（《陆九渊集》卷五《与辛幼安》）

由于论证基础的变化，理学德主刑辅的社会教育策略与前儒相关思想相比，有了新的内涵：首先，对德主刑辅社会教化策略的强调有其鲜明的针对性，它是儒家在西汉取得独尊地位后，在封建社会经历了自西汉以来一千多年的社会变迁后，对儒家德化政治的重新提倡，其目的是减少以致消除各种功利之术与虚无思想在政治统治中的地位，提高君主和各级政府官吏的道德素质，坚持以德治国，使得国家的统治真正走上儒家一直倡导的"修德治人"的德化政治的道路；其次，通过本体论论证将德与刑更为紧密地结合在一起，坚持德刑同源、德刑一体、德体刑用，强调严刑、慎刑，反对滥刑、宽刑，在坚持道德教化的基础上，强化刑罚的震慑作用，为德刑一体的政治统治与社会教化提供基础；最后，通过人性论的证明对道德教化与刑罚惩戒的关系进行了明确的论述，一方面使人们对于道德教化的作用有了更加积极的态度，但同时对其局限性的说明又强调了刑罚作为教化必要补充的地位。

二　道德化政府的建设：社会教育中德主刑辅原则实施的基本保障

政府存在的主要价值在于提供社会秩序。政府提供社会秩序主要通过以下三种途径：一是通过强制性的高压手段来提供社会秩序；二是通过建立稳定的规范、合理的政治经济制度、金字塔式的权力等级结构和组织体系来提供社会秩序；三是通过伦理精神的张扬来提供社会秩序。① 中国封建社会是专制型的社会，经常通过高压手段来提供社会秩序，但中国封建社会又有着比较完备的金字塔式权力等级结构，同时以儒学为宗的封建国家又宣扬一种德治的思想，将由中央至地方的各级政府看作是实行德治的关键性力量。但自先秦儒家提出德治政治理想以来，历经千余年儒家期盼的德治政治并未真正出现，儒家的理想社会仍然遥不可及。理学家将目光集中在了社会秩序的主要提供者——封建国家各级政府的构成、运行及职能发挥的状况的考察上，在政府存在的应然价值判断中剖析其实然的状况，进而指出其改革的途径，从而为其最终的理想社会服务。

（一）以道德教化提供社会秩序：应然的政府追求

所谓通过道德教化的方式提供社会秩序主要包括两个方面：一是通过政府自身的道德化建设修德以感人，这是政府发挥其社会教化功能的基本前提，也是帝王正己以正万民的逻辑延伸。朱熹反复强调统治者要"修德于己"，如果上自君主、下自监司、守令、县官层层"修德"，便能感化天下，"修德于己而人自感化。然感化不在政事上，却在德上。盖政者所以正人之不正，岂无所作为？但人所以归往，乃以其德耳"，"如必自尽其孝，而后可以教民孝；自尽其弟，而后可以教民弟"（《朱子语类》卷二十三）。王守仁也认为，执政者无善德便无善政，有善德必有善政，"惩己之忿，而因以得民之所恶也；窒己之欲，而因以得民之所好也；舍己之利，而因以得民之所趋也；惕己之易，而因以得民之所忽也；去己之蠹，而因以得民之所患也；明己之性，而因以得民之所同也"（《王阳明全集》卷八《书朱子礼卷》）。

---

① 参阅张康之《道德化的政府与良好的社会秩序》，《社会科学战线》2003 年第 1 期。

　　二是致力于以道德教育的方式而非仅仅用刑罚惩治的方式来保证社会秩序的和谐与稳定，这是政府的一个根本性职责。理学家反复强调这一点，如陆九渊称："郡守县令，民之师帅，承流宣化，其职任一也。"（《陆九渊集》卷八《与苏宰》）朱熹也讲："郡守以承流宣化为职，不以簿书财计狱讼为事……欲使邦人士子，识些向背，稍知为善之方，与一邦之人，共趋士君子之域"①，并对陆九渊的德政大加赞赏，称："去岁辱惠书慰问，寻即附状致谢。……近辛幼安经由，及得湖南朋友书，乃知政教并流，士民化服，甚慰。"（《朱熹遗集》卷二《与陆子静书》）朱熹还对台州知州唐仲友不以正身率下、承流宣化为职，而公肆奸心、苛政扰民数次进行弹劾，称："仲友身为儒生，早取科名，继登台省，为清望官。今又蒙恩出守名郡，所宜夙夜恪勤，正身率下，务以承流宣化、牧养小民为职。顾乃不思报称，公肆奸心，其刻核扰民之政，既如臣前奏所述，其贪污不法之状，又如臣今奏所称……"（《朱熹集》卷十八《按唐仲友第三状》）②南宋后期著名理学家真德秀在知潭州时要求官吏尽心化导民众，称：

　　　　盖闻为政之本，风化是先，潭之为俗，素以淳古称。比者经其田里，见其民朴且愿，犹有近古气象，则知昔人所称，良不为过。今欲因本俗迪之于善，已为文喻告，俾兴孝弟之行，而厚宗族邻里之恩，不幸有过，许其自新，而毋狃于故习。若夫推此意而达之民，则令佐之责也，继今邑民以事至官者，愿不惮其烦而谆晓之，感之以至诚，持之以悠久，必有油然而兴起者。若民间有孝行纯至，友爱著闻，与夫协和亲族，周济乡间，为众所推者，请采访其实，以上于州，当与优加褒劝。至于听讼之际，尤当以正名分，厚风俗为主。昔密学陈公襄为仙居宰，教民以父义母慈，兄友弟恭，而人化服焉。古今之民同一天性，岂有可行于昔，而不可行于今？惟毋以薄待其民，民亦将不忍以薄自待矣。此某之所望于同僚者也。③

————————

　　①　王懋竑：《朱熹年谱》，中华书局1998年版，第203—204页。
　　②　关于朱熹弹劾唐仲友一事以及两人之间的矛盾冲突与是非功过学术界已多有讨论，可参见束景南《朱子大传》，商务印书馆2003年版。
　　③　《名公书判清明集》卷一《咨目呈两通判及职曹官》，中华书局1987年版，第1—2页。

（二）道德教化的缺失：对政府社会治理行为的批判

理学家对于当时封建国家各级政府在社会秩序的供给中的一个基本认识是，由于各级政府缺乏自身的道德建设，没能很好地履行自身所承担的道德教化的职责，导致社会的失序和风俗的浇薄，正如王守仁所称："大抵天下之不治，皆由有司之失职；而有司之失职，独非小官下吏偷惰苟安侥幸度日，亦由上司之人，不遵国宪，不恤民事，不以地方为念，不以职业经心，既无身率之教，又无警戒之行，是以荡驰日甚，亦宜分受其责可矣。"（《王阳明全集》卷十八《禁革轻委职官》）具体地讲，各级政府道德教化的缺失主要表现在以下三个方面。

第一，程式化。程式化表现为各级政府将其运行的重点放在了日常烦琐的行政事务处理上，对自身的道德化建设漠不关心，推卸其所承担的教化万民的责任，不了解民情，不宽恤民力，不以整顿地方秩序和改善地方风气为务，或纠缠于琐碎事务而不明教化之大义，或懈怠政事、推诿职责而不以地方教化为念。如朱熹称："盖有国家所以昭示明神，祈以降祥赐福于下，其勤如此。顾今之为吏者，所知不过簿书期会之间，否则馐豆歌舞，相与放焉而不知反，其所敬畏崇饰而神事之者，非老子、释氏之祠，则妖妄淫昏之鬼而已。其与先王之制、国家之典所以治人事神者，曷尝有概于其心哉？呜呼！人心之不正，风俗之不厚，年谷之不登，民生之不遂，其不亦以此欤？"（《朱熹集》卷七十九《鄂州社稷坛记》）王守仁也持相同观点，认为自古纲纪之不振，由于为君者垂拱宴安于上，为臣者顽习懈驰于下，"今朝廷出片纸以号召天下，而百司庶府莫不震栗悚惧，不可谓纪纲之不振，然而下之所以应其上者，不过簿书文墨之间，而无有于贞固忠诚之实"（《王阳明全集》卷二十二《拟唐张九龄上千秋金鉴录表》）。

第二，腐败化。腐败化的主要表现是官吏在行使其权力时将个人的利益放在了公共利益之上，权力的行使不是为公共利益而是出自私利的考虑，权力变为猎取个人利益的工具，结党营私，中饱私囊。由宋至明，官吏的腐败问题一直是一个比较突出的问题，如陆九渊所称："今风俗甚弊，狱讼烦多，吏奸为朋，民无所归命，曲直不分，以贿为胜负。"（《陆九渊集》卷八《与赵推》）而理学家在其给君主的奏折中也多次提到吏治的问题，如程颢的《论十事劄子》、朱熹的《戊申封事》等。上之所好，下必效之，吏治的好坏，直接影响到社会风气的好坏，官吏的腐败不仅直接导致其不能推行有效的社会教化，而且也直接败坏了社会风气，如果纲纪不振于上，那么风俗便会颓弊于下，社会风气之所以恶化，与官吏的腐败有直接的关系。故朱熹讲："所谓振纲纪以厉风俗者……先有纲纪以持之于上，而后有风俗以驱之于下也。何谓纲纪？辩贤否以定上下之分，核功罪以公赏罚之施也。何谓风俗？使人皆知善之可慕而必为，皆知不善之可羞而必去也。"（《朱熹集》卷十二《己酉拟上封事》）

第三，酷刑化。如果官吏在治理社会中出于私利或其他目的，单纯运用刑罚而非以德化为主，将百姓放在官府的对立面，不以养民为本，不以亲民为务，不与民为善而待民以恶，任意宰割，残酷剥削，则是一种酷刑化的治理，这与理学家所倡导的德治政治背道而驰，走向了道德教化的反面。理学家对官府酷刑化的治理方式有着许多的揭露与批判，如陆九渊讲："县邑之间，贪饕矫虔之吏，方且用吾君禁非惩恶之具，以逞私济欲，置民于囹圄、械系、鞭棰之间，残其支体，竭其膏血，头会箕敛，椎骨沥髓，与奸胥猾徒厌饫咆哮其上。"（《陆九渊集》卷五《与辛幼安》）朱熹认为："州县直是视民如禽兽，丰年犹多饥死者。"（《朱子语类》卷一百〇八）"凡是百姓有事入门，不问曲直，恣意诛求，无有艺极，民间受弊不可胜言。为监司州县者欲一切绳之以法，则财计顿阙，州县不可复为，虽有良吏，亦无以免。"（《朱熹集》卷十四《戊申延和奏劄四》）

（三）道德化政府的建设：道德教化实施的前提

对道德化政府重要性的认识使得理学家对于如何建成一个道德化政府这一问题给予了足够的重视，而且理学家在其为官从政的生涯中也围绕这一问题进行了种种有益的尝试，积累了许多有益的经验。

第一，整饬纲纪。作为制度的纲纪既是政府行政运作的基础，同时也为政府的道德化建设提供了制度性的保证，有了严格的制度性的保证与约束，官吏的公共行政权力的运用才有可能是合法的。具体地说，整饬纲纪的一个重要目的是使行政制度和体制包含道德化的内容和为官吏的道德意识的成长提供充分的空间，从而为道德化政府的建设提供基础。朱熹谓："纲纪之所以振，则以宰执秉持而不敢失，台谏补察而无所私，人主又以其大公至正之心恭己于上而照临之，是以贤者必上，不肖者必下，有功者必赏，有罪者必刑，而万事之统无所缺也。"（《朱熹集》卷十二《己酉拟

上封事》)

第二，选贤使能：道德化政府建设的起点。官吏自身素质的高低直接决定着社会治理的成效，尤其是在政府效率低下、腐败成风的时候，人才的选拔更是重中之重，选拔大批有才之士充实、净化官吏队伍是理学家的共识。朱熹认为，国家治理的当务之急"只是要得人"（《朱子语类》卷一〇八)，如果君主的周围及各级政府中都是贤能之士的话，所谓"主威不立，国势不强，纲纪不举，刑政不清，民力不裕，军政不修"的情况便会迅速得到整顿。陆九渊称："奸吏猾民，讬以扰郡县，害良民，伤风败俗亦不细矣。官之不可非其人如此哉！"（《陆九渊集》卷十六《与张元善》）王守仁也认为，天下之治，莫急于守令，而举贤"乃天下治乱盛衰所系，君子小人进退存亡之机，不可以不慎也"（《王阳明全集》卷二一《答方叔贤》)，并提出了一些任贤使能的具体原则，如以德为先、舍短用长、破格起用、久其职任、增俸责廉、综核名实等。

第三，官吏教育：道德化政府建设的途径。官吏教育是保证政府道德化走向的重要途径，同时也是对百姓实施道德教化的基本前提。正如隋代王通所谓"不能仁，则智息矣"（《中说·问易第五》)，官吏的道德素质直接影响到其工作的效率及社会治理的质量，也直接影响到其是否能超越行政法律、规范的束缚从而实现创造性社会治理，因为从根本上讲，法律制度体系及规范的行政运行方式对官吏来说只是一种外在的价值确定，而只有自我道德意识才是一种内在的价值确定，这种内在的价值确定保证并促使官吏积极有效地、创造性地进行社会治理，并使社会治理更加人性化。身为教育家同时又经常担任地方行政长官的理学家对官吏的道德素质提出了很高的要求，如官吏应具有强烈的责任意识，视人犹己，视国如家，为政以亲民为本，以养民为务，勤政守职，廉洁自律，"视民之饥溺犹己之饥溺，而一夫不获，若己推而纳诸沟中"（《王阳明全集》卷二《传习录中》)，而理学家在其亦官亦师的人生经历中也恪守这种为官从政的信念，并时常对下属官吏进行道德教育。

对下属官吏的教育主要有三种途径，一是从自身做起，为下属官吏做表率。理学家为官有很好的政声，他们都能做到爱憎分明、严于律己、廉洁勤政、仁爱民众，以自己的德行与才干赢得了部属和民众的爱戴，不仅社会风气有明显的转变，吏风也颇有改观。

二是对官吏直接进行教育。如陆九渊在知荆门军时，注重对吏民的教化，如改变过去在元宵节"设斋醮黄堂"为民祈福的做法，"会吏民，讲《洪范》'敛福锡民'一章，以代醮事，发明人心之善，所以自求多福者，莫不晓然有感于中，或为之泣"。其于荆门设教，不仅民风为之丕变，"吏卒亦能相勉以义，视官事如家事。识者知其出郡，有出于政刑号令之表者矣"（《陆九渊集》卷三十三《象山先生行状》）。真德秀知潭州时，为能更好地化民成俗，作《咨目呈两通判及职曹官》，对属吏进行教育：

> 正己之道未至，爱人之意不孚，则虽有教告，而民未必从。故某愿与同僚各以四事自勉，而为民去其十害。何谓四事？曰律己以廉，抚民以仁，存心以公，涖事以勤是也。何谓十害？曰断狱不公，听讼不审，淹延囚系，惨酷用刑，泛滥追呼，招引告奸，重叠催税，科罚取财，纵吏下乡，低价买物是也。①

王守仁在总督广西等四省军务时作《行浔州府抚恤新民牌》，要求部属视民如子，"各官务要诚爱恻怛，视下民如己子，处民事如家事，使德泽垂于一方，名实施于四远，身荣功显，何所不可"（《王阳明全集》卷三十《三征公移逸稿·行浔州府抚恤新民牌》）。

三是对地方清廉官吏进行褒奖，表彰节义，以革政风。王守仁在巡抚南赣期间，得知赣县致仕县丞龙韬，平素居官清谨，老年致仕时因贫不能自存，而"贪污者乘肥衣轻，扬扬自以为得志，而愚民竞相歆羡"，因而下令赣州府官吏优奖龙韬，并定时给予资助，目的在于"务洗贪鄙之俗，共敦谦让之风"（《王阳明全集》卷十六《优奖致仕县丞龙韬牌》）。

（四）德主刑辅：道德化政府社会教育的主要方式

道德化政府建设的直接目的便是改变以往采取的错误的社会治理方式，以道德教化的方式进行社会治理，并尽可能地将道德教化渗透进政府的日常管理行为之中，同时以刑罚作为必要的辅助手段。德主刑辅的社会治理方式在理学家的思想与实践中主要包括以下具体形式。

---

① 《名公书判清明集》卷一《咨目呈两通判及职曹官》，中华书局1987年版，第2—3页。

1. 以地方长官的身份对当地百姓直接进行道德教化

理学家身上有着比较浓厚的官师合一的遗风，他们为官一方，施教一方，不仅在当地的官学与书院中进行正式的教学活动，同时经常直接对百姓进行道德教化，内容涉及从善弃恶、相劝以善、敦厚亲族、和睦乡邻、有无相通、患难相恤、勤于农作、弃佛道礼俗等。其方式是多种多样的，主要包括以下四个方面。

其一，在集会中对百姓进行道德宣讲。如张载在其担任云岩县令期间，"政事大抵以敦本善俗为先，每以月吉具酒食，召乡人高年会于县庭，亲为劝酬，使人知养老事长之义，因问民疾苦及告所以训戒子弟之意"（《张载集·吕大临横渠先生行状》）；陆九渊在知荆门军时"以荆门俗尚缁黄，惑于祸福报应之说，为亭象山台上，讲学其中，从学者常数百人"，"士习民风翕然丕变，荆人遂名其台为讲经台"① 等。

其二，以政府通告的形式对百姓进行道德教化。张载在担任云岩县令时，通过发布告谕教化百姓。"有所教告，常患文檄之出不能尽达于民，每召乡长于庭，谆谆口谕，使往告其里间。间有民因事至庭或行遇于道，必问'某时命某告某事闻否'，闻则已，否则罪其受命者。"（《张载集·吕大临横渠先生行状》）朱熹在担任地方行政长官期间，发布了大量的政府通告，如《知南康榜文》《示俗》《劝农文》《劝立社仓榜》《除秦桧祠移文》《漳州晓谕词讼榜》《晓谕居丧持服遵礼律事》《劝女道还俗榜》等，除了对下属官吏进行约束、教育外，还要求地方官吏将政府发布的榜文在州县乡村张挂，不得隐匿。其在《漳州晓谕词讼榜》中谓："今榜州门张挂晓谕，各令知悉。更请深自思惟，所诉事理或涉虚伪，或无大段利害，可以平和，即仰早生悔悟，降心相从，两下商量，出官定对。庶几有以复此邦忠厚醇朴之俗，革比年顽嚣偷薄之风，少safety病守闵恻惭惧之心，仰副明使者循行荒远、宣布诏条之意。"（《朱熹集》卷一百《公移》）

王守仁在地方任职期间，颁行各种告谕，大力革新民俗，反对厚藏、宴乐、聘礼、巫祷、邪术、佛事以及迎神赛会等陋俗，提倡节俭、淳厚、勤劳、实礼、崇医等新风尚，足见其良苦用心。如在担任庐陵知县期间，"在县七阅月，遗告示十有六，大抵谆谆慰父老，使教子弟，毋令荡僻"

---

① 《荆门直隶州志》卷一《舆地志·古迹》，同治版王辰校刊本。

（《王阳明全集》卷三十三《年谱一》）；在巡抚南赣时，发布《十家牌法告谕各府父老子弟》《告谕各府父老子弟》《告谕新民》《告谕》《告谕浰头巢贼》《告谕父老子弟》等，在征藩时又发布《告谕安义等县渔户》《告谕顽民》等告谕，在征讨思田时，也发布《告谕村寨》等，并要求属官对颁布的告谕广为翻印散发："照式翻刊，多用纸张，即发所属各县，查照十家牌甲，每家给予一道。其乡村山落，亦照屯堡里甲分散，务遵依告谕，互相戒勉，共兴恭俭之风，以成淳厚之俗。"（《王阳明全集》卷十六《仰南安赣州印行告谕牌》）

其三，通过建立地方先贤祠堂、表彰地方贤德事迹等方式对百姓进行道德教化。如朱熹在知南康军下发《劝谕榜》，要求保伍对"孝子顺孙、义夫节妇事迹显著，即仰具申，当依条格旌赏"，并"访寻陶威公侃、谢文靖公安、陶靖节先生潜、前朝孝子司马暠、司马延义、熊仁赡、义门洪氏等遗迹……立周先生祠，以二程先生配。其陶靖节、刘西涧父子、李公择、陈了翁则别为堂祀之，榜曰'五贤堂'"。① 王守仁总督两广时批准南宁府在北门外高岭原上重修祠堂以纪念宋枢密使狄青、经略史余靖及枢密直学士孙沔、邕州太守苏缄、推官谭必缘等人的申请，称："看得表扬先哲，以激励有位，此正风教之首；况旧基犹存，相应修复，准支在库无碍官银，重建祠宇。"（《王阳明全集》卷十八《批南宁府表扬先哲申》）

其四，在听讼及与百姓的日常交往中进行道德教化。如程颢在宋英宗治平元年（1064）担任泽州晋城县令时，"民以事至邑者，必告之以孝弟忠信，入所以事父兄，出所以事长上"（《河南程氏文集》卷十一《明道先生行状》）。

2. 以德化消解刑罚，确保政府社会治理中德化形式的优先性

社会治理的重心是对不安定的社会因素尤其是社会关系中存在的种种矛盾进行化解，这种化解可以用德化的方式进行，也可以用刑罚的方式进行。在化解一般性社会矛盾中，理学家普遍的做法是倡导德化的优先性，而反对单纯以刑罚的方式治理社会。"君子之所以异于人者，以其存心也。遏恶扬善，顺天休命，前圣后圣，其揆一也。与后世苟且以逃吏责，钩距以立威者，岂可同年而语哉？举斯心以加诸彼，使善习日长，恶习日

---

① 王懋竑：《朱熹年谱》，中华书局1998年版，第92页。

消，恶者屈，善者信，其无讼也必矣。"（《陆九渊集》卷九《与杨守（三）》）在理学家看来，以德化的方式化解社会矛盾，有着刑罚所不可比拟的优势，一方面通过感化的方式化解社会矛盾于无形之中，通过劝导促使矛盾双方进行反省，改过迁善而恢复社会关系的和谐；另一方面通过感化的方式解决社会矛盾抓住了问题的关键，比较彻底地解决了问题，大大减少了产生社会矛盾的可能性。

以德化方式化解一般性社会矛盾，除了由民间组织或德高望重之人的调节、化导外，主要表现为处理词讼的政府官吏对诉讼双方的劝导从而自觉地消除矛盾，这是理学家着力提倡的。身为地方官吏的理学家在处理诉讼案件时也经常采用感化的方式消解双方的矛盾，希望以此来促使社会的进一步和谐。陆九渊称自己"初既精求案牍，辨其曲直，既又晓以义理，使得自新，能自伏义，愿改者固十八九"（《陆九渊集》卷十六《与张元善》），"唯怙终不可诲化，乃始断治，详其文状，以防后日反复。久之，民情益孚"（《陆九渊集》卷三十三《象山先生行状》）。朱熹在《劝谕榜》中要求"同保人互相劝戒，孝顺父母，恭敬长上，和睦宗姻，周恤邻里，各依本分，各修本业，莫作奸盗，莫纵饮博，莫相斗打，莫相论诉"，"劝谕士民，乡党族姻，所宜亲睦。或有小忿，宜各深思，更且委曲调和，未可容易论诉"（《朱熹集》卷一百《公移》）。王守仁在《十家牌法告谕各府父老子弟》中也申明："自今各家务要父慈子孝，兄爱弟敬，夫和妇随，长惠幼顺，小心以奉官法，勤谨以办国课，恭俭以守家业，谦和以处乡里，心要平恕，毋得轻意忿争，事要含忍，毋得辄兴词讼，见善互相劝勉，有恶互相惩戒，务兴礼让之风，以成敦厚之俗。"（《王阳明全集》卷十六《公移一》）在诉讼案件的处理中王守仁注意通过教化的方式调解，据《传习录》载：

> 乡人有父子讼狱，请诉于先生，侍者欲阻之，先生听之，言不终辞，其父子相抱恸哭而去。柴鸣治入问曰："先生何言，致伊感悔之速？"先生曰："我言舜是世间大不孝的子，瞽瞍是世间大慈的父。"鸣治愕然请问。先生曰："舜常自以为大不孝，所以能孝。瞽瞍常自以为大慈，所以不能慈。瞽瞍记得舜是我提孩长的，今何不曾豫悦我，不知自心已为后妻所移了，尚谓自家能慈，所以愈不能慈。舜只

思父提孩我时如何爱我，今日不爱，只是我不能尽孝，日思所以不能尽孝处，所以愈能孝。及至瞽叟底豫时，又不过复得此心原慈的本体。所以后世称舜是个古今大孝的子，瞽叟亦做成个慈父。"（《王阳明全集》卷三《传习录下》）

3. 以刑罚辅助德化：道德化政府社会治理中对刑罚的运用

理学家对道德教化的反复强调并不意味着在他们的视野中刑罚的惩戒作用只是一种附属品，相反，他们对于刑罚在社会治理中的作用极其看重。自汉代以来，以董仲舒为代表的汉代儒学通过"春秋决狱"的形式使礼成为司法审判的指导性原则，实际表现为以礼入法、礼法一体，礼成了立法断案的依据，法律也进入道德的领域，在儒学作为国家意识形态的状态下，儒家经义应当具有而实际上已经取得了相同于甚至是高出于成文法典的法律之社会功能。① 从儒家整体发展趋势来看，比起先秦及汉唐儒学，宋明理学德刑一体的倾向更为明显，儒学道德教化的功能与其法律性功能更为紧密地结合在一起，如朱熹谓："凡有狱讼，必先论其尊卑上下，长幼亲疏之分，而后听其曲直之辞，凡以下犯上，以卑凌尊者，虽直不右，其不直者罪加凡人之坐。"（《朱熹集》卷十四《戊申延和奏劄一》）

在理学家看来，以道德教化为主并不是要轻刑罚甚至于取消刑罚，相反，如果没有健全的法制作为基础的话，道德教化的作用也不能得到正常的发挥，从这层意义上讲，刑罚甚至是第一位的。故程颐讲："发下民之蒙，当明刑禁以示之，使之知畏，然后从而教导之。自古圣王为治，设刑罚以齐其众，明教化以善其俗，刑罚立而后教化行，虽圣人尚德而不尚刑，未尝偏废也。故为政之始，立法居先。"（《周易程氏传》卷一）

理学家对刑罚是非常重视的，虽然反对滥刑，主张慎刑，但反对轻刑，甚至提倡严刑与肉刑，以加强刑罚的惩戒作用。他们罚得愈轻愈不能使百姓戒恶向善、敦厚风俗，而严刑与肉刑不仅可以使小人甚至君子有戒

---

① 相关论述可参见崔大华《儒学引论》，人民出版社 2001 年版，第 832—835 页；唐凯麟、曹刚：《重释传统——儒家思想的现代价值评估》，华东师范大学出版社 2000 年版，第 292—297 页。

惧之心，而且实际上也是君主以仁术治天下的表现。如张载称："肉刑犹可用于死刑。今大辟之罪，且如伤旧主者死，军人犯逃走亦死，今且以此比刖足，彼亦自幸得免死，人观之更不敢犯。今之妄人往往轻视其死，使之刖足，亦必惧矣。此亦仁术。"（《经学理窟·周礼》）朱熹等人也持同样的看法，认为后世之论刑者不知刑出于德，往往陷于申商之刻薄，这当然是不可取的，但后世那些鄙儒所持姑息之论、异端所谓报应之说，以及俗吏便文自营之计，一以轻刑为事，"然刑愈轻而愈不足以厚民之俗，往往反以长其悖逆作乱之心，而使狱讼之愈繁，则不讲乎先王之法之过也"，并建议皇帝下令命儒臣广泛采集经史以及古今贤哲对于教化刑罚的论述，撮其精要之语合为一书，"以教学古入官之士与凡执法治民之官，皆使略知古先圣王所以敕典敷教、制刑明辟之大端，而不敢阴为姑息果报便文之计，则庶几有以助成世教而仰称陛下好生恶杀、期于无刑之本意"（《朱熹集》卷十四《戊申延和奏劄一》）。

在社会治理的实践中，理学家几乎无一例外地体现了其对于刑罚的重视。如周敦颐办案果断、明快，蒲宗孟作《濂溪先生墓碣铭》称其"屠奸剪弊，如快刀健斧，落手无留"[1]；周敦颐知洪州南昌县时，"南昌人皆曰：'是能辨分宁狱者，吾属得所诉矣。'富家大女生，黠吏恶少，惴惴焉不独以得罪于令为忧，而又以污秽善政为耻。"（《宋史》卷四二七《周敦颐传》）朱熹知潭州时，于宋宁宗登基大赦令来到前，在潭州杀了大囚十八人。陆九渊知荆门时建立保伍，名之"烟火保伍"或"烟火队"，"初保伍之制，州县以非急务，多不检核，盗贼得匿藏其间，近边尤以为患。先生首申严之，奸无所蔽"（《陆九渊集》卷三十三《象山先生行状》）。王守仁治理庐陵时，发布《告谕庐陵父老子弟》，称："吾非无严刑峻罚以惩尔民之诞，顾吾为政之日浅，尔民未吾信，未有德泽及尔，而先概治以法，是虽为政之常，然吾心尚有所未忍也。姑申教尔。申教尔而不复吾听，则吾亦不能复贷尔矣。"（《王阳明全集》卷二十八《告谕庐陵父老子弟》）而且他还在庐陵辟城中火巷，绝镇守之横征，杜神会之借办，立保甲以弭盗，清驿递以延宾，实视德刑为一体。

---

① 蒲宗孟：《濂溪先生墓碣铭》，载《元公周先生濂溪集》卷八，宋刻本。

（五）"无刑"与"无讼"：道德化政府社会治理的追求目标

对于理学家来说，社会治理的终极目标是实现其理想社会，普遍向往上古尧、舜、禹的三代之治，并有一些创造性的阐述，如张载在其《正蒙·乾称》及王守仁在其《传习录中》等文中对理想的社会作了比较具体的说明。这种理想的社会是以社会秩序的安定与人际关系的和谐为其基本特征的，具体地表现为"无刑"与"无讼"，而"无讼"又是以"无刑"为其基础的。"无刑"表现为社会秩序的安定，有刑而无所施；"无讼"表现为人际关系的和谐，社会每一个体以自我德性自觉化解与他人的矛盾。

在理学家社会治理实践中，"期于无刑""息讼"也是其努力的方向，并且也取得了相当的成效，如程颢在知扶沟县事时"专尚宽厚，以教化为行，虽若甚迂，而民实风动。扶沟素多盗，虽乐岁，强盗不减十余发。先生在官，无强盗者几一年"（《河南程氏文集》卷十一《明道先生行状》）；陆九渊在知荆门军时，"治化孚洽，久而益著。既逾年，笞棰不施，至于无讼。相保相爱，闾里熙熙，人心敬向，日以加厚"（《陆九渊集》卷三十六《年谱》）。

如果说"无刑"是中国与西方社会在社会秩序安定方面的共同追求的话，那么"无讼"则表现出中国与西方在法治观念上的差异来：在中国，思想家和统治者习惯于从社会整体存在角度考虑问题，更多地将诉讼看作是由于个人德性的缺失而导致的人际关系恶化的产物，因而主张以德教化解或防患于未然，"教人者，养其善心而恶自消。治民者，导之敬让而争自息"（《河南程氏外书》卷十一）；而西方社会更多地从个人本位出发，更倾向于将诉讼看作是保证个体权利、维护个体利益的重要手段。

尽管历史是不断发展变化的，但不同时代人类所关注的根本性问题仍然有相当的一致性，这是历史上人类思维的精华能够也必须被不断地继承下来的重要原因之一，也正是不断发展变化的社会又要求我们将历史上人类思维的精华创造性地运用到鲜活的现实世界中，在批判中继承，在继承中超越，这是一个需要理性且体现了理性的过程。在当今社会，社会教育仍然是我们所关注的重要问题，如何建成一个道德化的政府，为各级行政管理人员提供一种内在的价值确定，保证其公共行政权力行使的公正化、合法化与人性化，并进而在社会教育中发挥其主导作用，从而保证社会秩序的稳定、社会关系的和谐及社会风气的好转仍是我们关注的一个重要话题，而理学教育家在这一领域的探索无疑给予我们很好的借鉴：其一，理学家关于政府在社会教育中的职责问题的论述，可以帮助我们明晰政府在社会教育中的职能，进一步反思政府在社会教育中所起的作用；其二，理学家将道德化政府的建设作为其推行社会教育的前提条件的思想是非常合理的，对当今社会加强政府的道德化建设从而更好地推行社会教育有重要借鉴价值；其三，在政府如何推行社会教育这一问题上，理学家也作出了种种有益的探索，有很多值得我们借鉴的经验。

三　建立劝善惩恶的社会组织：实施德主刑辅社会教育原则的主要途径

如果说道德化政府的建设为德主刑辅的社会教育原则的实施提供了一个基本保障的话，那么在具体的社会教育实施过程中，理学家则非常重视发挥基层的社会组织的作用，通过基层的社会组织来劝善惩恶，具体推行德主刑辅的社会教育原则。

通过基层社会组织推行德主刑辅的社会教育不失为一条行之有效的途径。其优点是：第一，依照政教合一的原则，通过基层社会组织将乡村的社会控制、社会治理与乡村建设合为一体，在控制的基础上进行综合性的社会治理，包括倡导勤业从而稳定生产秩序、铲除奸盗从而净化社会治安环境、褒善惩恶从而改良社会风俗等内容，将保民、养民与教民结合在一起，将地方基层政权建设与文化建设结合在一起。第二，强化基层社会组织的舆论监督机制，通过定期的集会等形式进行崇善贬恶的评价，注重形成性评价，注意评价的具体性与针对性，从而有效地发挥地方社会舆论的监督与引导作用。第三，充分利用基层社会组织中的教育力量，利用地方有德行、有学识之人的社会声望和影响及其族人的影响，诱导社会中的每一个体戒恶向善。在理学家的社会教育思想与实践中，这种基层组织的形式是多样化的，主要包括建立"宗法制"大家庭、建立"伍保"、推行"乡约"及"十家牌法"等，现择其要分述如下。

（一）张载："封建制"及其对"宗子之法"的提倡

张载社会理想是三代之治，并在《正蒙·乾称篇》中对其理想社会进行了描述，也曾对此有过美好的设想，即通过基层社会改革来实现其理想的社会。《行状》载："论治人先务，未始不以经界为急，讲求法制，粲然备具，要之可以行于今，如有用我者，举而措之尔。……方与学者议古之法，共买田一方，画为数井，上不失公家之赋役，退以其私正经界，分宅里，立敛法，广储蓄，兴学校，成礼俗，救灾恤患，敦本抑末，足以推先王之遗法，明当今之可行。"（《张载集·吕大临横渠先生行状》）

在张载看来，三代之治的内容主要包括"井田""封建"与"肉刑"，其中"井田"为基础，"封建""肉刑"是保证。具体地说："井田而不封建，犹能养而不能教；封建而不井田，犹能教而不能养；封建井田而不肉刑，犹能教养而不能使。"（《经学理窟·月令统》）三者中实行"井田"是为了解决民生问题，重建"封建"主要是为了解决对农民的教育、管理问题，而采取"肉刑"则是对"教"的必要补充。在重建"封建"制度以解决对农民的教育与管理中，"宗子之法"是最好的形式："管摄天下人心，由宗族、厚风俗，使人不忘本，须是明谱系世族与立宗子法。"（《经学理窟·宗法》）

张载重礼，以恢复三代礼治为毕生追求，"其学以《易》为宗，以《中庸》为体，以《礼》为的，以孔、孟为法"，居横渠时，"勉修古礼，以薄俗倡，期功而下，为制服，轻重如仪实；始行四时之荐，曲尽诚洁。教童子以洒扫应对，给侍长者。女子未嫁者，必使观于祭祀，纳酒浆以养逊弟，而就成德。……闻者始或疑笑，终乃信而从之，相效复古者甚众，关中风俗为之大变"。[①] 其弟子吕大忠、吕大防、吕大钧及吕大临四人也都是礼教的积极拥护者。吕大钧撰《乡约》《乡仪》等，与兄吕大忠、吕大防及弟吕大临等人通过建立"乡约"组织推行礼教，变化风俗。乡约设"乡正"一至二人，负责乡约的实施与监督，并对违约者进行谴责与处罚。《乡约》的具体内容包括"德业相劝""过失相规""礼俗相交"及"患难相恤"四个方面。"德业相劝"为其总纲，其中"德"谓见善必行、闻过必改，举凡能治其身、能事父兄、能教子弟、能御僮仆、能肃政教、能事长上、能睦亲故、能择交游、能守廉介、能广施惠、能受寄托、能救患难、能导人为善、能规人过失、能为人谋事、能为人集事、能

---

① 冯从吾：《关学编》卷一《横渠张先生》，中华书局1987年版，第3页。下引《关学编》仅标明卷数及篇名。

解斗争、能决是非、能兴利除害、能居官奉职等皆属此类；"业"谓居家则事父兄、教子弟、待妻妾，在外则事长上、接朋友、教后生、御僮仆，至于读书、治田、营家、济物、畏法令、谨租赋及礼、乐、射、御、书、数六艺之术等，皆属此类。"过失相规""礼俗相交"及"患难相恤"则是对"德业相劝"中"能规过失""事长上、接朋友、教后生"及"能救患难"的具体说明。吕大钧等人通过建立"乡约"组织来推行礼教、化民成俗，确也取得了很大成效，"横渠之教，以礼为先，先生条为乡约，关中风俗为之一变"（《宋元学案·吕范诸儒学案》）。

　　为了解决当时西北边防问题，张载也曾提出了改革基层社会组织的建议，并将军事教育与道德教化合为一体：对于郊外百姓，"欲为之计，莫若选吏行边，为讲族间邻里之法，问其所谋，谕之休戚。使之乐群以相聚，协力以相资，听其依山林，据险阻，自为免患之计。官不拘制，一从其宜，则积聚幼老，得以先自为谋而处之有素"（《张载集·文集佚存·边议》），即由百姓自行结合建立相对灵活的群体组织，相互帮助，互相协作；而对于城中的居民，则把他们按"保法"编籍入簿，把青壮年按"什伯"进行编制，"括以保法，萃以什伯，形以图绘，稽以文籍，便其居处，正其分位。平时使之知所守，识所向，习登降，时缮完；贼至则授甲付兵，人各谨备，老幼供饷，妇女守室。如是，则民心素安，伎艺素讲，寇不能恐，吏不能侵，无仓卒之变，无颠乱之忧，民力不足，然后济之以兵"（《张载集·文集佚存·边议》），通过基层社会组织的改革来达到寓兵于农的目的，将军事教育与道德教化结合起来，寓军事防御、社会治安、农业生产、社会教化为一体。

　　（二）二程："伍保制"及其对"宗子法"的强调

　　与张载一样，二程也重视重建基层社会组织以达到其进行社会教化、推动社会改革的目的。在程颢任晋城县令时，建立"伍保"的基层社会组织，并制定相应的规章制度，使其发挥旌别善恶、劝善惩恶的作用，大家相互帮助、患难与共，形成仁爱、向善的社会风气。"度乡村远近为伍保，使之力役相助、患难相恤，而奸伪无所容。凡孤茕残废者，责之亲戚乡党，使无失所。行旅出于其途者，疾病皆有所养。"而其改革也取得了相当的成效，"乡民为社会，为立科条，旌别善恶，使有劝有耻。邑几万室，三年之间，无强盗及斗死者"（《河南程氏文集》卷十一《明道先生行状》)。

二程也强调实行宗子之法，通过重建宗子之法达到利用父老教化其子弟的目的，使人知本、重本，从而达到维持社会秩序的目的。程颐讲："今无宗子法，故朝廷无世臣；若立宗子法，则人知尊祖重本。人既重本，则朝廷之势自尊。古者子弟从父兄，今父兄从子弟，由不知本也。且如汉高祖欲下沛时，只是以帛书与沛父老，其父老便能率子弟从之。又如相如使蜀，亦移书责父老，然后子弟皆听其命而从之。只有一个尊卑上下之分，然后顺从而不乱也。若无法以联属之，安可？且立宗子法，亦是天理。"（《河南程氏遗书》卷十八《伊川先生语四》）二程也主张利用宗族这一社会基层组织定期与不定期的集会来加强宗族内部之间的联系，相待以礼，加深彼此之间的感情："凡人家法，须令每有族人远来，则为一会以合族，虽无事，亦当每月一为之。古人有花树韦家宗会法，可取也。然族人每有吉凶嫁娶之类，更须相与为礼，使骨肉之意常相通。骨肉日疏者，只为不相见，情不相接耳。"（《河南程氏遗书》卷一《二先生语一》）

（三）朱熹：修订《乡约》、编纂《家礼》，推行"伍保"制度

朱熹主张通过推行"乡约"来对民众进行道德教化与管理，他曾对北宋时期陕西蓝田吕大钧所制定的《乡约》进行了修订，撰成《增损吕氏乡约》，并对月旦集会读约之礼作了明确规定，要求："直月抗声读约一过，副正推说其意，未达者许其质问。于是约中有善者众推之，有过者直月纠之。约正询其实状于众，无异辞，乃命直月书之。直月遂读记善籍一过，命执事以记过籍遍呈在坐，各默观一过。既毕，乃食。食毕少休，复会于堂上，或说书，或习射讲论从容（讲论须有益之事，不得辄道神怪邪僻悖乱之言，及私议朝廷州县政事得失，及扬人过恶。违者直月纠而书之）。至晡乃退。"（《朱熹集》卷七十四《增损吕氏乡约》）在同约之人每月一次的例行集会中，除了通过实施相应的礼节来对民众进行遵礼的教育以及对《乡约》条例的宣传、解释外，还通过对同约之人一月中善行的褒扬和恶行的贬斥从而引导民众向善戒恶。

朱熹非常重视在社会中推行礼教，尤其重视家庭这一最基层的社会组织在推行礼教中的作用。朱熹曾撰《家礼》五卷及附录一卷，对后世影响很大。在《家礼序》中，朱熹对实施家礼的目的进行了说明："凡礼有

本有文。自其施于家者言之，则名分之守、爱敬之实其本也，冠、昏、丧、祭仪章度数者，其文也。其本者有家日用之常体，固不可以一日而不修；其文又皆所以纪纲人道之终始，虽其行之有时，施之有所，然非讲之素明，习之素熟，则其临事之际，亦无以合宜而应节，是不可以一日而不讲且习焉也。……大抵谨名分、崇爱敬以为之本，至其施行之际，则又略浮文、敦本实，以窃自附于孔子从先进之遗意。诚愿得与同志之士熟讲而勉行之，庶几古人所以修身齐家之道、慎终追远之心犹可以复见，而于国家所以敦化导民之意亦或有小补云。"（《朱熹集》卷七十五《家礼序》）

朱熹在其担任地方官吏期间，曾在地方上积极推行"伍保"制度，并在其《劝谕榜》中对其实施提出了两方面的具体要求：其一，同保之人应互相劝戒，孝顺父母，恭敬长上，和睦宗姻，周恤邻里，各依本分，各修本业，莫作奸盗，莫纵饮博，莫相斗打，莫相论诉。孝子顺孙、义夫节妇事迹显著，即仰具申，当依条格旌赏。其不率教者，亦仰申举，依法治究。其二，同保之人应常切停水防火，常切觉察盗贼，常切禁止斗争。不得贩卖私盐，不得宰杀耕牛，不得赌博财物，不得传习魔教。保内之人互相觉察，知而不纠，并行坐罪。从上述两方面的要求来看，"伍保"制度将德刑两者结合起来，在同保之人相互劝戒导善止恶的同时，也利用刑罚的震慑力量，将刑罚作为一种德教的必要辅助。

（四）王守仁：创行"十家牌法"，颁布《南赣乡约》

王守仁在担任庐陵知县时，鉴于当地狱讼烦多、民风日颓、社会混乱、盗贼猖獗的状况，曾立保甲之法，规定："居城郭者，十家为甲；在乡村者，村自为保。平时相与讲信修睦，寇至务相救援。庶几出入相友，守望相助之义。"（《王阳明全集》卷二十八《告谕庐陵父老子弟》）正德十二年（1517年）王守仁巡抚南赣时，第一件事就是创行"十家牌法"。所谓"十家牌法"，是把城乡居民按十家编为一个单位，每家门前各置一小牌，写上各户人丁数目，包括寄住或暂住人口数目，并注明籍贯、姓名、年貌、职业等，每家每日轮流值勤，按门牌沿家审查各家情况，遇可疑之人可疑之事，即行报官究理，"有不率教者，十家牌邻互相纠察；容隐不举正者，十家均罪"（《王阳明全集》卷十六《告谕》）。在执行过程中，王守仁也对"十家牌法"不断进行修订、完善，如为了防御盗贼，组织各牌联防，并于各村中推选才行为众信服者一人为保长，并建立联络报警机制。

　　除了颁行十家牌法和保甲法外，王守仁在总结前人社会教育成功经验的基础上，于正德十五年（1520 年）在江西颁行《南赣乡约》。如果说十家牌法、保甲法主要是用来对民众进行社会控制，同时将其作为一种准军事组织用来对付盗寇，而以道德教化渗透其中的话，乡约则主要是通过社会教育的形式影响和控制民众的思想、言行，通过社会监督和舆论来引导和控制民众，将社会教育与乡村管理结合起来，从而改良地方社会风气，维持地方社会秩序，明显体现了地方社会治理中政教合一的特点。

　　推行乡约的目的，一方面是为了发挥地方政府在社会教育中的主导作用，导民向善；另一方面也希望通过推行乡约使同约之民劝善戒恶，形成良好的社会风气。王守仁在《南赣乡约》中讲："故今特为乡约，以协和尔民，自今凡尔同约之民，皆宜孝尔父母，敬尔兄长，教训尔子孙，和训尔乡里，死丧相助，患难相恤，善相劝勉，恶相告戒，息论罢争，讲信修睦，务为良善之风，共成仁厚之俗。"（《王阳明全集》卷十七《南赣乡约》）

　　乡约有着较为完善的组织体系和严密的管理制度。同约之人推选年高有德为众所敬服者一人为约长，全面负责乡约的组织与管理工作，处理重大事务；二人为约副，以协助约长。推选公直果断者四人为约正，裁判是非善恶。推选通达明察者四人为约史，掌文书记录。推选精健廉干者四人为知约，操办约内庶务。推选礼仪习熟者二人为约赞，主持乡约会约礼仪。同时置办文簿三册，一为同约之人花名册，由知约保管；二为彰善簿，三为纠过簿，由约长保管。乡约的成员为乡内全部成年男性，包括在该乡租佃的客户、军兵及经商之人。

　　乡约主要的教育与管理内容包括：

　　第一，通过每月定期的全体成员集会即会约进行劝善戒恶。对于会约的经费、日期、会所、请假制度及会约的程序、仪式等，在《南赣乡约》中有明确的规定，而其在会约中为了达到劝善戒恶所采取的一系列措施尤其值得关注：其一，在遵循严格的程序与仪式中保持亲和、快乐的氛围，将庄严的仪式（礼）的教育与和谐的情感交流结合起来，既不囿于程式而显得古板，又不流于宴乐而无劝教。其二，在劝善戒恶中要注意正确的教育方法，做到"彰善者其辞显而决，纠过者其辞隐而婉"，对于受表彰的人提醒其注意不要自恃为善而日后为恶。而对于那些有过错之人，一方面注意用委婉的方式去感化，如有难改之恶者，暂不纠露而避免伤其自尊，或言辞相激进而肆其恶，约长与约副可提前在私下对其劝教，使其自觉自悟，然后众人"共诱掖奖劝之以兴其善念"，在记录其过错时也用委婉的方式，如某人不悌，只说"闻某于事兄敬长之礼，颇有未尽，某未敢以为信，姑案之以俟"；另一方面以积极乐观和宽容的方式对待犯过之人，约长与约副私下对其劝教后，"姑使书之，使其可改；若不能改，然后纠而书之；又不能改，然后白之官；又不能改，同约之人执送之官"。

第二，对于危疑难处之事，约长与同约之人应裁处区画，不得袖手旁观，相互推诿，否则罪坐约长约正诸人。

第三，劝令寄庄人户及时纳粮当差，否则告官惩治，削去寄庄。

第四，劝阻和禁止本地大户和异地客商放高利贷，催逼借款，侵人田产，索取过数，恃强不听者，约长与同约之人鸣之官司。

第五，民间纠纷由约长等人公论是非，不得因小事残害良善而酿成大患，如有妄为者，约正率同约呈官诛殄。

第六，劝戒与监督同约军民阳为良善而阴通贼情、贩卖牛马、走传消息、损人利己者，怙恶不悛者，呈官究治。

第七，对政府官吏及官差人员下乡勒索、横行乡里的行为，呈官追究。

第八，禁止各寨居民私怀前嫌，报复新民、危害地方，如有不听者，呈官治罪。

第九，约长等人应时时提撕晓谕新民，不得重蹈覆辙，否则呈官惩治。

第十，匡正婚俗，消除在嫁娶时过分计较聘礼、嫁妆之丰厚与否的不良习俗，男女长成，各宜及时嫁娶，以免愆期。

第十一，规范葬俗，约长晓谕约内之人，葬礼一遵礼制，称家之有无而行，禁止大作佛事或盛设宴乐，违者即在纠恶簿内书以不孝等。

在王守仁对乡约的实施措施的规定中，可以明显地看出其在社会教育中的作用：将定期的集体的评价、教育与不定期的教育、约束结合起来，使每个约内成年男子参与其中，充分体现社会舆论的导向作用；将积极的劝教与消极的惩戒结合起来，一方面充分通过劝谕的形式发挥社会教育的力量，使同约之内的民众向善戒恶，另一方面利用"呈官治罪"的方式彰显刑罚的惩戒作用，从而做到德刑一体；通过"连坐"的形式强化约长、约正等人在基层社会教育与社会治理中的责任；在基层社会的综合治理中推行社会教育，将社会教育与基层社会综合治理紧密地结合起来；在社会教育中坚持因人而异、有的放矢的原则，增强了社会教育的针对性；在社会教育中坚持破旧立新的原则，消除不良的风俗习尚，树立新型的风俗习尚。

总的来看，理学家非常重视基层社会组织在地方社会教育中的重要作用，倡导德刑一体、综合治理，尽管由于时代限制有种种的局限，但对于当代中国社会如何推行地方社会教育有着十分重要的借鉴价值，值得我们加以认真的探讨。

第三节　宋明理学社会教育网络体系的建构

社会教育由于其在社会治理与发展中的重要作用而被人们所重视。理学家也极为关注社会教育问题，对于如何推行社会教育进行了诸多的思考与探索，这种思考与探索一方面继承了先秦以来儒家社会教育的思想与实践，另一方面也有其创新之处。这种创新之处表现在立足于对由宋至明国家治理政策及社会风俗批判基础上，通过理学的本体论、人性论等思想构造运动而不断深化对社会教育的地位、基础、作用及特性的认识，同时也通过理学家长期的为官从教的人生经历实践并完善着理学的社会教育理念。基于理论上的思考与实践中的探索，理学教育家在其教育思想体系中建构了一个多方参与、相互配合的比较完整的社会教育网络体系，发展出了一套相对完整的社会教育策略，这是理学社会教育思想的精华所在，对于当代社会如何有效推行社会教育也最有借鉴意义。

能否建立一个完整有效的社会教育网络体系是社会教育能否取得实效的关键所在。对社会教育网络体系的基本要求有两点：其一，关于社会教育网络体系的组成问题，即这一体系的参与者包括哪些方面？其二，关于社会教育网络体系的运行机制问题，即这些参与者在这一网络体系中的地位及其作用如何确定，如何相互配合、互相协调？对于这两点，理学教育家提出了一个由中央政府、地方政府、学校、地方基层组织、家庭（家族）及其他组织、人员组成的社会教育网络体系，并对各自的地位及职能进行了明确的阐述。

一　中央政府：社会教育政策的最高决策者与管理者

在封建社会，中央政府及其代表君主是各种资源与权力的拥有者、最高决策者、管理者与最大的既得利益者。在政教合一、崇尚儒术的中国社会，以儒家伦理纲常为核心的社会教育由于被视为最重要的政事之一而被历代统治者所重视。但自西汉武帝时儒家学说成为占据统治地位的意识形态以来，儒学的政治地位并不稳固，儒家所设想的社会教化模式并未广泛施行。正是由于中央政府在国家范围对社会教育负有宏观管理与决策的重要职能，理学教育家首先对中央政府在社会教育中的管理与决策职能进行审视，他们普遍认为，由于历代帝王个人的嗜好及出于现实统治的急切需要而对教育的功利性导向（以科举主导教育）以及对儒家以外思想的容忍、利用甚至尊奉（如被理学所排斥的佛教、道教及五伯功利之术等）导致了社会教育方向的迷失、效率的低下。对于如何发挥中央政府在国家社会教育中的职能，理学教育家提出的建议包括以下几个方面。

（一）善养君心，以正万民：以最高统治者个人修养作为中央政府推行社会教育的前提

君主作为中央政府的核心，不仅应为百官的表率，同时也对民心的走向产生直接的影响，王守仁称："彼其君居于上，而民居于下，上下之异分，若不相关矣；然君惟无好则已，一有所好，而民之欲之也，亦有不期然而然，如君好夫仁，则民莫不欲夫仁，君好夫义，则民莫不欲夫义，君而好夫暴乱，则民亦惟暴乱之是欲矣；倡于此而和于彼，有不令而行之机也；出乎身而加乎民，有不疾而速之化也。是何也？君者民之主，君好于上，而民从于下，固亦理之必然欤！"（《王阳明全集》卷二二《山东乡试录·心好之民必安之君好之民必欲之》）而朱熹在担任焕章阁待制兼侍讲期间也反复为宋宁宗赵扩讲正君心以正万民的道理，称："盖君犹表也，民犹影也，表正则影无不正矣。君犹源也，民犹流也，源清则流无不清矣。""盖民之视效在君，而天之视听在民。若君之德昏蔽秽浊而无以日新，则民德随之，亦为昏蔽秽浊而日入于乱。"（《朱熹集》卷十五《经筵

讲义》) 对于帝王修德以治天下, 理学家的观点是一致的, 如周敦颐主张修圣德而化万民, 程颢主张定君志而趋正道, 朱熹主张正君心而正万事, 而张载、陆九渊等其他理学家也持相同的观点。

(二) 整顿纲纪、赏功罚过: 以中央政府制度化的建设作为推行社会教育的基础

中央政府的制度化建设主要包括中央政权职能机构的设置、职责的确定、人员的选拔及如何进行有效的监督与制约等问题, 其价值尺度为能否做到设置合理、责权明确、选任贤能、监督有效, 其核心问题是能否选用贤明大臣以辅佐君主。中央政府制度化建设的程度如何, 不仅决定着国家治理的效率与状态, 同时也直接决定着社会教育政策的制定与执行的渠道是否畅通, 决定着国家社会教育的效果。"所谓安且治者: 朝廷有纲纪权持, 总摄百职庶务, 天下之治, 如网之有纲, 裘之有领, 举之而有条, 委之而不紊也; 郡县之官, 得人而职修, 惠养有道, 朝廷政化宣达于下也; 百姓安业, 衣食足而有恒心, 知孝悌忠信之教, 率之易从, 劳之不怨, 心附于上, 固而不可摇也。"(《河南程氏文集》卷五《为家君应诏上英宗皇帝书》) 从古今比较来看, "古者圣王制礼法, 修教化。三纲正, 九畴叙, 百姓大和, 万物咸若"(《通书·乐上》), 而今世则表现为"纲纪不振于上, 是以风俗秃弊于下"(《朱熹集》卷十一《戊申封事》)。如何振纲纪以厉风俗, 朱熹的建议颇具代表性, 他主张先立纲纪以辨明贤否赏功罚过, 后正风俗以导民向善戒民去恶: "四海之广, 兆民至众, 人各有意, 欲行其私。而善为治者, 乃能总摄而整齐之, 使之各循其理而莫敢不如吾志之所欲者, 则以先有纲纪以持之于上, 而后有风俗以驱之于下也。何谓纲纪? 辨贤否以定上下之分, 核功罪以公赏罚之施也。何谓风俗? 使人皆知善之可慕而必为, 皆知不善之可羞而必去也。"(《朱熹集》卷十二《己酉拟上封事》) 纪纲既正, 则天下之人, 各自矜奋, 更相劝勉, 以去恶而从善, 而不待黜陟赏罚一一加于其身, 终成礼仪之风、廉耻之俗。

(三) 政教一体, 以教为政: 中央政府应将推行社会教育作为重要政事来看待

理学教育家普遍地将社会教育看作是国家统治的最重要、最有效的手段, 认为中央政府应重视社会教育在国家治理中的作用, 以社会

教育为国家基本政事之一。坚持政教一体、积极推行社会教育思想包括。

其一，对古代圣王以教治国取得的功绩进行反复的强调与渲染，并对当世不修政教导致民风日颓的现状进行批判，采取厚古薄今的做法，将古代尧、舜、禹等圣王倡导社会教育而天下治平作为最理想的社会治理模式，这是理学教育家普遍坚持的教育史观。

陆九渊谓：

> 是故先王之时，风教之流行，典刑之昭著，无非所以宠绥四方，左右斯民，使之若有常性，克安其道者也；是故乡举里选，月书季考，三年而大比，以兴贤能，盖所以陶成髦俊，将与共斯政，同斯事也。（《陆九渊集》卷十九《武陵县学记》）

朱熹谓：

> 是以古之圣王设为学校，以教天下之人……此先王之世所以自天子至于庶人无一人之不学，而天下国家所以治日常多而乱日常少也。（《朱熹集》卷十五《经筵讲义》）
>
> 治古之世，天下无不学之人……降及后世，教化不修，天下之人例不知学，而尊且贵者尤为甚。盖幼而不知小学之教，故其长也无以进乎大学之道。（《朱熹集》卷十五《经筵讲义》）

王守仁谓：

> 唐、虞、三代之世，教者惟以此为教，而学者惟以此为学。……下至闾井、田野、农、工、商、贾之贱，莫不皆有是学，而惟以成其得德行为务。……三代之衰，王道熄而霸术猖；孔、孟既没，圣学晦而邪说横，教者不复以此为教，学者不复以此为学。（《王阳明全集》卷二《传习录中》）

其二，正由于理学教育家将社会教育看作是国家最重要的政事之一，将道德作为决定社会状况的本源性力量，将大力推行社会教育作为解决种种社会问题的根本手段之一，因此在其思想深处有根深蒂固的"教化情结"或"教化欲望"，表现出一种泛道德主义的教育救国论倾向。① 如程颐、朱熹及王守仁等理学教育家在其奏疏中提醒中央政府要从政治统治的高度重视社会教育，将其作为国家治理的首要任务之一。程颐讲："今言当世之务者，必曰所先者：宽赋役也，劝农桑也，实仓廪也，备灾害也，修武备也，明教化也。"（《河南程氏文集》卷五《为家君应诏上英宗皇帝书》）朱熹也讲："盖天下之大本者，陛下之心也。今日之急务，则辅翼太子、选任大臣、振举纲维、变化风俗、爱养民力、修明军政六者是也。……故人主之心正则天下之事无一不出于正，人主之心不正则天下之事无一得由于正。"（《朱熹集》卷十一《戊申封事》）王守仁也认为，善治天下必以匡正风俗为首务："天下之患，莫大于风俗之颓靡而不觉。夫风俗之颓靡而不觉也，譬之潦水之赴壑，浸淫泛滥，其始若无所患，而既其末也，奔驰溃决，忽焉不终，朝而就竭，是以甲兵虽强，土地虽广，财赋虽盛，边境虽宁，而天下之治，终不可为，则风俗之颓靡，实有以致之。古之善治天下者，未尝不以风俗为首务。"（《王阳明全集》卷二十二《拟唐张九龄上千秋金鉴录表》）

（四）以儒治国，以礼化民：中央政府应保持社会教育政策的稳定性与连贯性

从政教一体的方向和具体内容上，作为社会教育政策的最高决策者，

---

① 对道德教化作用的极力强调在北宋理学家程颢、程颐等人的身上已体现得非常明显。有学者对11世纪中国社会的几种教育话语进行了分析，认为从范仲淹、王安石到苏轼、程颐，教育家的理论框架由设计政教制度逐渐变为沉思如何使人身及其存在"天理"化。并认为教育话语的理学化导致了两个相互矛盾的倾向，一方面是打着天理旗号的教化欲望向人的其他欲望显示至高无上的教化权力；另一方面则是文学、经济以及现实生活领域频繁表现出的对理学教育的悲剧性反抗（参见周勇《知识、教化与欲望：中国十一世纪的教育话语》，文载丁钢主编《中国教育：研究与评论》第3辑，教育科学出版社2002年版）。如果仅从理学教育的思路看，理学教育家无疑将社会教育运动从宏观与微观两个层面进一步加以延伸，宏观层面的延伸即是以社会教育为国家基本政事之一而提升其在国家治理中的地位，表现出以社会教育（道德教化）救国；而微观层面的延伸即是将自我修养与自我教育作为社会教育的落脚点，通过社会教育（教化）提高普通民众的道德理性与道德意识，主动向善，自觉戒恶。就前一层面即宏观层面而言，社会教育应由国家推行，是国家的职责，是国家的一种政治活动，而就后一层面即微观层面而言，社会教育由每一个体自我修养来加以保证，是个人的一种心灵活动。

中央政府应坚持社会教育政策的稳定性，坚持以儒学治国，以礼教化民。

理学教育家认为由秦以来社会之所以不治，其根本的原因在于国家的文教政策不明晰、不稳定，或崇尚佛老虚无之教，或溺心五伯功利之术，或以秦代之严刑峻法待民，或以科举功名诱民，佛老之教盛行，功利之术泛滥，间或以苛政待民，而非真正崇尚儒学、仁民爱物、导民向善。对于国家文教政策的不明晰、不稳定，理学教育有着诸多的论述，如张载称："朝廷以道学政术为二事，此正自古之可忧者。……大都君相以父母天下为王道，不能推父母之心于百姓，谓之王道可乎？所谓父母之心，非徒见于言，必须视四海之民如己之子。设使四海之内皆为己之子，则讲治之术，必不为秦汉之少恩，必不为五伯之假名。巽之为朝廷言，人不足与适，政不足于间，能使吾君爱天下之人如赤子，则治德必日新，人之进者必良士，帝王之道不必改途而成，学与政不殊心而得矣。"（《张载集·文集佚存·答范巽之书》）朱熹除了反对功利之术（如其对王安石变法的态度以及与陈亮关于王霸义利的论辩中有明显表现），也反对以佛老之术治国施教，如其在上孝宗皇帝书中论佛老之非，认为："平治之效所以未著，由不讲乎大学之道，而溺心于浅近虚无之过也。"（《朱熹集》卷十三《癸未垂拱奏答》）王守仁同样认为，以儒术治国施教是一个根本，抓住了这一根本，就如同画方圆而有规矩、量长短而持尺度、称轻重而依权衡。而佛老之学与功利之术或有内无外失之虚罔空寂，而不能施之于家国天下，或有外无内失之于权谋智术而无仁爱恻怛之心，故皆不可为国家立教之本。"盖昔之人固有欲明其明德者矣，然惟不知止于至善而骛其私心于过高，是以失之虚罔空寂，而无有乎家国天下之施，则二氏之流是矣。固有欲亲其民者矣，然惟不知止于至善，而溺其私心于卑琐，是以失之权谋智术，而无有乎仁爱恻怛之诚，则五伯功利之徒是也。"（《王阳明全集》卷二十六《大学问》）

当然，理学教育家所谓的以儒术治国施教，是以尧、舜、禹、周、孔时代所倡导的德教（父子有亲、君臣有义、夫妇有别、长幼有序、朋友有信）治国教民，而非后世所谓的训诂、记诵与辞章之学，这是理学教育家的普遍看法。① 以王守仁为例，他认为三代以后之儒学已入于歧路，

---

① 虽然王守仁对朱熹之为学有诸多不满，尤其对于朱学之流弊大加批判，但从朱熹为学宗旨来看，无疑是倡导为己之学、重视德行修养而反对记诵、辞章与训诂之学的。

有所谓训诂之学，而传之以为名；有所谓记诵之学，而传之以为博；有所谓辞章之学，而传之以为丽。儒家学者相矜以知，相轧以势，相争以利，相高以技能，相取以声誉，"以若是之积染，以若是之心志，而又讲乎若是之学术，宜其闻吾圣人之教，而视之以为赘疣枘凿矣"（《王阳明全集》卷二《传习录中·答顾东桥书》）。

（五）统筹规划、以养为本：中央政府的社会教育政策应与其他国家政策相互协调，互相配合

理学教育家认为，作为中央政府，应将社会教育放在其政治统治的全局性策略中统筹规划，应看到推行社会教育只是国家治理的手段之一，并非国家治理的全部，在其实施的前期，尤其应将爱养民力、发展经济、提高民众生活水平作为推行社会教育的一个基础性前提，从而使得社会教育能够落在实处，产生实效。在理学教育家看来，作为中央政府，应重视足民力，恤民情，善政不如善教之得民，但善教必以养民为基础，民风浇薄、盗贼四起的混乱的社会状况固然有社会教育不力的原因，但从根本上讲也是由于朝廷不养民力、不恤民情所引起的。

基于此，理学教育家普遍主张一方面要建立一个策略体系，进行包括推行社会教育在内的综合治理，如程颐所提出的"宽赋役""劝农桑""实仓廪""备灾害""修武备""明教化"的政策体系建议，朱熹提出的"辅翼太子""选任大臣""振举纲维""变化风俗""爱养民力""修明军政"的政策体系建议等均是如此；另一方面，将爱养民力、体恤民情作为推行社会教育的前提条件，张载称："'子之不欲，虽赏之不窃'，欲生于不足则民盗，能使无欲则民不为盗。假设以子不欲之物赏子，使窃其所不欲，子必不窃。故为政者在乎足民，使无所不足，不可见欲而盗必息矣。"（《张子正蒙·有司篇十三》）程颐也讲："养民者，以爱其力为本，民力足则生养遂，然后教化可行，风俗可美。是故善为政者，必重民力。"（《河南程氏粹言》卷一）

除此之外，中央政府在推行社会教育时，应以刑弼教，严刑而不滥刑，慎刑而非轻刑，将刑罚惩戒作为对民众进行教育的重要手段，充分发挥刑罚在社会教育中的作用，从而为地方官吏如何更为有效地推行社会教育提供明确的指导思想。朱熹主张："圣人之治，为之教以明之，为之刑以弼之，虽其所施或先或后，或缓或急，而其丁宁深切之意，未尝不在乎

此也。"(《朱熹集》卷十四《戊申延和奏劄一》)

总而言之,理学家对于中央政府在国家社会教育中的地位与作用给予了足够的重视,对这一问题也进行了深入的探讨,所提出的一些重要的观点如加强最高统治者及中央政府官员的道德修养,促进中央政府的制度化建设,坚持国家社会教育政策的稳定性与连贯性,统筹规划、协调社会教育政策与其他政策的关系从而保证社会教育作用的正常发挥,确定德主刑辅的原则等对于我们当代如何进一步确定中央政府在国家社会教育中的地位、更好地发挥其在国家社会教育中的作用有诸多的启示。

二 地方政府:推行地方社会教育的主导力量

作为中央政府社会教育政策的具体执行者,各级地方政府在地方社会教育中负有主要职责,是推行地方社会教育的主导力量。社会教育的实效如何,除了中央政府的决策能力外,更主要地取决于地方政府尤其是地方行政长官如郡守、知县能否创造性地贯彻执行中央政府的社会教育决策。周敦颐、张载、二程、朱熹、陆九渊及王守仁等几位主要的理学教育家都曾经长期担任地方行政长官,对于地方政府及其行政长官如何推行地方社会教育有可贵的集思想与实践于一体的富于创造性的探索,有诸多可贵的经验,撮其要,主要包括以下几个方面。

(一)承流宣化,化导民众:地方政府承担地方社会教育的主要职责

以地方政府之力推行地方教育是理学教育家的一贯主张,他们主张地方行政长官应切实担当起推行地方社会教育的责任,如陆九渊称:"郡守县令,民之师帅,承流宣化,其职任一也。"(《陆九渊集》卷八《与苏宰》)朱熹也在其知南康军到任之初发布通告,称:"到任之初,伏自惟念圣天子所以搜扬幽隐、付畀民社之意,固将使之宣明教化,宽恤民力,非徒责以簿书期会之最而已。"(《朱熹集》卷九十九《知南康榜文》)中国传统的政教体制在原则上坚持着儒家的"学而优则仕"的观念,在人才即预备官吏的培养中体现着《大学》"明明德""亲民""止于至善"的要求,将官吏个人德性的修养与其浓厚道德化倾向的行政能力两者结合在一起,将推行以道德教化为主的社会教育视为官吏的基本职责。在这一点上,朱熹将"亲民"释为"新民"很具代表性,他讲:"我既是明得个明德,见他人为气禀物欲所昏,自家岂不恻然欲有以新之,使之亦如我挑

剔揩磨，以革其向来气禀物欲之昏而复其得之于天者，此便是'新民'。"（《朱子语类》卷十四）王守仁虽对朱熹"亲民"的解释不太满意，但也认为"说'亲民'便是兼教养意"（《王阳明全集》卷一《传习录上》）。

在担任地方行政长官时，几位主要的理学教育家十分注重推行社会教育，利用各种形式（如在民众集会时宣讲，采取张榜公告，崇褒地方忠厚、节烈之士等）改革地方民俗民风，确也取得了不错的效果。程颢担任晋城县令时，当地民俗朴陋，民不知学，中间几百年，无登科者，"先生为政，条教精密，而主之以诚心。晋城之民，被服先生之化，暴桀子弟至有耻不犯。迄先生去，三年间，编户数万众，罪人极典者才一人，然乡间犹以不遵教令为深耻"（《河南程氏遗书》附录《门人朋友叙述并序》）。陆九渊在治理湖北荆门期间，大力推行社会教育，取得了显著的效果，"治化孚洽，久而益著。既逾年，笞棰不施，至于无讼。相保相爱，闾里熙熙，人心敬向，日以加厚"（《陆九渊集》卷三十六《年谱》）。《行状》亦称："（荆门）初俗习惰，人以执役为耻，吏惟好衣闲观。至是此风一变，督役官吏，布衣杂役夫佐力，相勉以义，不专以威。盛役如此，而人情晏然，郡中恬若无事。"（《陆九渊集》卷三十三《象山先生行状》)[1]

朱熹出任同安主簿、知南康军、提举两浙东路常平茶盐公事、知漳州、知潭州等地方行政长官期间，十分注重在当地推行社会教育，确也取得了不错的成绩。绍熙元年（1190 年）朱熹知漳州，"在临漳仅及一期，以南陬敝陋之俗，骤承道德正大之化，始虽有欣然慕而亦有愕然疑、哗然毁者。越半年后，人心方肃然以定，僚属厉志节而不敢恣所欲，仕族奉绳检而不敢干以私，胥徒易虑而不敢行奸，豪滑敛踪而不敢冒法……良家子女从空门者，各闭精庐，或复人道之常。四境狗盗之民，亦望风奔遁，改复生业。至是及期，正尔安习先生之化"[2]。王守仁也非常重视社会教育，在任职之地采取种种措施推行社会教育，所取得的成就也是显而易见的，如其在正德五年（1510 年）任庐陵县令时，"稽国初旧制，慎选里正三老，坐申明亭，使之委曲劝谕"（《王阳明全集》卷三十三《年谱一》）；

---

① 关于陆九渊在荆门的政绩可参见涂宗流《忧国忧民的一代名臣：评陆九渊的荆门之政》，《荆门职业技术学院学报》1999 年第 4 期。

② 转引自王懋竑《朱熹年谱》，中华书局 1998 年版，第 215—216 页。

正德十三年（1518 年）王守仁巡抚南赣时，以为民风不善，教化未明，"今幸盗贼稍平，国困渐息，一应移风易俗之事，虽未能尽举，姑且就其浅近易行者，开导训诲。即行告谕，发南、赣所属各县父老子弟，互相戒勉，兴立社学，延师教子，歌诗习礼。出入街衢，官长至，俱叉手拱立。先生或赞赏训诱之。久之，市民亦知冠服，朝夕歌声，达于委巷，雍雍然渐成礼让之俗矣"（《王阳明全集》卷三十三《年谱一》）。

理学教育家强调地方政府及其地方行政长官在社会教育中应承担起"承流宣化"的职责，他们在实践中也身体力行着这一思想，并对当时各级地方政府及其行政长官在地方社会教育中的所作所为进行了审视，结果是一种普遍性的失望，认为地方政府存在的种种问题如官僚程式化的运行方式、官吏的腐败自利、结党营私或唯知以苛政严刑待民等导致其无暇顾及社会教育，或不屑于推行社会教育，其结果是社会风俗日益颓废，争讼成风、四邻不睦、家庭不和、民情怠惰、不勤其业，盗贼四起、社会混乱，有些理学教育家也对那些不体恤民情、不教化民众、结党营私、苛政待民的地方官吏进行了数次弹劾。

（二）以德冶吏、乐观积极：地方政府推行社会教育的两个最基本的条件

在理学教育家看来，地方政府及其行政长官要真正承担起"承流宣化"的社会教育职责，自身必须具备两个最基本的条件，一是地方政府的道德化建设，二是地方政府对于推行地方社会教育应持积极的、乐观的态度。

从地方政府的道德化建设来看，地方行政长官作为地方事务的全权负责者，自身的素质在某种程度上直接决定着地方社会教育的实施的好坏，具有强烈的责任感的、仁民爱物的官吏与那些形形色色的冷漠机械的俗吏、狡黠钻营的猾吏、诤言事上的小吏、苛政待民的酷吏是截然不同的。正因为如此，理学教育家对于如何"选贤任能"这一问题给予了足够的关注，王守仁称其为"天下治乱盛衰所系，君子小人进退存亡之机，不可以不慎"（《王阳明全集》卷二十一《答方叔贤》），而选拔担负一方行政教化之责的郡守、县令尤为重要。除了选拔贤能之士担任地方行政长官外，对于地方政府内部各级官吏的教育也是非常重要的，理学教育家尤其是陆九渊、朱熹及王守仁等人可称得上是其中的典范。

陆九渊在知荆门军时，时常对下属官吏进行教育，一改以前官吏怠惰

的习气，取得了不错的效果，"近来吏卒多贫，而有穷快活之说"（《陆九渊集》卷三十六《年谱》）。当然在地方政府的道德化建设中，各级官吏的自我修养也是必要的，理学教育家对官吏的自我修养也提出了一些建议，如朱熹认为官吏应注意做到"自治既不苟，更能事上以礼，接物以诚，临民以宽，御吏以法，而薄书期会之间亦无所不用其敬焉，则庶乎其少过矣。暇日勿废温习，少饮酒，择交游"（《朱熹集》卷三十九《答范伯崇》）。地方政府道德化建设必然会缩短官民之间的距离，提高地方政府自身的亲和力，从而为其推行社会教育奠定良好的基础；没有道德化的政府便不会有真正的社会教育。对于地方政府来说，自身的道德化建设是推行社会教育的逻辑前提，正如王守仁所称："'亲民'犹孟子'亲亲仁民'之谓，亲之即仁之也。百姓不亲，舜使契为司徒，敬敷五教，所以亲之也。……又如孔子言'修己以安百姓'，'修己'便是'明明德'，'安百姓'便是'亲民'。"（《王阳明全集》卷一《传习录上》）

地方政府及其行政长官推行地方社会教育的另一个前提条件是其对推行地方社会教育的乐观、积极的态度，没有这种乐观、积极的态度，社会教育的推行便不会落到实处。理学教育家对社会教育的乐观态度是儒家积极向上的文化品性所决定的，又受到理学具有普适化、平等化倾向的哲学思想的有力支撑。如果说，理学将传统儒学进一步抽象化、思辨化可以看作是"上天"的话，那么，对道德教化的重视和对民间信仰领域的占领则是"入地"，显然，"上天"是为了"入地"，理学宏大的思想体系的建构无非是为其教育尤其是社会教化服务的，在这一领域中，政府尤其是地方各级政府是关键性的控制与推动力量之一。

对社会教育的乐观态度有两个基本前提，第一个是对社会教育作用的肯定。理学教育家对社会教育的作用是肯定的，认为每个人从本性上来说，都可以弃恶迁善，如张载称："'人皆可以为尧舜'，若是言且要设教，在人有所不可到，则圣人之语虚设耳。"（《经学理窟·学大原下》）程颐也讲："人皆可以至圣人，而君子之学必至于圣人而后已。不至于圣人而自已者，皆自弃也。"（《河南程氏遗书》卷二十五《伊川先生语十一》）因而他们认为，地方政府对于推行社会教育的态度应是乐观、积极的，认为地方政府中存在的那些认为民不可教、俗不可化的观念是不可思议的。陆九渊讲："今为吏而相与言曰：'某土之民不可治也；某土之俗不可化也'。呜呼！弗思甚矣。夷狄之国，正朔所不加，民俗各系其君长，无天子之吏在焉，宜其有不可治化者矣。然或病九夷之陋，而夫子曰：'君子居之，何陋之有？'况非夷狄，未尝不有天子之吏在焉，而谓民不可治，俗不可化，是将谁欺？"（《陆九渊集》卷十九《宜章县学记》）王守仁甚至认为一些平常人们所谓的边远之地、蛮夷之民，民风反而质朴，教化更易施行，在《何陋轩记》中称："夷之民方若未琢之璞，未绳之木，虽粗砺顽梗，而椎斧尚有施也，安可以陋之？斯孔子所谓欲居也欤？虽然，典章文物则亦胡可以无讲！今夷之俗，崇巫而事鬼，渎礼而任情，不中不节，卒未免于陋之名，则亦不讲于是耳。然此无损于其质也。诚有君子而居焉，其化之也盖易。"（《王阳明全集》卷二十三《何陋轩记》）

　　地方政府对社会教育乐观积极的另一个基本前提是充分地发挥其创造性。创造性使得复杂、烦琐的问题变得简单、有序，从社会教育的推行上讲，作为领导核心的地方行政长官要创造性地利用各种人力、物力、财力及文化资源，充分吸收下属与民众的意见，因地制宜、因时致治，创造地利用多种途径推行地方教育，而非教条地、机械地、独裁地推行所谓的社会教育。理学教育家给我们展示了多种可被用于地方社会教育的手段，如地方官吏身体力行、以身作则，为地方社会风气的改良提供表率；地方官吏亲自在各种集会上对下属与民众的宣讲；地方官吏在案件的审理中对当事人的劝导，在日常与下层民众的交往中进行社会教育；地方政府采用张榜公布的方式将政府对百姓的劝谕家喻户晓，崇奖地方高洁之士来引导民风的改良，组织各种人员到基层巡回宣教，整顿地方学校教育以促进地方社会教育，积极引导并监督地方民间教化组织的教化行为，由地方政府直接强力推行政教合一甚至包括军事与经济目的的乡村建设制度①，利用宗族及家族力量来推行社会教育等。正因为采取了灵活的创造性的措施，作为地方行政长官的理学教育家在地方的社会教育中才取得了很大的成功。

　　通过比较，我们不难发现，由宋至明，地方政府对"乡约"这一民间社会教育组织的行为的态度已有了较大的改变，"乡约"的活动已由原

---

　　① 关于理学教育家在地方推行的政教合一的乡村建设制度的具体内容前文已有论述，而从文告的发布看，仅就王守仁而言，在巡抚南赣、总督两广等期间，积极推行十家牌法，先后发布《十家牌法告谕各府父老子弟》《案行各分巡道督编十家牌》《申谕十家牌法》《申谕十家牌法增立保长》《牌行崇义县查行十家牌法》等，参见《王阳明全集》卷十七、卷十八。

先比较纯粹的民间活动变为地方政府加以组织、管理的活动。我们以三个文本作为比较的对象,其一为北宋吕大钧等人制定的蓝田《吕氏乡约》,其二为南宋朱熹的《增损吕氏乡约》,其三为明代王守仁的《南赣乡约》。

蓝田《吕氏乡约》一文收录在明嘉靖年间(1522—1566 年)编辑的《蓝田县志》、明清之际的《宋元学案》、清《关学宗传》和民国《续修蓝田县志》中,其中《蓝田县志》仅列条目而无细则,《宋元学案》则收录较详。据冯从吾《关学编》称:"时横渠以礼教为学者昌,后进蔽于习尚,其才俊者急于进取,昏塞者难于领解,寂寥无有和者。"而吕大钧"独信之不疑,毅然不恤人之非间己也。……日用躬行,必取先王法度以为宗范。居父丧,衰麻、敛、奠、比、虞、衬,一襄之于礼。已又推之冠婚、饮酒、相见、庆吊之事,皆不混习俗。与兄进伯(大忠)、微仲(大防)、弟与叔(大临)率乡人,为《乡约》以敦俗"(《关学编》卷一《和叔吕先生》)。从上述记载中可知,《吕氏乡约》的出现以及吕氏兄弟率乡人行《乡约》之礼基本上是一种民间的自发行为。

朱熹的《增损吕氏乡约》则是在《吕氏乡约》的基础上对其加以修改和补充,朱熹称:"以上乡约四条,本出蓝田吕氏,今取其他书及附己意稍增损之,以通于今,而又为月旦集会读约之礼如左方曰……"载于《朱熹集》卷七十四之《杂著》中,并未以地方政府文告的形式发布实施。而王守仁的《南赣乡约》(载《王阳明全集》卷十七)一文则是其巡抚江西征宁藩时期所发布之公移,是以地方最高行政长官的身份为所属民众制定的带有一定强制性的民约,对于同约之人所应处理的事务和承担的义务比起《吕氏乡约》和《增损吕氏乡约》增加了很多,并且与官府的联系大大加强了,劝谕不听的后果便是告官惩治,甚至规定没有尽职的约长约正等人要承担连带刑事责任。①

----

① 杨开道曾对《吕氏乡约》与《南赣乡约》进行了比较,认为两者虽有相同之处,但不同的地方亦不少,如《吕氏乡约》是一个人民自发的乡村组织,而《南赣乡约》是一个政府督促的乡村组织;《吕氏乡约》是一个自由的、局部的组织,而《南赣乡约》是一个强迫的乡村组织;《吕氏乡约》的约文是纲举目张的条款,而《南赣乡约》的约文是一条一条的文告;《南赣乡约》的组织较《吕氏乡约》大为扩充,其集会也更为复杂;《南赣乡约》渐渐成为政府的一种工具,政府的一种帮助,去维持乡村的公正,去执行政府的法规。见杨开道《中国乡约制度》,商务印书馆 2015 年版,第 110—117 页。

（三）调查了解、因地制宜：地方政府推行社会教育的出发点

社会教育的具体推行应以对当地经济、文化、教育、治安尤其是民情民俗的了解掌握为出发点，只有这样，才能做到有的放矢。在坚持儒家礼乐教化的普遍性前提下，理学教育家对地方教育的推行又采取了突出地方特殊性的态度，根据地方的不同情况因地制宜推行社会教育，它主要包括以下两个方面。

其一，对地方情况的了解必须通过实际的调查研究，尤其是地方行政长官更应该深入乡里民间，亲自调查研究。理学教育家在地方为官从政时，注重通过询问、访寻、巡历等方式，对当地的社会状况、民情民俗进行深入了解，从而使得地方政府的社会教育措施有较强的针对性，也避免了因不了解民情而出现的形式主义或为下属官吏蒙蔽的情况。① 如朱熹在淳熙八年（1181 年）任提举两浙东路常平茶盐公事后，访探民情，至废寝食，"分画既定，按行所部，穷山长谷，靡所不到，抚问存恤，所活不可胜计，每出皆乘单车，屏徒从，所历虽广而人不知，郡县官吏惮其风采，仓皇惊惧"②。陆九渊在绍熙二年（1191 年）知荆门军时，"接宾受词无早暮，下情尽达无壅。故郡境之内，官吏之贪廉，民俗之习尚，忠良材武与猾吏暴强，先生皆得之于无事之日"（《陆九渊集》卷三十三《象山先生行状》）；王守仁在正德五年（1510 年）任庐陵县知县，"莅任初，首询里役，察各乡贫富奸良之实而低昂之"（《王阳明全集》卷三十三《年谱一》）。正是这种注重实际调查研究的务实作风，使得理学家在治理地方各项事务、推行地方社会教育方面取得了相当的成效。

其二，地方政府在推行地方社会教育时应充分注重并利用当地的文化教育资源，使其为当地的社会教育服务。地方文化教育资源对于

---

① 在地方政府中，下属官吏对地方行政长官的欺瞒在南宋时可能是一个比较严重的问题，作为集学者与地方官吏于一身的陆九渊反复与他人讨论官与吏的关系问题，如其在《与赵推》中称"官人者异乡之人，吏人者本乡之人。……故官人为吏人所欺，为吏所卖，亦其势然也"，"官人常欲知其实，吏人常不欲官人之知事实，故官人欲知事实甚难"（见《陆九渊集》卷八），这实际上是一个涉及地方政府工作的有效性以及其自身道德化建设的重要问题。

② 王懋竑：《朱熹年谱》，中华书局 1998 年版，第 203—204 页。

当地社会教育的推行具有得天独厚的优势，尤其是当地的品行高洁之士（包括曾在当地为官教学的廉吏、名儒，出生于本地的在朝廷或其他地方任职的贤臣良吏、本地的节烈之士等），对他们的推崇、褒扬是在当地推行社会教育极好的资源，由于他们曾在本地为官、教学、生活，人们对其比较熟悉，更由于他们的政绩、名声很好，对当地有着直接的或间接的影响，因而对他们更容易产生亲近感，更容易产生正面的影响，利用他们进行社会教育更好地满足人们的心理需要，从而取得事半功倍的效果。

理学教育家很善于利用这种地方文化资源来推行地方社会教育。朱熹在知南康军时，在发布施政三纲的《知南康榜文》的同时，又发布了一道"敦厉风俗"的牒文，委命杨教授、毛司户广行敦风俗、厚教化的各项事务，主要包括寻访"勤劳忠顺"的晋侍中太尉陶侃、"始自隐沦，已推时望，及登宰辅，优有武功"的谢安、"隐遁高风、可激贪懦，忠义大节，足厚彝伦"的征士陶潜、以孝行闻于世的陈太中大夫司马皓、司徒从事中郎司马延义、唐宜春县令熊仁赡及"累世义居、嫠妇守节"义门洪氏的遗迹，访寻"心传道统，为世先觉"晚年曾在庐山讲学的道学开山周敦颐、"避世清朝、高蹈物表"的西涧刘涣以及"博闻劲节"的刘恕父子的宇祠，寻访清廉刚直的谏议大夫陈了翁的遗迹。除此之外，还要求其探寻图经及文字未加记载的那些本地前代忠臣孝子、义夫节妇，以及当代山林之间、科举之外，别有怀才抱艺、守道晦迹之士，并要求"如有知得上件事迹详细之人，仰子细具状，不拘早晚，赴军衙申说"（《朱熹集》卷九十九《又牒》）。

在短短数月之内，朱熹便在学宫讲堂东面建成了周濂溪祠，以二程相配，并请张栻作了一篇祠记；在讲堂西面建成了陶潜、刘涣、刘恕、李公择、陈了翁五贤祠堂，请诗人江西提举尤袤作了一篇祠记；遣使吊祭唐孝子熊仁赡墓，作《告熊孝子墓文》；修复城西门外荒草中的西涧刘涣墓，作《祭屯田刘居士墓文》，墓旁建壮节亭，作《壮节亭记》；在刘涣旧隐处构"清静退庵"，建"卧龙庵"，作《卧龙庵记》；在江中"渊明醉石"上，架起了"归去来馆"小亭；奏请朝廷为陶侃加爵封号，"御赐"庙额等事，可以说朱熹采取各种方式挖掘和利用南康一带几乎所有前代有名的忠臣孝子、义夫节妇作为地方社会教化的文化资源，希望通过他们来挽救日下的世风。① 值得一提的是，他也认识到如果崇褒不当，尤其是对一些大奸大恶进行崇褒的话，便会引发极坏的社会影响，如朱熹在其提举两浙东路常平茶盐公事时，便下令在永嘉毁除秦桧祠堂，以正风化："永嘉号礼义之地，学校实风化之源，尚使有祠，无乃未讲。虽捐田以示濡沫，恐出市恩；然设像以厕英贤，何以为训？"（《朱熹集》卷九十九《除秦桧祠移文》）

同朱熹等人一样，作为大儒的王守仁也尽可能地利用地方的这种文化资源教导官吏、劝谕士子、敦厚民俗。在其巡抚南赣期间，得知赣县致仕县丞龙韬，为官平素清谨，年老归休后，贫困不能自养而乡党邻里又从而笑之的情况后，命令赣州府官吏对其进行优奖，解决其生活问题，同时希望改变地方薄恶之风俗，称："养老周贫，王政首务，况清谨之士，既贫且老，有司坐视而不顾，其可乎？远近父老子弟，仍各晓谕，务洗贪鄙之风，共敦廉让之风。"（《王阳明全集》卷十六《优奖致仕县丞龙韬牌》）征藩后，在正德十五年（1520 年）褒崇抚州金溪县陆九渊兄弟之后嗣，优免陆氏嫡派子弟差役，并选其中聪明俊秀者入学肄业，"务加崇重之义，以扶正学之衰"（《王阳明全集》卷十七《崇褒陆氏子孙》）。后又访得吉水县民陈文继妻黄氏、庐陵县生员胡兖妻曾氏少年守制，节操坚厉，远近传扬，士夫称叹，即命吉水、庐陵两县官吏"支给无碍官钱，买办礼仪，前去各家，盛集乡邻老幼之人，宣扬本妇志节之美，务使姻族知所崇重，里巷知所表式，用奖贞节，以激偷鄙"（《王阳明全集》卷十七《旌奖节妇牌》）；访得兴国县主簿于旺操持清白，处事审详，清廉无玷，即命官府买办红花、彩缎、羊酒等物，差官以礼送付，崇褒奖励，以励其余（《王阳明全集》卷十七《奖励主簿于旺》）。

在总督两广、平抚思田后，王守仁又批准南宁府在北门外高岭原上重

---

① 朱熹在知漳州也曾希望通过对本地节义之士的褒崇来挽救士子中曲阿附世、寡廉鲜耻、利欲熏心的风气，但却比知南康时要艰难得多。他于绍熙二年（1191 年）二月上《乞褒录高登状》，称其资禀忠义、气节孤高；靖康间曾与陈东诣阙上书诛六贼，力陈六贼之罪；在绍兴年间又反对议和投降，得罪了秦桧；最后贬死容州，认为"如登之忠直，宜在矜奖"，希望"特发德音，复其官秩，量加褒录，以慰九原，且使天下之欲为忠义者知所劝慕，诚非小补"。但他的奏请却遭到了朝臣的阻挠，几番周折后，由于朱熹几近固执的奏请，朝廷才最终答应。

修祠堂，以纪念宋枢密使狄青、经略史余靖及枢密直学士孙沔、邕州太守苏缄、推官谭必缘五人的申请，称："看得表扬先哲，以激励有位，此正风教之首；况旧基犹存，相应修复，准支在库无碍官银，重建祠宇。"（《王阳明全集》卷十八《批南宁府表扬先哲申》）同时批准增城县所提出的将城南门外天妃庙改立忠孝祠，以崇祠广东参议王纲父子，称："看得表扬忠孝，树之风声，以兴起民俗，此最为政之先务。"（《王阳明全集》卷十八《批增城县改立忠孝祠申》）访得儒士岑伯高素行端介，立心忠直，积学待时，安贫养母，即命于军饷之中动支一百两，置买彩币羊酒礼送本生，对其慰赏犒劳；批准临江府清江县耆民董惟谦等人为已离任的原知府戴德孺立生祠的请求，令"该府县官俯顺民情，量行拔人看守，非徒激励后人，俾有所兴；且以成就民德，使归于厚"（《王阳明全集》卷十七《批临江府耆民建立生祠呈》）。

其三，地方政府在推行社会教育时应根据当地民俗民情，因地制宜，有的放矢。理学教育家对于地方社会教育的推行并不主张一刀切，而是在了解当地民风民俗的基础上，因地制宜地采取相应措施，这实际上也表现了自宋代理学产生后在儒、佛、道三家对下层民众信仰的争夺中已变得越来越成熟与务实。基于这一认识，理学教育家普遍能够根据当地民风民俗推行地方教育，如王守仁在推行十家牌法的官文中一再强调下属官吏一定要结合当地情况予以推行，称："首照十家牌谕，查审编排，连属其形势，辑睦其邻里，务要治官如家，爱民如子，一应词讼、差徭、钱粮、学校等项，俱听因时就事，从宜区处；应申请者申请，应兴革者兴革，一务畜众安民，不必牵制文法。"（《王阳明全集》卷十七《牌行崇义县查行十家牌法》）而张载与程颐的一段关于张载弟子吕大钧等人利用《乡约》在关中一带进行社会教化而成就斐然的对话也说明了这一点。① 尤其值得注意的是，王守仁进一步提出了在西南民族地区实行民族自治以顺其俗的主张，他讲："盖亦因其广谷大川风土之异气，人生其间，刚柔缓急之异禀，服食器用，好恶习尚之异类，是以顺其情不违其俗，循其故不异其宜，要在使人各得其所，固亦惟以乱民而已矣。"（《王阳明全集》卷十四

---

① "正叔谓：'洛俗恐难化于秦人。'子厚谓：'秦俗之化，亦先自和叔有力焉，亦是士人敦厚，东方亦恐难肯向风'。"见《河南程氏遗书》卷十《二先生语十》。

《处置平复地方以图久安疏》)①

（四）统筹协调，多方配合：地方政府应充分调动各种人力资源参与地方社会教育

组织何种力量参与地方社会教育也是地方政府应充分关注的一个问题，教育者自身的数量与质量状况（包括其德行名望、知识水平以及与受教育者的关系等）在很大程度上决定了社会教育的最终效果。在理学教育家的思想与实践中，从事地方社会教育的师资力量大致可以包含以下几个方面。

其一，地方各级官吏尤其是地方最高行政长官要在地方社会教育中发挥表率作用。理学教育家要求地方政府进行道德化的建设，这种道德化的建设核心便是以德使民、以德教民，要求地方各级官吏以自身的行为为百姓树立榜样，取得百姓的拥护与爱戴，而非一味强调以刑使民、以刑禁民。理学教育家大多为官一方，勤于职守，廉洁奉公，体恤百姓，爱民如子，可以说是这方面的杰出典范。此外，地方官吏尤其是地方行政长官应利用各种手段和机会对百姓进行教化，如在公众集会时进行演讲或推行教化，在决狱时进行劝导，利用政府公告晓谕百姓等，这些手段被理学教育家不厌其烦地使用着，而且也确实发挥了很大的作用。

其二，要求父老积极承担社会教育的职责，对其子弟加以教导。理学教育家对宗法制是比较强调的，并将社会风俗的改善与秩序的好转寄希望于宗法制的加强，通过父老对其子弟的劝导这种家庭或家族的教育来配合地方政府的社会教育。如朱熹在知南康军期间，发布《知南康榜文》，要求："管下士民乡邻父老岁时集会，并加教戒。间或因事反复丁宁，使后生子弟咸知修其孝弟忠信之行，入以事其父兄，出以事其长上，敦厚亲族，和睦乡邻，有无相通，患难相恤，庶几风俗之美不愧古人，有以仰副圣天子敦厚民俗之意。"（《朱熹集》卷九十九《知南康榜文》）在知漳州期间，因当地风俗浸薄，"先生以民未知礼，至有居父母丧而不服衰经者。首下教述古今礼律以开谕之，又采古丧葬、嫁娶之仪，揭以示之，命

---

① 有关王守仁民族自治的思想可参见张祥浩《王守仁评传》，南京大学出版社1997年版，第197—201页。

父老解说，以训子弟"①。程颢在担任晋城县令期间，对地方社会教育也极为关注，要求父老在地方社会教育中充分发挥他们的作用："诸乡皆有校，暇时亲至，召父老而与之语。"（《河南程氏文集》卷十一《明道先生行状》）王守仁在担任庐陵知县期间，也发布文告，称"庐陵文献之地，而以健讼称，甚为吾民羞之"，要求县中父老谨厚知礼法者，"为吾训戒子弟"，谕告父老，使其留心劝导子弟，务在息争兴让，不要辄兴词讼，以兴行孝弟，抵抗灾疫（《王阳明全集》卷二十八《告庐陵父老子弟》）。

其三，通过地方官学为当地的社会教育培训师资，或通过推选地方年高有德之人，让他们对民众巡回劝谕。中国古代的地方官学教育承担着众多的职责，如为地方政府培养官吏，为中央官学输送生源，培养学生以供国家选拔等，同时参与地方的社会教育也是其重要职能之一。在如何发挥地方官学的社会教育作用上，理学教育家也有其创新，如通过地方官学为当地社会教育培养师资，使地方官学的一部分学生成为地方社会教育的宣教者。在王守仁看来，安上治民，莫善于礼，冠婚丧祭之仪，应是家喻户晓，然废而不讲，官府徒以刑趋势迫，而不教民以礼，欲求风俗之美则不可得。当他在总督两广时了解到游学于南宁的福建莆田儒学生员陈大章通晓礼仪时，要求："南宁府官吏即便馆榖陈生于学舍，于各学诸生之中，选取有志习礼及年少质美者，相与讲解演习，自此诸生得与观感兴起，砥砺切磋，修之于其家，而被于里巷，达于乡村，则边徼之地，自此遂化为邹鲁之乡，亦不难矣。"（《王阳明全集》卷十八《牌行南宁府延师讲礼》）

王守仁也要求下属官吏推选地方年高有德之人深入民间巡回劝导，如在巡抚南赣期间，要求："该府仍行各县，于城郭乡村推选素行端方、人所信服者几人，不时巡行晓谕，各要以礼优待，作兴良善，以励末俗，毋行违错。"（《王阳明全集》卷十六《仰南安赣州印行告谕牌》）在正德十五年（1520年）二月时因安仁、余干等地有"梗化顽民"数千家，即发布《晓谕安仁余干顽民牌》，要求抚州府同知陆俸与东乡县知县黄堂、安仁县知县汪济民、余干县知县马津等人，"亲诣各民村都，沿门挨编，推选父老弟子知礼法者晓谕教饬，令各革心向化"（《王阳明全集》卷十七

---

① 转引自王懋竑《朱熹年谱》，中华书局1998年版，第203页。

《晓谕安仁余干顽民牌》）；同年又发布《申行十家牌法》，要求地方官吏"务于坊里乡都之内，推选年高有德，众所信服之人，或三四十人，或一二十人，厚其礼貌，特示优崇，使之分投巡访劝谕。深山穷谷必至，教其不能，督其不率，面命耳提，多方化导。或素习顽梗之区，亦可间行乡约，进见之时，咨询民瘼，以通下情，其与邑政，必有裨益"（《王阳明全集》卷三十一《申行十家牌法》），同时对那些巡访劝谕有成效者，地方官吏要亲自登门拜访，重加奖励。

其四，地方政府可利用名师力量推行地方社会教育。由于一些名师长期或短期居于某地，如致仕、赋闲、贬谪等，甚至于由于某事如游历或赴任经过某地，对于当地的文化教育是一笔丰富的财富。地方政府应充分利用这些名师的力量来推行地方社会教育，作为名师也有责任积极参与地方的文化教育建设尤其是社会风气的改善。理学教育家在其致仕、赋闲及贬谪某地后，也积极地参与当地的社会教育，如张载非常重视礼教，试图通过自身的表率在日常生活中恢复传统的礼仪制度，从而改变不良的社会风尚，他要求自家童子懂得洒扫应对、扶老抚幼之礼；未嫁的女子要参加祭祀活动，演习礼仪；已婚的妇女要无违丈夫，严守自己制定的《女戒》。其弟子吕氏兄弟四人也积极推行礼教，对关中民俗的改善做出了很大的贡献。邵雍也以名师的身份介入地方社会教育，程颢称其"在洛几三十年，始至，蓬荜环堵，不蔽风雨，躬爨以养其父母，居之裕如。讲学于家，未尝强以语人，而就问者日众。乡里化之，远近尊之，士人之道洛者，有不之公府，而必之先生之庐"（《河南程氏文集》卷四《邵尧夫先生墓志铭》）。

陆九渊在淳熙十三年（1186年）回到江西金溪老家后，利用自身的影响教化民众："既归，学者辐辏。时乡曲长老，亦俯首听诲。每诣城邑，环坐率二三百人，至不能容，徙寺观。县官为设讲席于学宫，听者贵贱老少，溢塞途巷，从游之盛，未见有此。"（《陆九渊集》卷三十六《年谱》）而一代心学大师王守仁被贬贵阳龙场时，积极教化当地少数民族士民，据其弟子、巡按贵州监察御史王杏在《新建阳明书院记》写道："（阳明）先生抵龙场，履若中土，居职之暇，训诲诸夷。士类感慕者，云集听讲，居民环聚而观如堵焉，士习用变。意者文教将暨遐方，天假先生行以振起之乎？嘉靖甲午（1534年）予奉圣天子命出按贵州，每行部，闻歌声蔼蔼如越音。予问之士民，对曰'龙场王夫子遗化也'。且谓夫子教化深入人心，今虽往矣，岁时思慕，有亲到龙场奉祀者，有遥拜而祀者。"①

（五）整顿学校、以革民俗：地方政府应通过整顿地方学校教育来推动地方社会教育的发展

在古代中国，地方学校也部分地承担着社会教育的职责，有论者指出，在中国古代，"民间教化与国家教育之间的文化协调关系，无疑为中国传统社会秩序的普遍稳定提供了强大精神动力"，"只有充分了解中国传统社会的'农耕—宗法'性质，才能深刻地把握民间教化与国家教育之间的文化一致性，也就是它们共同的'精神气质'：伦理性"。② 如果我们对于官学教育尤其是地方官学教育的功能进一步加以分析，就会看到，中国古代的官学教育尤其是地方官学不仅在性质上与民间教育有着一致性，同时，它也承担着地方社会教化的责任，直接或间接地对地方的民俗、民风产生影响。

据史料记载，中国封建社会最早的地方官学建于西汉景帝末年，时任蜀郡太守文翁深感蜀地地方偏僻，文化落后，"有蛮夷之风"，于是一方面选择属下聪颖吏员赴京师学习，另一方面在成都兴建地方官学，不仅培养了官吏，也改变了当地的民俗，汉武帝即位后，又下令各郡国仿蜀郡设立学校。两汉时期郡国学校的办学目的除了为地方培养官吏以及向朝廷推荐地方官学中的优秀学生外，另一个重要目的即是通过在学校定期举行"乡饮酒""乡射"等传统的礼仪活动，向社会普遍推行道德教育。③ 可以说，至近代前，从理论上讲，地方官学也部分地承担着地方社会教化的职责，而程颢、朱熹、王守仁等理学教育家对地方官学的改革明显地体现着以地方官学引导地方风气、进一步加强其对地方社会教化作用的意图。

理学教育家希望通过整顿地方学校教育，延请地方学有所成、志行高洁之士担任乡校、社学及地方府、州、县学教师，支持、奖励地方乡绅等各界人士通过兴办私学如义学等，来直接推动地方的社会教育。二程、张载、朱熹、陆九渊、王守仁等人反复强调这样一个观点：师道为教化的基础，学

①　谢东、张道纂修：《嘉靖贵州通志》卷六《学校》，嘉靖三十四年刻本。

②　参见丁钢主编《历史与现实之间：中国教育传统的理论探索》，教育科学出版社 2002 年版，第 146 页。

③　参见孙培青主编《中国教育史》，华东师范大学出版社 2000 年版，第 108 页。

校为教化的本原，士风为民风的导向，师道不尊则学校不昌，学校不昌则士风不淳，士风不淳则民风浇薄。社会风气之所以日下，与师道不尊、学校不昌、士风不淳有直接的关系，古者天下之所以大治，不仅是由于古代有一套完整的国家教育系统，更主要的是由于学生以修德为本，教师以教化为务，是以教明于上而俗美于下，而今之学校，教师怠于教职，学生虚应故事，学校完全变成了科举的附庸，育贤才、美风俗则被完全抛在了一边。

程颢在《请修学校尊师儒取士劄子》中讲："治天下以正风俗、得贤才为本。宋兴百余年，而教化未大醇，人情未尽美，士人微谦退之节，乡闾无廉耻之行，刑虽繁而奸不止，官虽冗而材不足者，此盖学校之不修，师儒之不尊，无以风劝养励之使然耳。……其道必本于人伦，明乎物理；其教自小学洒扫应对以往，修其孝悌忠信，周旋礼乐；其所以诱掖激励渐摩成就之道，皆有节序，其要在于择善修身，至于化成天下，自乡人而可至于圣人之道。"（《河南程氏文集》卷一《请修学校尊师儒取士劄子》）而现实却是师学废而道德不一，乡射亡而礼义不兴，朱熹称："学校之政，名存实亡，徒以陷溺人心，败坏风俗，不若无之为愈。"（《朱熹集》卷三十三《答吕伯恭》）从地方政府来说，要想改变地方不良民风民俗，必自昌兴学校、端正士风始，因此程颢在担任晋城县令时，积极整顿基层学校教育，改变当地民风，"诸乡皆有校。暇时亲至，如父老而与之语；儿童所读书，亲为正句读；教者不善，则为易置。俗始甚野，不知为学。先生择子弟之秀者，聚而教之。去邑才十余年，而服儒服者盖数百人矣"（《河南程氏文集》卷十一《明道先生行状》）。程颐也认为："朝廷欲厚风教，必自士人始。近世士风薄恶，士人不修行检，或无异于市井小人，朝廷未尝有法以教励检束之也。近年方有检查举人条贯。今来立法，更加增益，使之详备。盖欲士人有所忌惮，而天下知朝廷欲厚风教之意，习俗渐化。"（《河南程氏文集》卷七《论礼部看详状》）①

---

① 理学教育家对于当时的士风普遍感到不满，除二程外，张载也称："学者舍礼义，则饱食终日，无所猷为，与下民一致，所事不逾衣食之间、燕游之乐尔"（《张子正蒙·中正篇第八》）；朱熹认为学者"于其日用之间，既诞谩恣睢而不知所以学，其群居讲习之际，又不过于割裂装缀之为能"（《朱熹集》卷七十八《信州铅山县学记》）；王守仁也讲，"然自科举之业盛，士皆驰骛于记诵辞章，而功利得丧分感其心，于是师之所教，弟子之所学，遂不复知有明伦之意矣"（《王阳明全集》卷七《万松书院记》）。

在学校与地方社会教育的关系、学校与地方社会风气改良的关系问题上，理学教育家是一致的，这也表达了理学教育家希望通过学校改革来推动地方社会发展的良好愿望，相较现代社会对学校教育作用的认识以及处理学校与社会的关系，虽存在一些理想化的色彩，但其视野则更为宏大。以朱熹对此问题的讨论为例，其在《学校贡举私议》（《朱熹集》卷六十九）、《策问》（《朱熹集》卷七十四）、《送李伯谏序》（《朱熹集》卷七十五）、《大学章句序》（《朱熹集》卷七十六）、《南剑州尤溪县学记》（《朱熹集》卷七十七）、《静江府学记》（《朱熹集》卷七十八）、《袁州州学三先生祠记》（《朱熹集》卷七十八）、《信州铅山县学记》（《朱熹集》卷七十八）、《琼州学记》（《朱熹集》卷七十九）、《漳州龙岩县学记》（《朱熹集》卷七十九）等处反复就古今学校教育对地方民风民俗影响的差别以及如何改变学校教育从而促进地方社会风气的好转进行阐述，其在《书徽州婺源县中庸集解版本后》中称：

> 熹故县人，尝病乡里晚学见闻单浅，不过溺心于科举程试之习，其秀异者又颇驰骛乎文字纂组之工，而不克专其业于圣门也，是以儒风虽盛而美俗未纯，父子兄弟之间，其不能无愧于古者多矣。今得贤大夫流传此书以幸教之，固熹之所欲闻而乐赞其成者也。是书所记虽本于天道性命之微，而其实不外乎达道达德之粲然者，学者诚能相与深究而力行之，则先圣之所以传与今侯之所以教者，且将有以自得之，而旧俗之未纯者，亦可以一变而至道矣。（《朱熹集》卷八十一《书徽州婺源县中庸集解版本后》）

陆九渊在其"发明本心"的纲领下，更是将学校教育与社会教育合二为一。在他看来，学校教育的目的无非是对人的道德教化，而纯粹的知识的传授由于其对本心的蒙蔽而失去了应有的地位，这样通过对学校教育的泛道德化与泛社会化，学校教育对地方社会教育的作用便更为明显。他讲："彝伦在人，维天所命，良知之端，形于敬爱，扩而充之，圣哲之所以为圣哲也。……气有所蒙，物有所蔽，势有所迁，习有所移，往而不返，迷而不解，于是为愚为不肖，彝伦于是而斁，天命于是而悖，此君师之所以作，政事之所以立。是故先王之时，风教之流行，典刑之昭著，无非所以宠绥四方，左右斯民，使之若有常性，克安其道者也。是故乡举里选，月书季考，三年而大比，以兴贤能，盖所以陶成髦俊，将与共斯政，同斯事也。学校庠序之间，所谓切磋讲明者，何以舍是而他求哉？所谓格物致知者，格此物致此知也，故能明明德于天下。"（《陆九渊集》卷十九《武陵县学记》）

由于认识到学校对地方社会风气的改变有直接的影响，理学家在担任地方官吏时无不积极整顿地方学校教育，要求地方有关官吏延请名师，优其礼待，同时选取地方优秀子弟入学。如王守仁在巡抚南赣、总督两广期间，针对社学的整顿先后发布了《兴举社学牌》《颁行社学教条》《批立社学师耆老名呈》《行雩都县建立社学牌》等官府文告，希望通过延请名师执教社学来促进地方社会风气的转变。如其在《行雩都县建立社学牌》中称："照得本院近于赣州府城设立社学乡馆，教育民间子弟，风俗颇渐移易。牌仰雩都县掌印官，即于该县起立社学，选取民间俊秀子弟，备用礼币，敦请学行之士，延为师长。查照本院原定学规，尽心教导；务使人知礼让，户习《诗》、《书》，丕变偷薄之心，以成淳厚之俗。"（《王阳明全集》卷三十一《行雩都县建立社学牌》）而在《兴举社学牌》中则要求："岭北道督同府县官吏，即将各馆教读，通行访择；务学术明正，行止端方者，乃与兹选；官府仍籍记姓名，量行支给薪米，以资勤苦；优其礼待，以示崇劝。"（《王阳明全集》卷十七《兴举社学牌》）针对整顿地方州县官学先后颁布《批广西布按二司请建讲堂呈》《案行广西提学道兴举思田学校》《牌行灵山县延师设教》《牌行委官陈逅设教灵山》《牌行南宁府延师设教》《牌行委员季本设教南宁》等政府文告，要求地方有关官吏延请德行淳厚之士如季本、陈逅等担任各府州县学教师，而《牌行灵山县延师设教》开首"看得理学不明，人心陷溺，是以士习日偷，风教不振"的表白已将其目的表达得非常明白。在《批广西布按二司请建讲堂呈》中更明确地表达了通过学校达到以夏变夷的社会教化意图："不有藏修之地，难成讲习之功，况境接诸蛮之界，最宜用夏变夷，而时当梗化之余，尤当敷文来远。"（《王阳明全集》卷十八《批广西布按二司请建讲堂呈》）

除此之外，理学教育家对于由私人创办的学校特别是各种蒙学如私塾、义学等也持支持、赞赏的态度，这些学校也承担着对儿童进行社会教化的职责。朱熹有一篇《玉山刘氏义学记》记载了南康军邻境德安县玉山刘氏兴义学之举，表达了其对地方乡绅通过创办学校参与地方社会教育的赞赏："今士大夫或徒步至三公，然一日得志，则高台深池，撞钟舞女，所以自乐其身者，唯恐日之不足。虽廪有余粟，府有余钱，能毋为州里灾害则足矣，固未暇以及人也。如刘侯者，身虽宠而官未登六品，家虽温而产未能千金，顾其所以用心者乃如此，是则可谓贤远于人。"（《朱熹集》卷八十《玉山刘氏义学记》）

（六）劝善惩恶、除旧布新：地方政府应积极引导地方社会教育的发展

儒家是一个倡导有为的学派，这种有为，在个体身上表现为积极地扩充知识技能，完善自我的修养，对家庭、社会与国家承担应有的责任；对于政府来说，有为则表现为积极地干预、控制、引导与协调。在社会教育领域，政府尤其是地方政府应积极介入地方社会教育领域，制定地方社会教育政策，颁布地方教育法令，通过各种方式戒除陈俗陋规，引导地方民众形成一套健康向上的新风尚。

理学教育家在为官一方时，对于地方政府在如何有效地劝善惩恶、除旧布新从而推动地方社会新风尚的建立上做了大量工作，取得了很好的效果，积累了许多有益的经验。

首先，地方政府要做到劝善惩恶、除旧布新，必须通过调查了解与分析，洞察民俗之弊、民情之悖，只有这样，才能够根据具体情况做到有的放矢。理学教育家对于民俗之弊、民情之悖有着较为明晰的认识，这种认识，既有概括性很强的全局性的洞察以及据此而提出的一般性的建议，如王守仁谓：

> 若夫今之风俗，谓之懦，则复类于悍也；谓之激，则复类于同也；谓之虚，则复类于琐也；谓之靡，则复类于鄙也；是皆有可虑之实，而无可状之名者也。……盖今风俗之患，在于务流通而薄忠信，贵进取而贱廉洁，重儇狡而轻朴直，议文法而略道义，论形迹而遗心术，尚和同而鄙狷介；若是者，其浸淫习染既非一日，则天下之人则固已相忘于其间而不觉，骤而语之，若不足以为患，而天下之患终必自此而起；泛而观之，若无与于乡愿，而徐而察之，则其不相类者几

希矣。愚以为欲变是也，则莫若就其所藐者而振作之。何也？今之所薄者，忠信也，必从而重之；所贱者，廉洁也，必从而贵之；所轻者，朴直也，必从而重之；所遗者，心术也，必从而论之；所鄙者，狷介也，必从而尚之。（《王阳明全集》卷二十二《拟唐张九龄上千秋金鉴录表》）

也有针对具体地域的具体分析与针对性较强的建议，如朱熹在淳熙十六年（1189 年）知漳州后对漳州的风俗有一番描述："区区之意，但见彼间风俗鄙陋汙浊，上不知有礼法，下不知有条禁，其细民无知，犹或可怜；而号为士子者恃强挟诈，靡所不为，其可疾尤为甚，故于此辈苟得其情，则必痛治之。盖惟恐其不严，而无以警动于愚俗。至于廉退好修之士，柔良鳏寡之民，则未尝以此加之矣。"（《朱熹集》卷四十九《答王子合》）

其次，尽可能地针对具体情况通过各种方式进行劝善惩恶、除旧布新。除了一般性的劝谕、告诫与教化外，理学教育家也常常能根据具体的情况采取一些针对性较强的措施，以程颢、朱熹、王守仁三人为例。

程颢在宋仁宗嘉祐三年（1058 年）初仕鄠县时，鄠县南山中有一石佛，传说石佛的头部能放射光芒，远近信男信女都去观看，日夜杂居，有伤风俗，历任县官惧怕神灵，不敢禁止。程颢上任后，先向寺僧了解情况，并告知寺僧如果以后再现佛光立即禀告并将佛头取下察看，而至此之后，即无佛光再现之事。宋仁宗嘉祐五年（1060 年）程颢调任江宁府上元县主簿，时上元县茅山有一"龙池"，有五色蜴蝎动物，当地百姓称此为"龙"而奉为神物，程颢为解百姓之惑，派人捕捉这种动物，并杀死而脯食之，此后再无百姓奉此物为神。他担任晋城县令时，"晋俗尚焚尸，虽孝子慈孙，习以为安。先生教谕禁止，民始信之"（《河南程氏文集》卷十一《明道先生行状》）。

朱熹到漳州后，看到官吏勾结猾民鱼肉贫户，士人不知廉耻而追名逐利，民间争讼成风、斗殴成习，连自视高贵的富家子弟与进士学人都成了仗势欺人的恶棍，有母丧而不着孝服，有不待媒聘而与相好私奔，有并非妻妾而同室区居，有私创庵舍并以女道为主持而屡屡发生奸通之事，有以礼佛传经为名男女集聚寺院而日夜调笑杂居，有兄弟忿争，有姻亲不和。

针对这些问题，绍熙元年（1190 年）六月朱熹发布《晓谕居丧持服遵礼律事》，要求百姓凡居丧须服衰绖，禁用吉服；八月又发布《劝女道还俗榜》，勒令私庵女道还俗归家，"听从尊长之命，公行媒聘，从便昏嫁，以复先王礼义之教，以遵人道性情之常，息魔佛之妖言，革淫乱之污俗，岂不美哉！"（《朱熹集》卷一百《劝女道还俗榜》）继又发布《揭示古灵先生劝谕文》，强调："同保之人今仰互相劝戒，孝顺父母，恭敬长上，和睦宗姻，周恤邻里，各依本分，各修本业，莫作奸盗，莫纵饮博，莫相斗打，莫相论诉，莫相侵夺，莫相瞒昧，爱身忍事，畏惧王法。保内如有孝子顺孙、义夫节夫，事迹显著，即仰具申，当依条旌赏。其不率教者，亦仰申举，依法究治。"（《朱熹集》卷一百《揭示古灵先生劝谕文》）①而在同时发布的《劝谕榜》中，根据漳州民间伤风败俗之事，发布十条礼教风化之令，包括劝谕保伍相互劝戒、禁约保伍相互纠察、劝谕士民爱亲敬长、劝谕士民遵守婚嫁之礼、劝谕士民亲睦乡党族姻、劝谕官户安分循礼、劝谕遭丧之家守循丧制、劝谕男女不得私创庵宇、约束寺院不得聚集男女昼夜混杂、约束城市乡村不得以禳灾祈福为名来敛掠钱物，装弄傀儡。（《朱熹集》卷一百《劝谕榜》）②

王守仁在总督南赣期间，根据当地情况，积极推行"乡约"和"十家牌法"，所发布的《南赣乡约》中充满了劝善戒恶的话语，在其所发布的《告谕》中就明确规定："吾民居丧不得用鼓乐，为佛事，竭赀分帛，费财于无用之地，而俭于其亲之身，投之水火，亦独何心！病者宜求医药，不得听信邪术，专事巫祷。嫁娶之家，丰俭称赀，不得计论聘财妆

---

① 陈古灵为北宋时期福建的一位学者，与同里陈烈、郑穆、周希孟为友，时人称为四先生。曾任蒲城簿与仙居令，并知河阳及常州，积极推行礼教，其劝谕文由朱熹在会稽禹穴壁间发现并将其刻印，每当有人投牒诉讼时朱熹便发给他们一张古灵劝谕，有许多人因此而停诉。参见杨开道《中国乡约制度》，商务印书馆 2015 年版，第 33 页。

② 朱熹在其知南康军及提举两浙东路常平茶盐公事等期间，也曾先后发布一系列文告，如《示俗》《晓谕兄弟争财产事》《劝农文》《劝谕筑埂岸》《劝谕救荒》《晓谕逃移民户》《劝立社仓榜》《约束侵占田业榜》《约束不得骚扰保正等榜》《约束籴米及劫掠榜》《约束旱检》《浙东客次榜》《除秦桧祠移文》《申谕耕桑榜》《辛丑劝农文》《劝农民耘草粪田榜》《劝谕趁时请地种麦榜》《约束不许偷窃禾》，内容涉及孝敬父母、和睦兄弟、勤于农作、互相帮助、禁止强行买卖、禁止滥征民力、禁止劫掠居民财物、告诫官吏不要希图上进而失自重之道、毁除奸相之祠以正风化等。

衾，不得大会宾客，酒会连朝。亲戚随时相问，惟贵诚心实礼，不得徒饰虚文，为送节等名目，奢靡相尚，街市村坊，不得迎神赛会，百千成群。凡此皆靡费无益。有不率教者，十家牌邻互相纠察；容隐不举正者，十家均罪。"（《王阳明全集》卷十六《告谕》）

（七）循序渐进、综合治理：地方政府推行地方社会教育的基本原则

对于推行社会教育的艰巨性与复杂性，理学教育家有着清醒的认识。由于社会教育具有一定的复杂性，甚至有时涉及人们原有的根深蒂固的价值观念的变化以及人们的利益得失，给推行社会教育带来了很大的困难。在地方政府如何避免无计划性地盲目躁进从而更为有效地推行地方社会教育方面，理学教育家也提出了一些很有价值的意见，对于当今地方政府社会教育不无启示。

第一，推行地方社会教育要本于人情，顺应人情，只有这样百姓才乐于接受，社会教育才能落到实处。在理学教育家看来，作为社会教育核心的规范、礼制并非一种纯粹外在于人的冷冰冰的机械教条，除了有外在的天地之道（如在张载的思想中表现得非常明显）作为其依据外，它还有一个极其重要的依据即内在的根据，也即人的情感，这两者是相通的，如王守仁讲"礼也者，理也；理也者，性也；性也者，命也。"（《王阳明全集》卷七《礼记纂言序》）[1]也正是有着外在的天地之道与内在的情感作为依据，外在的一切规范、礼制才变得合情合理。因此，规范、礼制不仅要合于天地之道（"理"），更要合于人情（"性"），基于此，社会教育的推行，要本于人情而非背离于人情，本于人情的社会教育才可能长久。

程颢在《陈治法十事》中讲："因先王之法，讲求而损益之。凡此，皆非有古今之异者也。然是特其端绪，必可施行之验也云尔。如科条度数、施为注措之道，必稽之经制而合，施之人情而安，惟圣明博择其中。"（《宋元学案》卷十四《明道学案下》）又讲："夫图治于长久者，

---

① 正是由于对礼与人的情性的这种紧密关系的认识，王守仁在《礼记纂言序》中同时批判了两种认识，一是从人性中将礼剔除的做法，以性为自然而礼为人为，贵性而贱礼；二是将人之性情从礼中剔除的做法，重外而轻内，贵礼而贱性："故老庄之徒，外礼以言性，而谓礼为道德之衰，仁义之失，既已堕于空虚泮荡。而世儒之说，复外性以求礼，遂谓礼止于器数制度之间，而议拟仿像于影响形迹，是为天下之礼尽在是矣。"

虽圣知为之，且不能仓卒苟简而就，盖必本之人情而为之法度，然后可使去恶而从善。则其纪纲条教，必审定而后下；其民之服循渐渍，亦必待久乃淳固而不变。"（《河南程氏文集》卷二《晋城县令题名记》）同时，本于人情的社会教育也是一种适应不断变化了的时代需要的教育，社会在变，社会教育也要变，如此才能做到因时致治，故张载讲："时措之宜便是礼，礼即时措时中见之事业者。非礼之礼，非义之义。但非时中皆是也……时中之义甚大，须是精义入神以致用，（始得）观其会通以行其典礼，此（方是）真义理也。"（《横渠易说·系辞上》）另外，本于人情的社会教育也必定是实用的而非虚泛的，能够在人们日用常行的生活与生产实践中体现出来并产生实际效果的，那些与人的生产生活没有太多关联且佶屈聱牙、烦琐难懂的礼制规范是被排除在外的。朱熹称："三代之际，礼经备矣，然其存于今者，宫庐器服之制、出入起居之节皆已不宜于世。"（《朱熹集》卷七十五《家礼序》）认为古礼已不能适应时代变化的需要，因而必须对其加以改造，是故钱穆曾对朱子礼学作如下评价："朱子治经，最知重考据，于礼最多涉及。清儒考礼，其所用心，仅在古文纸堆中。朱子治礼，则以社会风教实际应用为主。此不同也。"① 此语甚为的当，而从整体上讲，本于人情、因时致治、讲求实用是理学教育家在社会教育方面的基本主张。

第二，推行地方教育应尽量以通俗易懂的方式进行，只有这样百姓才易于接受。在理学教育家看来，要以通俗易懂的方式推行社会教育，首先要求教育的内容要通俗，要易于为人们所了解，尤其是礼的推行，往往容易流于烦琐且难懂，因而在这方面要特别注意。如朱熹认为："'礼，时为大'，有圣人者作，必将因今之礼而裁酌其中，取其简易易晓而可行，必不至复取古人繁缛之礼而施之于今也。古礼如此零碎繁冗，今岂可行！亦且得随时裁损尔。"（《朱子语类》卷八十四）因此他在所制定的家礼中，将古代儒家经典中的六礼改造为纳彩、纳币、亲迎三礼，使之简便易行。王守仁认为，当时社会上所保存的古礼，一些老师宿儒经年也不能穷其说，人们嫌它烦琐且难懂，因此废置而不行。作为社会教育推行者的地

---

① 钱穆：《朱子新学案》（第四册），九州出版社 2011 年版，第 113 页。

方政府，想要引导人们遵从礼制，就不应求全责备，而贵在使礼简易明了易于遵行："若徒拘泥于古，不得于心，而冥行焉，是乃非礼之礼，行不著而习不察者矣。……故特为此简易之说，欲使之易知易从焉耳。冠、婚、丧、祭之外，附以乡约，其于民俗亦甚有补。至于射礼，似宜别为一书，以教学者，而非所以求谕于俗。今以附于其间，却恐民间以非所常行，视为不切，又见其说之难晓，遂并其冠、婚、丧、祭之易晓者而弃之也。"（《王阳明全集》卷六《寄邹谦之》）其次，应采取群众喜闻乐见的形式推行社会教育，如王守仁便主张通过戏曲这种手段来引导民俗，"若后世作乐，只是做些词调，与民俗风化绝无关涉，何以化民善俗。今要民俗反朴还淳，取今之戏子，将妖淫词调俱去了，只取忠臣孝子故事，使愚俗百姓人人易晓，无意中感激他良知起来，却与风化有益"（《王阳明全集》卷三《传习录下》）。

　　第三，地方政府在推行社会教育时要循序渐进，避免盲目躁进、急功近利的做法。理学教育家有着强烈的社会责任感，积极地参与社会政治改革，除了在给皇帝的奏折①中或在其为帝王讲学时不断陈述自己的政治改革主张外，在为官一方时也能根据当地情况积极地推行其改革主张，如陆九渊的荆门新政，朱熹在漳州试行经界、整顿吏治、改善民俗及王守仁在赣南推行的乡约及十家牌法等，周敦颐、二程、张载在这方面也有不少的创举。在理学教育家看来，通则变，变则久，如张载讲："鸿荒之世，食足而用未备，尧舜而下，通其变而教之也。神而化之，使（民）不知所以然，运之无形以通其变，不（顿）革之，欲民宜之也。"（《横渠易说·系辞下》）又讲："言凡所治务能变而任正，不膠柱也。"（《横渠易说·随卦》）在他看来，"通其变"是历史发展的必由之路，其方法是循序渐进的变革，切不可操之过急，其目的是达到和谐、通畅与持久。

　　在社会教育的改革上，理学教育家认为社会教育的推行是一个长期的过程，改革要循序渐进，切不可盲目躁进。稳定地推行地方社会教育，先要尽可能使地方官吏久任其职。程颢认为，地方官吏的频繁调动以及后任

---

　　① 理学教育家关于社会改革的奏折可谓不少，且言辞恳切，这些奏折中几乎都涉及学校及社会教育的改革，如程颢的《陈治法十事》、程颐的《为家君上宰相书》、朱熹的《戊申延和奏劄》系列、王守仁的《自劾不职以明圣治事疏》等。

随意更改前任的社会教育政策也会影响到地方社会教育推行的一贯性，"今之为吏三岁，而代者固已迟之矣。使皆知礼义者，有自始至，即皇皇然图所施设，亦教令未熟，民情未孚，而更书已至矣。傥后之人所志不同，复有甚者，欲新己之政，则尽其法而去之，其迹固无余矣"（《河南程氏文集》卷二《晋城县令题名记》）。朱熹从封建制与郡县制的比较中谈到实行郡县制时地方官吏调动太过频繁的弊端，虽然认为"封建实是不可行"，但封建制的好处在于君民相亲，可达于长治久安，而郡县制度下官吏变动太快，即使有贤能之士也很难在较短时间内取得治理成效，"若论三代之世，则封建好处，便是君民之情相亲，可以久安而无患。不似后世郡县，一二年辄易，虽有贤者，善政亦做不成"（《朱子语类》卷一〇八）。王守仁也主张地方官吏调动不宜频繁，应尽可能使他们久任其职，从而为其建功立业创造一个相对稳定的环境，如果调动频繁，势必会造成地方官吏不想作为或急功近利的思想，特别是作为地方行政长官、对地方负有主要责任的郡守县令更应如此，他讲："天下之治，莫急守令，而令之于民，尤为切近，昔汉文之时，为吏者长子孙居官，以职为事，今者徒据纸上之功绩，亟于行取，而责效于二三年之间，彼为守令者，无是亦莫不汲汲于求去，而莫有诚确久远之图，此则求效太速之使然耳。"（《王阳明全集》卷二十二《山东乡试录》）

其次，地方官吏在推行社会教育时要有长远的打算，必须慎重，循序渐进而非急功近利、仓促行事，要尽量保持地方社会教育政策的一致性，避免出现朝令夕改的现象。社会教育不可能一蹴而就，而应徐图渐治以成气候。陆九渊称："天下之事，有可立至者，有当驯致者。……故定趋向，立规模，不待悠久，此则所谓可立至者。至如救宿弊之风俗，正久隳之法度，虽大舜周公复生，亦不能一旦尽如其意。惟其趋向既定，规模既立，徐图渐治，磨以岁月，乃可望其丕变，此则所谓当驯致之者。"（《陆九渊集》卷十八《删定官轮对劄子（四）》）程颐也称："君子观渐之象，以居贤善之德，化美于风俗。人之进于贤德，必有其渐，习而后能安，非可陵节而遽至也。在己且然，教化之于人，不以渐，其能入乎？移风易俗，非一朝一夕所能成，故善俗必以渐也。"（《周易程氏传》卷四）

第四，地方社会教育的推行应作为地方政治、文化与经济建设的一个有机组成部分，综合布局，整体推行。将社会教育作为社会治理的手段之一并与地方政治、经济及文化建设有机结合，相互影响，共同促进地方社会的整体发展，这是理学教育家的一致认识，从这一点上说，理学教育家具有全局的整体性的视野。如张载在其《经学理窟》中提出了相对完整的社会改革方案，包括实行"井田"与"封建"，实行宗法制度，又提倡礼乐教化，《宋史》称："其学尊礼贵德，乐天安命，以《易》为宗，以《中庸》为体，以孔孟为法，黜怪妄，辨鬼神。其家昏丧葬祭，率用先王之意而傅以今礼，又论定井田、宅里、发敛、学校之法，皆欲条理成书，使可举而措诸事业。"（《宋史》卷四二七《张载传》）朱轼《张子全书序》称其"集中《经学理窟》诸篇，于礼乐、诗书、井田、学校、宗法、丧祭，讨论精确，实有可见之施行"（《朱文端公文集》卷一《张子全书序》）。朱熹在漳州的地方改革也包括行经界、整吏治、明教化、敦风俗等方面。[1] 陆九渊在其生命最后一年多时间里对荆门的治理中也将推行教化与加强武备、改革吏治结合起来进行，而王守仁在赣南推行的"十家牌法"和"乡约"也把社会教育与当地的政治统治、经济发展、民俗变革甚至军事防御结合在一起。

---

① 参见束景南《朱子大传》，商务印书馆 2003 年版，第 856—869 页。

第四章　宋明理学家庭教育思想

　　经过唐末社会极具破坏力的战乱，中国基层社会的构成发生了重要的变化，许多有着数百年历史的名门望族开始瓦解，至宋初，小家庭成为社会的基本细胞。以人口的流动、迁移为肇始，这些小家庭经过数代的经营与传衍，众多的新的家族开始出现。宋代以降，"家国同构"的社会组织结构特征仍然被维持与强化着，家族与家庭依旧是中国封建社会的基层组织，在维持与促进农业生产与商品流通、维护社会稳定中占有重要地位，并在基层文化传播与社会教育中发挥着不可替代的作用。黑格尔在《历史哲学》中谈到中国时称："让我们从中国历史上的这些年月日，转而探索那终古无变的宪法'精神'。这个，我们可以从那条普遍的原则——实体的'精神'和个人的精神的统一中演绎出来；但是这种原则就是'家庭的精神'，它在这里普及于世界上人口最多的国家。"①

　　以先秦以来历经汉、唐发展的儒学为基础，在儒、佛、道等不同文化思潮长期对抗与融通中，以周敦颐、张载、程颢、程颐、朱熹、陆九渊、王守仁等人为代表的宋明理学家因时致宜，富有创造性地发展出一种新的儒学话语系统，催生出一种新儒学，即宋明理学，思想触角深入哲学、政治、教育、社会、文学等诸多领域。在这诸多的领域中，家族与家庭问题也是其题中应有之义，对家庭教育（为行文方便，下文以"家庭教育"作为"家庭与家族教育"的统称，必要时则使用"家族教育"一词）给予了足够多的关注，对后世产生了重要的影响。

　　理学之家庭教育，大致包括家庭教育观念及家庭教育实践两个方面，理学家以其家庭教育观念指导其家庭教育实践。理学之家庭教育观念，沿

---

　　①　[德]黑格尔：《历史哲学》，王造时译，上海书店出版社1999年版，第126页。

袭先秦儒家立场，以理学本体论、人性论及认识论为指导，重拾、重解儒家传统经典尤其是《周礼》《周易》及《大学》相关命题、概念，在儒、道、佛三教鼎立之际，结合当时家族与家庭结构变化之现实及家庭教育中存在的诸多问题，对家庭教育的原则、内容及方式、方法等进行了较为系统而颇具创新的阐述，强调忠孝仁义、男尊女卑；主张恢复古代宗子法，提倡重建家族制度。而其家庭教育实践，统而言之也包括两个方面，一是理学家作为本家族的精神领袖或家族精英而对各自家庭（家族）教育的深刻影响；二是理学家以其较为普遍而长期拥有的地方行政长官资格对辖地家庭教育的积极干预。

第一节　理学家庭教育历史观及其对宋明时期家庭教育的批判

一　理学的历史哲学

历史哲学主要指："探讨历史发展规律或过程，研究历史认识方法和性质的哲学理论，它侧重讨论历史演变的动力、过程和规律，历史认识、历史理解的性质等问题。"[1] 历史哲学在宋明理学思想体系中具有基础性地位，社会历史发展的评价标准是什么？如何对数千年的社会历史进行评价？历史发展是否遵循固定的模式或有其发展规律？历史发展的动力何在？对这些问题的探讨构成了理学研究的核心话题之一。理学历史哲学主要体现在以下三个方面。

（一）以"理"为标准对人类社会历史进程进行道德评价

理学以"天理"为宇宙本体、最高法则，人类社会的合理与否取决于是否符合"天理"。"天理"是一个普遍的原理，普遍适用于人类社会、自然及具体事物的存在及发展，包括人类社会发展的一切具体之事无不是"天理"的具体表现，这是理学"理一分殊"命题的核心内涵。理学家以是否符合"天理"来评价人类社会历史发展，这也是理学思想注重人伦、关注现实的反映。理学将天之理与人之理统一起来，将三纲五常视为人人必须遵守的行为准则，以是否合于"理"为标准对人类社会历史演进及

---

[1] 章伟文：《邵雍易学中的历史哲学》，《周易研究》2007 年第 1 期。

现实问题进行分析，抛弃那些天命鬼神、阴阳怪异、谶纬迷信之类的传统观念，从而建立了理学历史哲学体系，他们"把历史学作为'格物致知'——求理的一条途径，通过对历史兴衰事实的审视去寻求支配天下万事万物的'理'。他们并不做事实认识与价值认识的区别；相反，将一种本位价值——道德价值置于其它价值之上，把一切历史活动都放在道义的审判台上重新加以考察：一切违背伦理价值的历史活动，无论其成功与否均在摒弃之列。事实上，理学家的目的就是要通过对中国历史的再解释，说明伦理价值的普遍性、绝对性和至上性"①。

（二）人类社会历史发展的基本轨迹表现为从"王道"到"霸道"的退化

理学以是否符合"理"来评人类社会历史发展，在理学家看来，人类社会历史发展表现为从符合"理"到违背"理"，是从"王道"到"霸道"的退化。如邵雍认为，三皇时期统治者"以道化民"，五帝时期统治者"以德教民"，三王时期统治者"以功劝民"，王伯时期统治者则"以力率民"（《皇极经世书》卷十一《观物篇五十四》）。二程则将历史划分为"天理"流行的三代和人欲横流的后世两大时期，"先王之世，以道治天下；后世只是以法把持天下"（《河南程氏遗书》卷一《二先生语一》）。朱熹认为三代社会从总体上看是王道社会，三代圣王"致诚心以顺天理，而天下自服，王者之道也"（《孟子或问》卷一），即是王道政治造就了三代的太平盛世景象。相反，汉唐统治者推行霸道政治，他们只靠"智谋功力"，不讲义理，如汉高祖、唐太宗等人做事，"都是自智谋功力中做来，不是自圣贤门户来，不是自自家心地义理中流出"（《朱子语类》卷二十五）。陆九渊认为："古者势与道合，后世势与道离。何谓势与道合？盖德之宜为诸侯者为诸侯，宜为大夫者为大夫，宜为士者为士，此之谓势与道合。后世反此：贤者居下，不肖者居上，夫是之谓势与道离。世与道合则是治世，势与道离则是乱世。"（《陆九渊集》卷三十四《语录下》）王守仁则把"三代"以前的社会历史视为施行"仁政"的昌盛时期，"三代"以后则江河日下，一代不如一代，圣人倡导的"仁

---

① 范立舟：《论两宋理学家的历史哲学》，《哲学研究》2008 年第 2 期。

义"被"功利"所淹没，他以其"良知"之学解释三代与后世之别，称："尧、舜、三王之圣，言而民莫不信者，致其良知而言之也；行而民莫不说者，致其良知而行之也。是以其民熙熙皞皞，杀之不怨，利之不庸，施及蛮貊，而凡有血气者莫不尊亲，为其良知之同也。……后世良知之学不明，天下之人用其私智以相比轧，是以人各有心，而偏琐僻陋之见，狡伪阴邪之术，至于不可胜说。"（《王阳明全集》卷二《传习录中》）

（三）革故鼎新、积极有为的社会发展观

对于人类社会的发展，有些理学家提出了"乱—治—乱"的发展模式，并推演出了其发展周期。理学家对于人类社会历史发展中的变化并未完全否定，他们认为，不管变化的具体措施是否适宜值得讨论，但改革本身是必然的。邵雍强调人为努力对历史发展的影响，认为人类的历史并不必然经历一个先天注定的发展过程，在历史的发展中人并不是消极的受动者，人作为万物之灵，与天地并立而被称为"三才"，"人之贵，兼乎万类。自重而得其贵，所以能用万类"，"能循天理动者，造化在我也"（《皇极经世书》卷十四《观物外篇下》）。人的历史不同于自然的历史，就在于它的可变革性，人能够影响和改变人类历史发展的进程。张载认为，社会历史是向前发展的，变化是社会发展的主旋律，"通其变然后可久，故止则乱也"（《横渠易说·下经·既济》），历史主体应"变其势"，"通其变"，"变能通之则尽利，能贞夫一，则吉凶可胜，而天地不能藏其迹，日月不能眩其明。辞各指其所之，圣人之情也；指之使趋时尽利，顺性命之理，臻三极之道也。（人）能从之，则不陷于凶悔矣"（《横渠易说·系辞下》），圣人能顺应历史发展变化趋势，但这种变不是突变，而是渐变。朱熹的易学变易论也通过对三代社会的考察，认为伏羲氏"结绳而为网罟，以佃以渔"（《周易·系辞下》）是对初民社会的一种变易；神农氏作耒耜，是对伏羲氏时代的一种变易；黄帝、尧、舜及孔子无不根据前代社会制度的弊病而进行变异，甚至由汉至宋，无不是根据《周易》"穷则变""变则通"的原则不断地通过变易旧制而使统治得以延续的。吕祖谦也认为，历史是不断向前发展变化的，一味泥古而不思变革，实则于事无补："常人之情，以谓今之事皆不如古，怀其旧俗，而不达于消息盈虚之理，此所谓不达于事变者也。达于事变则能得时措之宜，方可怀其旧俗。若唯知旧俗之是怀，而不达于事变，则是王莽行井田之类也。"①。

二 理学家庭教育历史观及其对宋明时期家庭教育的批判

理学的历史哲学直接影响着理学家对于宋明及宋明之前的家庭教育的评价。在理学家看来，三代"王道世界"与后世"霸道世界"相互对峙，家庭教育领域便是这种对峙的一个缩影：三代之时，所教所习莫非礼义，弟子皆以孝悌立身，尊长敬上，靡然成风；然而后世父教其子，兄劝其弟，无复礼义廉耻，唯有功名利禄，是以世风日下，人心不古。张载称："古者惟国家则有有司，士庶人皆子弟执事。又古人于孩提时已教之礼，今世学不讲，男女从幼便骄惰坏了，到长益凶狠，只为未尝为子弟之事，则于其亲已有物我，不肯屈下，病根常在。"（《经学理窟·学大原上》）程颐讲："古者家有塾，党有庠，三老坐于里门，察其长幼出入揖逊之序，咏歌讽诵，无非礼义之言。今也，上无所学，而民风日以偷薄，父子兄弟惟知以利相与耳。今里巷之语，不可以属耳也。"（《河南程氏粹言》卷一）朱熹也讲："纲纪不振于上，是以风俗颓弊于下，盖其为患之日久矣……甚者以金珠为脯醢，以契券为诗文，宰相可啖则啖宰相，近习可通则通近习，惟得之求，无复廉耻。父诏其子，兄勉其弟，一用此术，而不复知有忠义名节之可贵。"（《朱熹集》卷十一《戊申封事》②）而在王守仁看来，"近世人家子弟之不能大有成就，皆由于父兄之所以教之者陋而望之者浅"（《王阳明全集》卷三十二《上大人书一》），社会风俗之不美，很重要的一个原因是："父老子弟所以训诲戒饬于家庭者不早，薰陶渐染于里闬者无素，诱掖奖劝之不行，连属叶和之无具，又或愤怨相激，狡伪相残，故遂使之靡然日流于恶。"（《王阳明全集》卷十七《南赣乡约》）

理学历史观的基本特征是道德理想主义，表现出复古主义倾向，其现实目的在于托古改制，以恢复三代之治的名义推行理学政治主张。在理学家看来，"理"是人类社会及自然万物的存在之本源、价值之根基，"理"是独立于人的宇宙精神，"理"的核心是界定父子君臣等人际关系的人伦

---

① 吕乔年编：《丽泽论说集录》卷三《门人所记诗说拾遗》，《四库全书》本。
② 《朱子语类》卷七《小学》载有朱熹与其弟子对当时家庭教育现状的一段对话："余正叔言：'今人家不善教子弟'。先生曰；'风俗弄得到这里，可哀！'"

纲常，"人伦者，天理也"（《河南程氏外书》卷七），"父子君臣，天下之定理，无所逃于天地之间"（《河南程氏遗书》卷五《二先生语五》）。因此对于家庭教育而言，根本目的在于维持基本的人伦规范，履行自己的道德义务，扮演好自己的伦理角色，能做到为子孝、为父慈，才能做到为臣忠，"夫人有诸身者则能施于家，行于家者则能施于国，至于天下治。治天下之道，盖治家之道也，推而行之于外也耳，故取自内而出之象，为家人之义也"（《周易程氏传》卷三）。

在理学"天理"观的主导下，理学家庭教育无论其观点还是实践都体现了浓郁的道德说教的色彩，不管是他们对家庭教育中冠、婚、丧、祭等各种礼仪的倡导，还是倡立宗子之法、重建宗法制度的主张无不体现了这一点。理学家对家庭教育三代与后世两个阶段的划分看似有简单化与绝对化的倾向，但他们的家庭教育主张与实践却有着深刻的社会历史背景，是基于对家庭教育现状理性思考下的务实改造，是理学家在儒、佛、道三教鼎立的社会文化背景下，在其"理"与"心"的本体的话语体系中，针对唐末以后社会人口频繁的迁徙流动、新的家庭及家族不断出现并不断壮大的现实而对家庭及家族组织的整动与约束，也是对民间基层社会秩序进行重塑的尝试。这种尝试借助于理学日益提高的政治地位与影响力，对于宋明及其以后中国封建社会基层家庭及家族组织及其功能的完善、家庭及家庭教育的发展产生了重要影响。

第二节　在家族制度化建设中强化家庭教育

经隋唐至宋代，自古以来拥有大庄园的名门望族土崩瓦解，小家庭构成宋初的社会细胞。伴随着人口大规模的迁徙，许多迁居别地的小家庭在经历了一二百年的生息繁衍后形成了一个个不同于以往的家庭，即由原来借助于政治力量形成的家族转化为纯粹由血缘关系为纽带组成的新型家族。

《礼记》称："自仁率亲，等而上之至于祖，自义率祖，顺而下之至于祢，是故人道亲亲也。亲亲故尊祖，尊祖故敬宗，敬宗故收族。"（《礼记·大传第十六》）有学者认为，中国传统儒家主流文化本身即是一种血缘宗法文化，它提出一系列血缘伦理规范，又提出联络广泛血缘关系的原则，儒家文化发展到宋元时期，由于凝集小农社会的需要，理学家已由发展儒家血缘宗法理论走向新的血缘宗族制度设计。[①] 张载、程颐、朱熹等理学家在这方面用力尤多，对宋元以后宗族制度的发展影响较大。宋代统治者认识到"乘五代之疵国，化百年之污俗，以为非孝弟不足以敦本，非旌表不足以劝民"[②]，对以"敬宗收族"为目的的宗族建设提供了强有力的政权支持，如从法律上确认宗族尊长、卑幼之间的权利与义务。在宋朝的开国法典《宋刑统》中就有诸多此方面的条例，并用政权的力量加强伦理教化，整顿宗族关系，将其作为整顿社会的当务之急，政府在此一方面采取的主要措施包括：察举孝悌力田，旌表累世义居，支持、保护与提倡"敬宗收族"宗族制度形成和发展过程中的各项具体社会制度，如族产等。[③] 理学家对重建宗法制度在理论宣传及其实践探索方面的努力都可以看作是对中央朝廷政治统治与社会教化政策的积极呼应。

一 恢复宗子法，重建宗族制度，管理、教化族众，调节族内矛盾

北宋时期对古代宗法制度的创造性重建既有众多家族维持家族地位、保持家族昌盛的社会需要，又得到了中央政权的支持，重建平民化的宗族制度成为宋代一种重要的社会思潮，许多官僚、士大夫投入到宗族制度重建这一社会运动中，理学家在其中发挥着重要的作用。北宋中叶，张载、程颐等人首先开始设计新的宗族制度，其目的在于"敬宗收族"，通过宗子法及家族制度的重建，教化、凝聚族人，化解族内矛盾，重塑地方家族及社会秩序。张载说："管摄天下人心，收宗族、厚风俗，使人不忘本，须是明谱系世族与立宗子法。宗法不立，则人不知统系来处。古人亦鲜有不知来处者，宗子法废，后世尚谱牒，犹有遗风。谱牒又废，人家不知来处，无百年之家，骨肉无统，虽至亲，恩亦薄。"（《经学理窟·宗法》[④]）张载等人特别强调宗子法，而宗子法恰恰是古代宗法制度的核心部分，由

---

① 林济：《论近世宗族组织形成的历史条件与总体历程》，《华南师范大学学报》（哲学社会科学版）1996 年第 3 期。

② 王禹偁：《小畜集》卷十九《诸朝贤寄题洪州义门胡氏华林书斋序》，宋绍兴刻本。

③ 王善军：《宋代宗族和宗族制度研究》，河北教育出版社 2000 年版，第 29 页。

④ "宗子法废"至"恩亦薄"一段话又见于《河南程氏遗书》卷十五，似为张载所说而程颐（抑或程颢）引之。

宗子掌管全族的土地财产并负责族人的教、养、卫。程颐也讲："宗子法坏，则人不自知来处，以至流转四方，往往亲未绝，不相识。今且试以一二巨公之家行之，其术要得拘守得须是。且如唐时立庙院，仍不得分割了祖业，使一人主之。"（《河南程氏遗书》卷十五《伊川先生语一》）他又讲："今无宗子法，故朝廷无世臣。若立宗子法，则人知尊祖重本。人既重本，则朝廷之势自尊。古者子弟从父兄，今父兄从子弟，由不知本也。……只有一个尊卑上下之分，然后顺从而不乱也。若无法以联属之，安可？且立宗子法，亦是天理。"（《河南程氏遗书》卷十八《伊川先生语四》）程颐主张凡家族中有人从远方归来时，应集会族人，即使平日无事，族人亦当每月一聚会，以增强族人间的感情纽带和族人的家族归属感。

朱熹则完整地提出了一套完善宗族组织设施与血缘伦理制度的具体措施。如他提出了"立祠堂于正寝之东"，"为四龛以奉先世神主，旁亲之无后者以其班附"，提出"置祭田"，以"见田每龛取其二十之一以为祭田"等，这些制度设计后来均成为各地宗族组织建设的制度依据。虽然朱熹仍主张宗子为宗族的领导者，但宗子主要是掌管宗族祭田、墓田"以给祭用"的主祭者。朱熹所制定的关于血缘伦理关系的礼制规定，如"凡诸卑幼，事无大小毋得专行，必咨禀于家长"，"凡子事父母，乐其心，不违其志，乐其耳目，安其寝处，以其饮食忠养之，幼事长、贱事贵皆仿此"（《朱子家礼·通礼》），等等，后来均成为宗族家法族规的主要内容。朱熹建构了一套适应宋元以后小农乡村社会的宗族制度模式，在文化意义上完成了近世宗族制度设计。①

理学家推进宗族制度化建设的过程是各自在担任地方行政长官时，运用地方行政权力对家庭教育进行干预的过程，即积极运用政府的力量促进家庭教育，包括编写礼书供家族进行礼仪活动时参考，发布榜文及公告直接进行家庭伦理道德教育，关心家庭教育并赋予父老以教育子弟的权力与责任。张载在担任云岩县令期间，政事大抵以敦本善俗为先，时常召集并告谕年长百姓使其训诫子弟；朱熹积极参与礼书的编定，以为民间家族礼仪活动的举行提供参考，他撰写的《朱子家礼》等礼书影响深远，成为

---

① 林济：《论近世宗族组织形成的历史条件与总体历程》，《华南师范大学学报》（社会科学版）1996年第3期。

后世家庭礼仪活动的典范和圭臬。朱熹在地方任职期间，发布大量榜文及公告，推进家庭道德教育，如在知漳州期间，"以习俗未知礼，采古丧葬嫁娶之仪，揭以示之，命父老解说，以教子弟。土俗崇信释氏，男女聚僧庐为传经会，女不嫁者为庵舍以居，熹悉禁之"（《宋史》卷四二九《朱熹传》）。王守仁在巡抚南赣时发布《告谕各府父老子弟》《告谕新民》等榜文，认为地方叛乱的发生，跟父老没有很好地教育子弟有直接的关系，"父老之所以倡率饬励于平日，无乃亦有所未至欤！"认为"父老所以教约其子弟者，自此不可以不预"（《王阳明全集》卷三十三《年谱一》），要求"父老教训子弟，头目人等抚缉下人，俱要勤尔农业，守尔门户，爱尔身命，保尔室家，孝顺尔父母，抚养尔子孙，无有为善而不蒙福，无有为恶而不受殃，毋以众暴寡，毋以强凌弱，尔等务兴礼义之习，永为良善之民"（《王阳明全集》卷十六《公移一》）。对于子弟中或有不遵教诲，出外生事为非者，父老等应立即执送官府，明正典刑。

　　在理学家提倡立宗子、重建宗族制度的影响下，明成化、弘治后，各地尤其是南方不断有宗族及地方官吏进行着宗族组织化的尝试①，许多家族修订家法族规，设立族长及宗子等管理族务、教化族众。如先后于成化、弘治年间任浙江永嘉知县与温州知府的文林在《族范序》中说："先儒谓宗子法立，天下易治。范之有族长，虽不专主宗子，然不出外姓，因其本源为联属之，用笃恩礼，盖亦由宗子法而义起之也。夫乡约所以秩德，族范所以敦礼，秩德则风俗可醇，敦礼则法守鲜败。"② 明代万历年间纂修的《余姚江南徐氏宗谱》卷五《宗范》第二条对宗子有专门规定：

　　　　宗子上承宗祀，下表宗族，大家不可不立。但世衰法坏，人各为祭，而于四亲之法，懵然不知，将宗子置于无用。岂知宗子不知承祀，古昔盛时皆由此休隆治道，敦睦风族。志古者能家立宗子，使治一家之事，是非曲直，得与家长一体治事。③

---

　　① 在宋儒乡约思想及复兴宗法主张的影响下，明代嘉靖时期大规模推行乡约制度，宗族乡约化在很多地方全面展开且程度加深。相关论述可参见常建华《明代江浙赣地区的宗族乡约化》，《史林》2004 年第 5 期。
　　② 文林：《文温州文集》卷九《族范序》，《四库全书存目丛书》集部第 40 册，第 350 页。
　　③ 徐生祥：《余姚江南徐氏宗谱》，明稿本，上海图书馆藏。

二　从教化层面诠释家谱修订意义，强调家谱的教育价值

家谱是中国历史上影响人数最多、影响面最大、影响时间最长的书籍之一，关于其起源问题，学术界大致有宋代起源说、秦汉起源说、周代起源说、殷商起源说四种。家谱最基本的功能是对血缘关系的认定，因此"当权力的更替与财产的继承开始寻求血统的纯净时，这个社会已经开始召唤记载血缘关系和血统世系的家谱的诞生"①。

现存于世的家谱大都起源于宋。唐末五代的战乱使得原来记载士族门第高下的谱牒都化为灰烬，在战乱中新崛起的新贵也因为自己原先门第不高，因此不愿提起先祖，往往重修谱牒。许多家庭由于缺少家谱，对家族的世系不了解，张载谓"古人亦鲜有不知来处者，宗子法废，后世尚谱牒，犹有遗风。谱牒又废，人家不知来处，无百年之家，骨肉无统，虽至亲，恩亦薄"（《经学理窟·宗法》）。唐末宋初，伴随着较大规模的人口迁居，经过一两百年的繁衍，新的家族不断出现，在这种情况下，重修家谱被重提到议事日程上。

魏晋时期纂修家谱的目的在于维护门第，但到了宋代以后，由于社会再无士族与庶族的区分，官吏的选拔也不再看重门第出身，家谱的政治功能在逐渐消退，家谱的纂修也从官府、士家大族走向了民间。修谱的目的，除了明世系外，许多儒家学者提倡其道德教化功能，如欧阳修称"族谱之作，所以推其本，联其支，而尊尊亲亲之道存焉"（《欧阳修集·补遗》，《衡阳渔溪王氏谱序》）。

朱熹、王守仁等理学家非常看重家谱的教育价值，认为家谱的纂修不是为了夸耀门第，而是在明世系的基础上教育子弟、维系家风。朱熹认为，自公卿大夫以至庶人，必有谱牒，谱牒包括两个方面："一曰文献，则详其本传、诰、表、铭、状、祭祀之类；一曰世系，则别其亲疏、尊卑、嫡庶、继统之分。非世系无以承其源流，非文献无以考其出处。"（《朱熹外集》卷二《王氏族谱序》）修谱的目的在于教化子弟，维系家风并造就社会美俗，"子姓遵而守之，则可以修身正家；扩而充之，则可以事君治人，然后儒学之相传，宦世之相望，皆所以重伦纪，厚风俗，非

---

①　吴强华：《家谱》，重庆出版社 2006 年版，第 10 页。

他人所能及也"(《朱熹外集》卷二《王氏族谱序》)。但当时很多人纂修家谱之目的,不过夸示祖宗之富贵,矜言家族之强大而已,对所以修谱之深意则茫然不知:"今之修谱者则曰:吾太祖为某氏之官,某朝之相,而后之子孙亦与有荣施焉。凡我同姓之人,莫不依附我之氏族,而得以步其光宠。于是乎亲疏无以明,士庶无以分,长幼无以别,昭穆无以序,而修谱之意安在哉?"(《朱熹外集》卷二《济南辛氏宗谱原序》)在王守仁看来,修谱在于"察统系之异同,辨家承之久近,叙戚疏,定尊卑,收涣散,敦亲穆",使家族"上下有序,大小相维,同敦一本之亲,无蹈乖违之习"(《王阳明全集》卷三十二《补录·重修宋儒黄文肃公榦家谱序》)。可以说,在宋明重修家谱盛行的情况下,作为具有重要社会影响的名流,以朱熹、王守仁为代表的理学家修谱为教化的倾向为当时及其后家谱的纂修及家族教育的开展有着相当深远的影响。①

第三节　理学家庭教育的主张及其实践

概括地说,宋明理学家庭教育是以理学"理"("心")本体基础上的伦理观为其价值导向,以作为"人伦之始"的婚姻制度为其基础、以礼仪教育为其核心的。

一　理学伦理观对理学家庭教育的价值导向

作为对先秦儒学的创造性复兴,宋明理学家吸收佛、道思想之相关义理,抛弃了盛行近八百年的汉唐注疏学风,重点阐发了儒家的心性之学,突出了儒学的人伦本义。针对宋明时期因社会道德沦丧而出现的普遍道德危机,理学家们把宇宙本体与道德本体融为一体,从宇宙本体的高度论证了道德的普遍性和绝对性,提升了儒学人伦道德学说的权威性和可信性。

理学道德化"理"("心")本体的确立重新确证了人的道德本性。在理学家看来,人之所以成为人在于其道德属性,个体的道德角色成为人压倒性的优势角色,与道德角色相对应的道德义务与道德践履成为个体存

---

① 宋明以后修谱谍以崇教化的例子可参见费成康主编《中国的家法族规》,上海社会科学院出版社 1998 年版,第 28—29 页。

在价值的集中表征。作为社会基层与基础的家族及其单元——家庭而言，除了从事职业性的生产和承担人口的生产以满足家族生存物质需求和人口繁衍需求外，其基本功能在于通过管理与教育以维持家族的秩序、维系家族的风教和声望从而使家族长久不衰，因而我们不难理解理学家所谓家庭教育主要为一种道德伦常教育，读书做官并不占据主导地位。尽管应科举是被嘉许的，[①] 但却不能逐科举功名；尽管学作诗文是允许的，但却不以擅长诗文为荣；尽管博习强记是必需的，但却不以博习强记为能，而是明确地将家庭教育的首要功能定位于子女德性的培养，从这点上来说朱熹等理学家对家庭教育的认识比当时绝大多数人要深刻得多。邵雍作有多篇《教子吟》《诫子吟》等，谆谆教导儿子如何做人，其中一篇讲："善恶无他在所存，小人君子此中分。改图不害为君子，迷复终归作小人。"（《伊川击壤集》卷九《诫子吟》）朱熹将两个孙子的教育托付于弟子黄榦，其与黄榦的信中叮嘱黄榦严督二孙"只可着力学做好人，是自家本分事。平时所望于儿孙者不过如此，初不曾说要入太学、取科第也"（《朱熹续集》卷一《答黄直卿》）。在其《家训》中揭言：

> 父之所贵者，慈也；子之所贵者，孝也。君之所贵者，仁也；臣之所贵者，忠也。兄之所贵者，爱也；弟之所贵者，敬也。夫之所贵者，和也；妇之所贵者，柔也。事师长，贵乎礼也；交朋友，贵乎信也。见老者，敬之；见幼者，爱之。有德者，年虽下于我，我必尊之；不肖者，年虽高于我，我必远之。慎勿谈人之短，切勿矜己之长。仇者以义解之，怨者以直报之。人有小过，含容而忍之；人有大过，以理而责之；勿以善小而不为，勿以恶小而为之。人有恶，则掩之；人有善，则扬之。处公无私仇，治家无私法。勿损人而利己，勿妒贤而嫉能，勿逞忿而报横逆，勿非理而害物命。见不义之财勿取，遇合义之事则从。诗书不可不学，礼义不可不知。子孙不可不教，婢仆不可不恤。守我之分者，理也；听我之命者，天也。人能如是，天必相之。此乃日用常行之道，若衣服之于身体，饮食之于口腹，不可一日无也。（《朱熹外集》卷二《家训》）

① 如朱熹称"居今之世，虽孔子复生，也不免应举"，见《朱子语类》卷十五。

　　以陆九渊兄弟为代表的陆氏家族也将子弟德性的培养放在首位，朱熹在《跋陆子强〈家问〉》中称："《家问》所以训饬其子孙者，不以不得科第为病，而深以不识礼义为忧，其殷勤恳切，反复晓譬，说尽事理，无一毫勉强缘饰之意，而慈祥笃实之气蔼然。"（《朱熹遗集》卷三《跋陆子强〈家问〉》）

　　王守仁反对学为举业，提倡"致良知"之学，在巡抚南赣时写有家书多封，时时提撕弟侄。①　在《赣州书示四侄正思等》中称："近闻尔曹学业有进，有司考校，获居前列，吾闻之喜而不寐。此是家门好消息，继吾书香者，在尔辈矣。勉之勉之！吾非徒望尔辈但取青紫荣身肥家，如世俗所尚，以夸市井小儿。尔辈须以仁礼存心，以孝弟为本，以圣贤自期，务在光前裕后，斯可矣。"（《王阳明全集》卷二十六《续编一》）

　　在《书扇示正宪》中将读书作文称为"枝叶事"，要求儿子正宪做"立志"的"植根事"："汝自冬春来，颇解学文义，吾心岂不喜？顾此枝叶事，如树不植根，暂荣终必瘁。植根可如何？愿汝且立志！"（《王阳明全集》卷二十）给正宪的书信中明确要求：

　　　　幼儿曹，听教诲：勤读书，要孝弟；学谦恭，循礼义；节饮食，戒游戏；毋说谎，毋贪利；毋任情，毋斗气；毋责人，但自治。能下人，是有志；能容人，是大器。凡做人，在心地；心地好，是良士；心地恶，是凶类。譬树果，心是蒂；蒂若坏，果必坠。吾教汝，全在是。汝谛听，勿轻弃！（《王阳明全集》卷二十《示宪儿》）

　　王守仁以为，当世士大夫教育子弟，表面上崇尚圣贤之学，实际却未能真正以圣贤之学督导子弟，圣贤之学沦为口谈之资，行动上仍是追逐功

---

　　①　王守仁对于家族教育极为注重，其与诸弟侄及儿子的书信及诗文中必言及立志向学及修身进德等问题。《王阳明全集》中所及有《示弟立志说》（卷七）、《书正宪扇》（卷八）、《守文弟归省携其手歌以别之》（卷二十）、《示宪儿》（卷二十）、《书扇示正宪》（卷二十）、《岭南寄正宪男》（卷二十六）、《赣州书示四侄正思等》（卷二十六）、《寄正宪男手墨二卷》（卷二十六）等；辑于《王阳明佚文辑考编年》，上海古籍出版社 2015 年版，有《与弟书》（第 458 页）、《与弟伯显札一》（第 461 页）、《与弟伯显札二》（第 462 页）、《与诸弟书》（第 559 页）、《寄伯敬弟手札》（第 880 页），以及《寄正宪男手墨二卷》五札。

利的，是以有其名而无其实。"世之号称贤士大夫者，乃始或有以之而相讲究，然至考其立身行己之实，与其平日家庭之间所以训督期望其子孙者，则又未尝不汲汲焉惟功利之为务；而所谓圣贤之学者，则徒以资其谈论，粉饰文具于其外，如是者常十而八九矣。"（《王阳明全集》卷八《书黄梦星卷》）

在理学家看来，子弟教育应以德性养成为本，但当时的家庭教育或以科举功名为诱饵，或溺于佛道之习，或专以记诵词章为务，或倾心于诗文甚至饮食玩好，完全背离了家庭教育以德教为本的方向。程颐讲："贵姓子弟于饮食玩好之物之类，直是一生将身伏事不懈，如管城之陈醋瓶，洛中之史画匣是也。更有甚事？"（《河南程氏遗书》卷二下《二先生语二下》）如对于诗文、书法，程颐"忧子弟之轻俊者，只教以经学念书，不得令作文字"，认为："子弟凡百玩好皆丧志。至于书札，于儒者事最近，然一向好者，亦自丧志。如王、虞、颜、柳辈，诚为好人则有之。曾见有善书者知道否？平生精力一用于此，非惟徒费时日，于道便有妨处，足知丧志也。"（《河南程氏遗书》卷一《二先生语一》）朱熹在《题嗣子诗卷》中自称："大儿自幼开爽，不类常儿，予常恐其堕于浮靡之习，不敢教以诗文。"（《朱熹集》卷八十三《题嗣子诗卷》）王守仁亦认为："后世不知作圣之本，而专去知识才能上求圣人，敝精竭力，从册子上钻研，名物上考索，形迹上比拟。"（《王阳明全集》卷一《传习录上》）"大端惟在复心体之同然，而知识技能非所与论也。"（《王阳明全集》卷二《传习录中》）如对于子弟学医，张载不太赞同，认为："医书虽圣人存此，亦不须大段学，不会亦不甚害事，会得不过惠及骨肉间，延得顷刻之生，决无长生之理，若穷理尽性则自会得。"（《经学理窟·义理》）程颐则是在"事亲"角度认可子弟学医的价值："（事亲学医）最是大事。……今人视父母疾，乃一任医者之手，岂不害事？必须识医药之道理，别病是如何，药当如何，故可任医者也。"（《河南程氏遗书》卷十八《伊川先生语四》）

不仅如此，许多理学家更是从"万物一体"的观念出发，继承先秦儒家"孝悌为仁之本"的思想，将宗族的伦理文化与社会伦理要求完全对接，"事君如事亲，视官长如视兄，与同僚如家人，待群吏如奴仆，爱百姓如妻子，处官事如家事，然后为能尽吾之心，如有毫末不至，皆吾心

有所不尽也"①。即是将天下视为一大家庭，将家庭范围内仁爱之情理扩
而充之，以其作为处理社会人际关系及政事的普遍法则。张载在其著名的
《乾称》篇称：

> 乾称父，坤称母。予兹藐焉，乃混然中处。故天地之塞，吾其
> 体；天地之帅，吾其性。民吾同胞，物吾与也。大君者，吾父母宗
> 子；其大臣，宗子之家相也。尊高年，所以长其长；慈孤弱，所以幼
> 其幼。圣其合德，贤其秀也。凡天下疲癃残疾、茕独鳏寡，皆吾兄弟
> 之颠连而无告者也。于时保之，子之翼也；乐且不忧，纯乎孝者也。
> 违曰悖德，害仁曰贼。（《张子正蒙·乾称篇第十七》）

王守仁也称：

> 夫圣人之心，以天地万物为一体，其视天下之人，无外内远近，
> 凡有血气，皆其昆弟赤子之亲，莫不欲安全而教养之，以遂其万物一
> 体之念。天下之人心，其始亦非有异于圣人也，特其间于有我之私，
> 隔於物欲之蔽，大者以小，通者以塞，人各有心，至有视其父子兄弟
> 如仇雠者。圣人有忧之，是以推其天地万物一体之仁以教天下，使之
> 皆有以克其私，去其蔽，以复其心体之同然。其教之大端，则尧、
> 舜、禹之相授受，所谓"道心惟微，惟精惟一，允执厥中"。而其节
> 目则舜之命契，所谓"父子有亲，君臣有义，夫妇有别，长幼有序，
> 朋友有信"五者而已。唐、虞、三代之世，教者惟以此为教，而学
> 者惟以此为学。……无有闻见之杂，记诵之烦，辞章之靡滥，功利之
> 驰逐，而但使之孝其亲，弟其长，信其朋友，以复其心体之同然。
> （《王阳明全集》卷二《传习录中》）

二　以作为"人伦之始"的婚姻制度和夫妇之道作为家庭教育之基础

《礼记》谓："昏礼者，将合二姓之好，上以事宗庙，而下以继后世
也，故君子重之。"（《礼记·昏义第四十四》）理学家对于婚姻制度是极

---

① 吕祖谦：《东莱集》，《别集》卷六，《舍人官箴》，《四库全书》本。

为重视的，而夫妇之道作为婚姻制度的核心与基础，又是家庭得以维系及家族教育得以展开的基本前提。《易传》称："有天地然后有万物，有万物然后有男女，有男女然后有夫妇，有夫妇然后有父子，有父子然后有君臣，有君臣然后有上下，有上下然后礼义有所错，夫妇之道不可以不久也，故受之以恒，恒者久也。"（《易传·序卦传·下篇》）这一段话主要是从发生论意义上讲的，由天地阴阳二气交感产生人及万物，而分属男女两性的人相结合成为其他社会关系依此建立的前提，即由夫妇而递次产生父子、君臣、上下等各种社会关系。那么各种社会关系如何才能得到合理的维护呢？《礼记》称："敬慎重正而后亲之，礼之大体，而所以成男女之别而立夫妇之义也。男女有别而后夫妇有义，夫妇有义而后父子有亲，父子有亲而后君臣有正。"即是说，婚姻不仅是其他社会关系产生的根源，更为重要的是，合于"礼"的婚姻及夫妇之道是其他社会关系保持正常之根本，所以说"昏礼者，礼之本也"（《礼记·昏义第四十四》）。

理学家在婚姻制度上的主张与先秦儒家一脉相承。程颐在解释《周易》"咸""恒"二卦时称："天地万物之本，夫妇人伦之始，所以上经首乾、坤，下经首咸继以恒也。""咸，感也。不曰感者，咸有皆义，男女交相感也。""恒，长男在长女之上，男尊女卑，夫妇居室之常道也。""男在女上，男动于外，女顺于内，人理之常，故为恒也。……恒者，常久也，恒之道可以亨通，恒而能亨，乃无咎也。"（《周易程氏传》卷三）朱熹也称："礼律之文，昏姻为重，所以别男女、经夫妇，正风俗而防祸乱之原也。"（《朱熹集》卷二十《申严婚礼状》）

理学家对婚姻制度方面的要求是非常严格的，在实践中也采取了不少措施力图匡正婚俗，如朱熹在任同泉州同安县主簿时，"访闻本县自旧相承，无昏姻之礼，里巷之民贫不能聘，或至奔诱，则谓之引伴为妻，习以成。其流及于士子富室，亦或为之，无复忌惮"，特选"政和五礼"中士庶婚娶仪式加以颁行，以期达到约束、教化民众之效果（《朱熹集》卷二十《申严婚礼状》）。绍兴年间，朱熹任漳州知州时，曾发布劝谕文十条，其中一条为："劝谕士民，当知夫妇婚姻，人伦之首，媒妁聘问，礼律甚严。而此邦之俗有所谓管顾者，则本非妻妾，而公然同室。有所谓逃叛者，则不待媒聘，而潜相奔诱。犯礼违法，莫甚于斯，宜亟自新，毋陷刑辟。"（《朱熹集》卷一百《劝谕榜》）又出《劝女道还俗榜》，认为："人之大伦，夫妇居一，三纲之首，理不可废。是以先王之世，男各有分，女各有归，有媒有聘，以相配偶，是以男正乎外，女正乎内，身修家齐，风俗严整，嗣续分明，人心和平，百物顺洽。"而佛教出家之说惑乱人心，使男大不婚，女长不嫁，出现这种情况，家长难辞其咎，是"其父母不能为其儿女计虑久远之罪"（《朱熹集》卷一百《劝女道还俗榜》）。王守仁巡抚南赣时在其颁行的《南赣乡约》中提倡"男女长成，各宜及时嫁娶；往往女家责聘礼不充，男家责嫁妆不丰，遂致愆期"，要求"约长等其各省谕诸人，自今其称家之有无，随时婚嫁"（《王阳明全集》卷十七《南赣乡约》）。

帝王之家，应为天下效仿之楷模，帝王之家不齐何能治国平天下？理学家也非常重视帝王之齐家，周敦颐称："治天下有本，身之谓也；治天下有则，家之谓也。本必端，端本诚心而已矣。"① （《通书·家人睽复无妄》）曹端注解谓："家亦君之家也。君能敦叙九族，则家道理而和焉。天下之家，视以为法也。"南宋淳熙十六年（1189 年）光宗赵惇刚继位时，朱熹便进《己酉拟上封事》对新君进行劝谏，所论十事中第二条为"修身以齐家"，主张帝王之家更应正男女之位，严夫妇之别："臣闻天下之本在国，国之本在家。故人主之家齐则天下无不治，人主之家不齐则未有能治其天下者也。是以三代之盛，圣贤之君能修其政者莫不本于齐家。盖男正位乎外，女正位乎内而夫妇之别严者，家之齐也；妻齐体于上，妾接承于下而嫡庶之分定者，家之齐也；采有德、戒声色、近严敬、远技能者，家之齐也；内言不出，外言不入，苟且不达，请谒不行者，家之齐也。"（《朱熹集》卷十二《己酉拟上封事》）

当然，理学家重视婚姻制度、强调夫妇之道并不意味着对男女平等的提倡，相反，在理学家看来，家庭中夫妻两者的地位本身就是不平等的。程颐把男尊女卑的性别地位差异思想融入对《易》的解释中，在解释"小畜"卦"九三，舆说辐，夫妻反目"中将夫妻之间的矛盾与冲突归结为夫妻关系的错位，是妻子对丈夫不合"礼"的控制："夫妻反目，阴制于阳者也，今反制阳，如夫妻之反目也。反目谓怒目相视，不顺其夫，而反制之也。妇人为夫宠惑，既而遂反制其夫，未有夫不失道而妻能制之者

---

① 曹端：《通书述解》卷下，《四库全书》本。下引《通书述解》仅标明卷数。

也。"（《周易程氏传》卷一）对"家人"卦象"女正位乎内，男正位乎
外"，解释为："阳居五，在外也；阴居二，处内也；男女各得其正位也。
尊卑内外之道，正合天地阴阳之大义也。"（《周易程氏传》卷三）朱熹在
《诗集传》中对《诗经·瞻卬》"乱匪降自天，生自妇人。匪教匪诲，时
维妇寺"的解释中称："男子正位乎外，为国家之主；故有知则能立国。
妇人以无非无仪为善，无所事哲，哲则适以覆国而已。"（《诗集传》卷十
八《荡之什三之三·瞻卬》）这些无不体现了理学男尊女卑的不平等观
念。

三　以礼仪教育作为家庭教育之核心

礼仪教育是中国古代家庭教育的核心内容，通过家庭教育，使子女养
成良好的道德行为习惯，尊长敬上，和睦邻众，语言行为合乎礼制。作为
中国封建社会正统儒家思想的代表人物，理学家极为注重家庭礼仪教育，
如陆九渊家族长期以来注重家族礼仪教育，"陆氏四世至居士公贺潜德不
试而施于家，尝采冠昏丧祭礼仪而推行之。至文达（陆九龄）又能绎先
志而修明之，故其家法著于乡社而闻于天下"，其族规有大纲、小纪两部
分，"大纲则有正本制用，上下凡四条，其小纪则有家规，凡十八条，本
末具举，大小无遗，虽下至鼓磬聚会之声，莫不各有品节，且为歌以寓警
戒之机焉，至此则三代威仪尽在于此"（《陆子学谱》卷二十《附录·敕
赐旌表陆氏门闾记》）。《宋史》亦称："（陆）九龄尝继其父志，益修礼
学，治家有法。阖门百口，男女以班各供其职，闺门之内严若朝廷。"
（《宋史》卷四三四《陆九龄传》）

朱熹对家族礼仪制度的研究和立制在理学家中是首屈一指的。朱熹十
分注重礼制中乡村宗族、家族之礼的建设。他自述曰："某自十四岁而
孤，十六而免丧。是时祭祀，只依家中旧礼。礼文虽未备，却甚齐整。先
妣执祭事甚虔。及某年十七八，方考订得诸家礼，礼文稍备。"（《朱子语
类》卷九十）朱熹在其父朱松丧后，于十七八岁便注重考订诸家家礼之
事，在青少年时已从乡村社会的实际中，开始注意到农村家族、宗族之礼
制的作用，并将考订诸家家礼作为自己学业的一个重要方面。朱熹一生对
家礼重视有加，针对当时"礼废久矣，士大夫幼而未尝习于身，是以长
而无以行于家。长而无以行于家，是以进而无以议于朝廷，施于郡县，退

而无以教于闾里，传之子孙，而莫或知其职之不修也"（《朱熹集》卷八
十三《跋三家礼范》）的状况，为了巩固乡村的宗法家族制度及礼仪，先
后编纂了《古今家祭礼》《家礼》《祭礼》等书，撰写了《乞颁降礼书
状》《乞增修礼书状》《申严昏礼状》等，并要求统治者颁行《政和五礼
新仪》，直到他晚年时，仍编修家礼不辍。① 所著《家礼》② 一书对于封
建社会后期家庭礼仪教育影响甚大，多为家规制定及修纂者所尊奉。下文
以朱熹《家礼》为主，结合其他理学家著述，对理学家庭礼仪教育作一
简要分析。③

《家礼》共五卷，依次为《通礼》《冠礼》《昏礼》《丧礼》《祭礼》。
关于修纂《家礼》之目的，朱熹在《家礼序》中称：

> 凡礼有本有文。自其施于家者言之，则名分之守、爱敬之实其本
> 也，冠、昏、丧、祭仪章度数者，其文也。其本者有家日用之常体，
> 固不可以一日而不修；其文又皆所以纪纲人道之终始，虽其行之有
> 时，施之有所，然非讲之素明，习之素熟，则其临事之际，亦无以合
> 宜而应节，是不可以一日而不讲且习焉也。三代之际，礼经备矣，然

---

① 李禹阶：《朱熹的家族礼仪论与乡村控制思想》，《重庆师范大学学报》（哲学社会科学
版）2004 年第 4 期。

② 《家礼》一书，自元至清多有怀疑并非朱熹所著者。束景南在其《朱熹〈家礼〉真伪考
辨》（载《朱熹轶文集考》，江苏古籍出版社 1991 年版）中认为确为朱熹所作，但 "不仅其弟子
曾有臆补增改，且宋元以来被人窜乱移易"。陈来在《中国近世思想史研究》（商务印书馆 2003
年版）一书中亦称，《朱子家礼》基本上可以认定为朱熹所作。尽管现存《朱子家礼》并非朱熹
原稿，由于其反映了朱熹礼制思想且朱熹的行为与《家礼》规制基本符合，本书姑取而论之，
所用版本为文渊阁《四库全书》本，所引文字不再标明出处。

③ 元代儒者黄瑞节在编撰《朱子成书》时称："《家礼》以宗法为主。所谓非嫡长子不敢
祭其父，皆是意也。至于冠昏丧祭，莫不以宗法行其间云。"朱熹撰述《家礼》是以其宗法理念
为核心，以恢复古代宗法制度为目的的。朱熹的创造性在于，其一，其对宗法制度的阐述立足于
其理学思想基础之上，将宗法制度的建立看作是 "天理之自然"，其在家族及社会间的运行非人
力所能改变，因此也是每一家族成员无条件服从和遵守的；其二，朱熹修订的家礼与他在《仪礼
经传通解》中所阐释的家礼有所不同，它不是传统意义上专用的 "贵族之礼"，而是通用于整个
社会而为普通家族所能遵行的 "庶民之礼"，它实质上反映了自唐末以来世俗民风多受佛道二教
浸淫，儒家学者亟欲改变礼教在社会教化领域衰微的趋势，对传统 "礼不下庶人" 的古制进行
改革，以推进儒家礼仪的世俗化和平民化的努力。因此可以说，《家礼》的出现是朱熹以其理学
哲学思想为基础将古代家庭礼仪制度加以世俗化、平民化改造的结果。

其存于今者，宫庐器服之制、出入起居之节皆已不宜于世。世之君子虽或酌以古今之变，更为一时之法，然亦或详或略，无所折衷。至或遗其本而务其末，缓于实而急于文，自有志好礼之士，犹或不能举其要，而困以贫窭者，尤患其终不能有以及于礼也。熹之愚盖两病焉，是以尝独观古今之籍，因其大体之不可变者而少加损益于其间，以为一家之书。大抵谨名分、崇爱敬以为之本，至其施行之际，则又略浮文、敦本实，以窃自附于孔子从先进之遗意。诚愿得与同志之士熟讲而勉行之，庶几古人所以修身齐家之道、慎终追远之心犹可以复见，而于国家所以敦化导民之意亦或有小补云。（《朱熹集》卷七十五《家礼序》）

在《家礼序》中，朱熹阐明了其纂修《家礼》的两个基本原则：其一，家礼有本有文，敦修其本，讲习其文，本不可一日不修，文不可一日不习，皆子弟所应明了者；其二，先王制礼，本缘人情，时势古今已然不同，而先王所制之礼确已不合时宜，亦需因时制宜而加以变通，使人人可以遵行，适应社会发展变化的礼制才是最大的礼制。"古今异便，风俗不同，虽有崇儒重道之君，知经好学之士，亦不得尽由古礼，以复于三代之盛。其因时述作，随事讨论，以为一国一家之制者，固未必皆得先王义起之意。"（《朱熹集》卷八一《跋古今家祭礼》）

（一）《通礼》及其家庭礼仪教育

《通礼》包括《祠堂》《深衣》及《司马氏居家杂仪》三部分，其自注称："此篇所著皆所谓有家日用之常礼，不可一日而不修者。"关于"祠堂之制"，据《家礼》，"此章本合在祭礼篇，今以报本反始之心，尊祖敬宗之意，实有家名分之首，所以开业传世之本也，故特著此冠于篇端，使览者知所以先立乎其大者"。"先立乎其大"意为人应知其所从来，应敬尊祖先以表感恩回报。朱熹在《祠堂》中除了说明祠堂的建制外，强调"每事必告"，隐含着教育子弟应尊老敬上、遵守家法之意。祠堂的功能很多，最重要的是祭祀，除此之外还可以举例宗族的其他活动，如家谱的纂修、宗族的伦理道德教育、宗族涉外事务的处理及其他族内活动等，这些活动对家族成员都有着直接或间接的影响，祠堂自然成为对家族成员进行教育的重要场所。①

关于《深衣》制度。深衣为上衣下裳相连，为古诸侯、大夫及士人燕居之服，宋代并不流行。而关于《司马氏居家杂仪》，朱熹称："此章本在昏礼之后，今按此乃家居平日之事，所以正伦理、笃恩爱者，其本皆在于此，必能行此，然后其仪章度数有可观焉。"也就是说，《杂仪》所载为日常家庭生活中的基本准则与行为规范，而看似琐碎的家庭生活实则正是培养与体现家庭成员之间情感的根本，而只有日常居家生活合乎仪礼规定，冠、婚、丧、祭等家族性仪式活动的正常举行及其规范性、严肃性才会得以保证。

《杂仪》对于日常居家生活的诸多方面进行了具体规定，如"凡为家长必谨守礼法以御群子弟"，"凡诸卑幼事无大小毋得专行"，"凡为子为妇者毋得蓄私财俸禄"，子妇事父母及姑舅应合乎礼法，子应听受父母之命而不违背等诸多居家礼仪。对于这些杂仪，朱熹在其日常生活中也时时加以贯彻。

《杂仪》对子女从出生至成人前的教育过程及其内容进行了较为详细的说明，为我们提供了一个家族应如何教育子女的基本景象：

> 凡子始生，若为之求乳母，必择良家妇人稍温谨者。子能食，饲之，教以右手。子能言，教之自名及唱喏万福安置。稍有知，则教之以恭敬尊长。有不识尊卑长幼者，则严诃禁之。六岁教之数与方名。男子始习书字，女子始习女工之小者。七岁男女不同席、不共食，始诵《孝经》《论语》，虽女子亦宜诵之。自七岁以下谓之孺子，早寝晏起，食无时。八岁出入门户及即席饮食，必后长者，始教之以廉让，男子诵《尚书》，女子不出中门。九岁，男子诵《春秋》及诸史，始为之讲解，使晓义理。女子亦为之讲解《论语》《孝经》及《列女传》《女戒》之类，略晓大意。十岁，男子出就外傅，居宿于外，诵《诗》《礼》《传》，为之讲解，使知仁义礼智信，自是以往

---

① 关于宋代祠堂的发展演变可参考王善军《宋代的宗族祭祀和祖先崇拜》，《世界宗教研究》1999 年第 3 期。明代以后民间祠堂的发展受到朱熹《家礼》的重要影响并得到朝廷一定的支持，关于其发展可参看常建华《明代宗族研究》，上海人民出版社 2005 年版。

可以读孟、荀、扬子，博观群书。凡所读书必择其精要者而读之，其异端非圣贤之书传，宜禁之，勿使妄观，以惑乱其志。观书皆通，始可学文辞。女子则教以婉娩听从及女工之大者。未冠笄者，质明而起，总角靧面，以见尊长，佐长者。供养祭祀，则佐执酒食。若既冠笄，则皆责以成人之礼，不得复言童幼矣。

朱熹教子，也遵照《家礼》之规定，如在《与长子受之》中要求朱塾"不得自擅出入"，在《训子帖》中要求朱塾"凡事不得纵恣，如在父母之侧"，"事师如事父，凡事咨而后行（听受其言，切须下气怡声，不得辄有争辩）。朋友年长以倍，丈人行也。十年以长兄事之。年少于己而事业贤于己者，厚而敬之"（《朱熹遗集》卷一《训子帖》）。对在黄榦处受学的二孙要求"勿令私自出入及请谒知旧"。朱熹为教子弟制定《训学斋规》，主要目的在于对子弟日常行为进行训练，"夫童蒙之学，始于衣服冠履，次及语言步趋，次及洒扫涓洁，次及读书写文字，及有杂细事宜，皆所当知。今逐目条列，名曰《童蒙须知》。若其修身治心，事亲接物，与夫穷理尽性之要，自有圣贤典训，昭然可考，当次第晓达，兹不复详著云"，要求"凡为人子弟，须要常低声下气，语言详缓，不可高言喧哄，浮言戏笑"，"凡行步趋跄，须是端正，不可疾走跳踯。若父母长上有所唤召，却当疾走而前，不可舒缓"（《朱熹遗集》卷三《训学斋规》）。

（二）《冠礼》及教育意义

《礼记》称："故冠而后服备，服备而后容体正，颜色齐，辞令顺。故曰：'冠者，礼之始也'，是故古者圣王重冠。"（《礼记·冠义第四十三》）冠礼为礼之始，加冠意味着一个人由少年变为成人，男子取得婚姻、治人及参加祭祀、军事活动等权力，并承担相应的责任；女子通过笄礼之后，逐渐会承担结婚生育、侍候舅姑与丈夫等义务，故意义重大。冠礼仪式中的教育活动贯穿于冠礼的全过程，是受冠者对成长的体验及对自己成为成年人责任与义务的初步感知。从冠礼举行前的筮日、筮宾、宿宾、器物陈设，到仪式过程中来宾和父兄的一举手、一投足，无一不是对年轻人的礼仪教育，而宾在每次加冠、行醮礼及命字时对受冠者所说的祝词，冠礼后卿大夫、乡先生的赠语，显然都包含有道德和理想教育的内容。①

冠礼在魏晋后渐衰，至宋代已数百年不行，一些学者纂修的家礼中也不载冠礼之事。朱熹鉴于时人不知成人之道，故有意保存古制，主张"自十五以上俟其能通《孝经》《论语》，粗知礼义，然后冠之"，并认为冠礼是古礼中最易推行的，"是自家屋里事，关了门，将巾冠与子弟戴，有甚难！"并在临终前一年所作的《致仕告家庙文》中希望家人对嫡孙朱鉴"俟其成童，加冠于首，乃躬厥事"，但是否实行则不得而知。尽管司马光、朱熹等人从举行冠礼的教育作用出发，力主推行冠礼，但男子行冠礼之势却渐行渐颓，女子及笄之礼亦很少举行。

（三）《昏礼》及其教育意义

首先，朱熹对于婚礼的仪式根据当时的实际情况进行了改革。依《仪礼·士昏礼》，婚礼的整个程序包括纳采、问名、纳吉、纳征、请期及亲迎等六个环节，但不同等级的家庭所举行的婚姻程序并不一致。北宋时庶人的婚姻仪式已经把问名、纳采及纳征合并，朱熹又在《家礼》中进一步简化："自议婚以下，首曰纳采，问名附焉，次曰纳币，请期附焉，次曰亲迎。"朱熹对简化的解释是古礼"今不能尽用"，"以便从简"。对于纳币的数量与品种，朱熹也做了比较灵活的规定。

对于婚姻，朱熹等理学家认为"婚姻不问阀阅"，过分注重对方的门第而不察人品的做法是不可取的，同时也反对童幼议婚，以消除其对家庭带来的消极影响。司马光在《温公书仪》卷三《昏仪上》中要求家人在议婚时"勿苟慕其富贵"，朱熹深表赞同，并在《昏礼》中加以征引，同时也反对幼时议婚："苟慕其一时之富贵而娶之，彼挟其富贵，鲜有不轻其夫而傲其舅姑，养成骄妒之性，异日为患，庸有极乎？借使因妇财以致富，依妇势以取贵，苟有丈夫之志气者能无愧乎？又世俗好于襁褓童幼之时轻许为婚，亦有指腹为婚者，及其既长，或不肖无赖，或身有恶疾，或家贫冻馁，或丧服相仍，或从宦远方，遂至弃信负约、速狱至讼者多矣。"

---

① 戴庞海：《略论中国古代冠礼的教育功能》，《郑州大学学报》（哲学社会科学版）2005年第2期。

理学家进一步强化良娼不婚观念，程颐称："以父母遗体偶娼贱，其可乎？""此禽兽不若也，岂得不害义理！"（《河南程氏外书》卷十二《传闻杂记》）陆九渊针对当时士人狎妓成风的风气，责备其弟子"士君子乃朝夕与贱娼女居，独不愧于名教乎？"① 理学家也反对异辈成婚及收继婚，朱熹在《增损吕氏乡约》中把社会上的"尊幼辈行"进行了划分，并做了具体解释："曰尊者，谓长于己三十岁以上，在父行者；曰长者，谓长于己十岁以上，在兄行者；曰敌者，谓年上下不满十岁者，长者为稍长，少者为稍少；曰少者，谓少于己十岁以下者；曰幼者，谓少于己二十岁以下者。"（《朱熹集》卷七十四《增损吕氏乡约》）区别辈分关系到道德规范的践行，是人际交往及婚姻制度中必须遵守的原则。另外，对于唐宋时期出现的收继婚，理学家也认为其违背人伦教化、纲常伦理，程颐指责唐代最高统治者，"唐之有天下数百年，自是无纲纪"，"其妻则娶之不正"（《河南程氏外书》卷十《大全集拾遗》）；朱熹也认为"唐源流出于夷狄"，批评唐代最高统治者"闺门失礼之事，不以为异"（《朱子语类》卷一三六）。

（四）丧祭之礼及其教育意义

《丧礼》是《家礼》中最繁杂的部分，有很多细微的规定。丧礼作为联系生者与死者之间的纽带，既是对于逝者的悼念，也会对家庭成员尤其是家庭未成年者之思想与行为产生重要的影响，其教育价值不言而喻。故《礼记》称："父母之丧，衰冠、绳缨、菅屦，三日而食粥，三月而沐，期十三月而练冠，三年而祥。比终兹三节者，仁者可以观其爱焉，知者可以观其理焉，强者可以观其志焉。礼以治之，义以正之，孝子、弟弟、贞妇皆可得而察焉。"（《礼记·丧服四制第四十九》）朱熹一生多次遭遇亲人亡故之痛，屡行丧礼，多能依《家礼》中所定礼仪行丧礼。②

---

① 庞元英：《谈薮》，见《说郛》卷三十一，中国书店1986年影印本。

② 朱熹在与门人的对话中也说"丧最要不失大本"，并举"不用浮屠"为例（《朱子语类》卷八十九）。朱熹自己家里也长期如此坚持，但在母亲的丧礼上则使用了"浮屠法"，他当时对表弟程询说："某中自先人以来，不用浮屠法，今谨用。"（《朱熹别集》卷三《程允夫》）他在回答弟子胡泳所问"治丧不用浮屠法，而老母之意必欲用之，违之则咈亲意，顺之则非礼，不知当如何处"时，说道："且以委曲开释为先。如不可回，则又不可咈亲意也。"（见《朱熹集》卷六十三《答胡伯量》）

祭祀为中国古代家族内部极其重要的活动，有慎终追远之意，通过祭祀起到反始报本、凝聚族众、教化子弟的作用。《礼记》称："夫祭者，非物自外至者也。自中出，生于心也。心怵而奉之以礼。是故唯贤者能尽祭之义。"（《礼记·祭统第二十五》）朱熹等理学家对于祭祀之礼极为重视，提倡通过家族祭祀活动教育子弟知报本、讲礼仪。程颐主张士大夫家必建家庙，称："冠昏丧祭，礼之大者，今人都不以为事。……且如豺獭皆知报本，今士大夫家皆忽此，厚于奉养而薄于祖先，甚不可也。凡事死之礼，当厚于奉生者。至于尝新必荐，享后方食。人家能存得此等事数件，虽幼者渐可使知礼义。"（《河南程氏遗书》卷十八《伊川先生语四》）又讲："凡祭祀，须是及祖。知母而不知父，狗彘是也。知父而不知祖，飞鸟是也。人须去上面立一等，求所以自异始得。"（《河南程氏遗书》卷二下《二先生语二下》）张载也讲："祭接鬼神，合宗族，施德惠，行教化，其为备须是豫，故至时受福也。……古人因祭祀大事，饮食礼乐以会宾客亲族，重专杀必因重事。今人之祭，但致其事生之礼，陈其数而已，其于接鬼神之道则未也。祭祀之礼，所总者博，其理甚深，今人所知者，其数犹不足，又安能达圣人致祭之义！"（《经学理窟·祭祀》）理学家通过人与动物的对比、古代祭礼与当时祭礼的比较，强调个体应于血脉传续的历史之维中确证自身的存在价值，凸显祭礼于个体完整归属感及对社会秩序维持的重要意义。

朱熹主张祭祀应根据家庭情况灵活变通，"凡祭主于尽爱敬之诚而已，贫则称家之有无，疾则量筋力而行之"。因此《家礼·祭礼》较为简明，并多为朱熹遵行。朱熹在实践中也对祭礼不断加以调整，他主张时祭、俗祭并用，并将三祭（冬至祭始祖、立春祭先祖、季秋祭祢）改为一祭（季秋祭祢），并根据当时的风俗增加了忌日之祭与墓祭等。

总的来看，朱熹等理学家对冠、婚、丧、祭诸家用仪礼的讨论尤其是关于祭礼方面的规定对宋特别是明代以后礼仪活动的开展产生了重大影响，不仅促成了朝廷礼制的颁布，也为民间基层社会所效法。明初纂修的《大明集礼》仿自《朱子家礼》，受其影响很大，"从而使《家礼》第一次进入国家典制，因此所谓明代的祭祖实际上是《家礼》的官方化即国家制度化"①。

从民间而言，明代的士大夫中有一些人把朱熹的《家礼》作为家法族规建设及宗族祠堂祭祀的蓝本，并凸显了其教化价值。永乐时翰林院侍讲曾棨在《林氏重修祠堂记》中说："余维古者大夫祭于庙，庶人祭于寝，尊卑之制秩乎其不紊。后世鲜克世禄，庙祭遂废，于是复为祠堂，爰自高、曾以上至初祖，合而祀之。至于宋朱子始斟酌古今之宜，以定其制，俾世孝子慈孙皆得以尽其追远之诚，有关于世教甚大。"（《莆田前埭林氏大宗族谱》卷五）这方面的例子很多，如据《顺天府志》载，"祭礼：士大夫庙祠如朱文公《家礼》"②；安徽徽州府休宁县陪郭程氏，成化、弘治之际在程敏政的主持下进行宗族建设，该族的《重定拜扫规约》受朱熹《家礼》影响很深，如其第十二条要求"文公《家礼》一部，当首时常请族中子弟演习，务要如仪，毋得喧扰亵慢"③；歙县泽富王氏族规依靠《家礼》，通过冠婚丧祭诸礼起到敬宗收族、教化子弟及移风易俗之目的，"冠婚丧祭之礼，虽称家之有无，清素为好，勿习世俗，浮华斗靡，有违《家礼》"④。

第四节　理学家庭教育中妇女的双重角色定位

美国学者伊沛霞在其所著《内闱：宋代的婚姻和妇女生活》中称："很难否定宋代文化盛行的观念和意象里理学家强调的一点，那就是尽可能地把妻子和丈夫的父系世系联在一起。像司马光、程颐、朱熹、黄榦等一流学者都非常明确地排斥流行文化里与父系世系——父权制模式不一致的因素，比如女人的文学创作、女人的财产权、女人参与家门外边的事等等。因为他们希望从整体上强化父系原则，还因为他们看出来

---

① 常建华：《明代宗族研究》，上海人民出版社 2005 年版，第 22 页。在《明代宗族祠庙祭祖礼制及其演变》一文中，常建华也称："洪武时期多次有祭祖方面的规定，《大明集礼》的规定具有'权仿《家礼》'和国家礼制象征的性质，《家礼》、《教民榜文》和胡秉中的主张在社会上更为流行，政府祭祖礼制的特点是认同朱熹《家礼》，这也反映了《家礼》被社会认同的现实。"文载《南开学报》2001 年第 3 期。
② 《顺天府志》卷一《地理志》，明万历刻本。
③ 程敏政编：《休宁陪郭程氏本宗谱》附录，安徽图书馆藏弘治刊本。
④ 《歙县泽富王氏宗谱》，明隆庆六年王景象刻本，安徽省博物馆藏。

通过女人建立的联结纽带比较脆弱，他们试图把家庭标示为类似市场上的交易不能进入的领域，而家庭内部个人间的联系纽带则应该建立在永久不变的——并且是父系的——原则基础上。"① 并认为在女人识字率的提高等整体趋势下，受理学的影响，越来越多的家庭、婚姻伦理和社会性别概念内涵的变化主要体现在：更多地注意把男女分隔开、更高地评估女人在家庭管理方面的作用、鼓励女人识字以便用于教儿子读书，但是不鼓励女人写诗，更多地强调父系原则及更严厉地质疑女人再嫁。② 确实，理学在强化父权制方面比之前的任何儒家走得更远，男女之间的界限也更为严格，同时也更加强调妇女在家庭管理、子女教育及家庭稳定方面作用的发挥，妇女被看作是家庭之所以成为家庭的一个关键性力量。周敦颐称："家难而天下易，家亲而天下疏也。家人离，必起于妇人。"（《通书·家人睽复无妄》）曹端注解曰："齐家之道，在和其亲而止尔，亲不和，则家不可齐焉。……一家之人虽同气同枝，而亦离心离德相仇相隙者，必起于妇人之离间也。"（《通书述解》卷下）程颐认为，世人多慎于择婿，而忽于择妇。其实婿易见，则妇难知，妇"所系甚重，岂可忽哉！"（《河南程氏遗书》卷一《二先生语一》）"家人之道，利在女正，女正则家道正矣。夫夫妇妇而家道正，独云利女贞者，夫正者身正也，女正者家正也，女正则男正可知矣。"（《周易程氏传》卷三）妇女对于家庭的和睦、子女的教育具有重要的影响，自应从小受到良好的教育。

在宋代，妇女无论作为教育者还是受教育者，都受到了进一步的关注。宋代文教事业的发达为女性阅读提供了良好的社会氛围，书籍的普遍流通为女性的广泛阅读创造了条件，而士大夫的提倡又为女性阅读提供了社会舆论的支持。③ 接受教育的女性越来越多，而这又为后来更多的女性接受教育奠定了基础。在宋代，不仅"当时风尚，妇女皆

---

① ［美］伊沛霞：《内闱：宋代的婚姻和妇女生活》，胡志宏译，江苏人民出版社 2004 年版，第 238 页。

② 同上书，第 234 页。

③ 铁爱花：《宋代社会的女性阅读——以墓志为中心的考察》，《晋阳学刊》2005 年第 5期。

知爱才"①，而且在她们当中涌现出不少人才。入选清人厉鹗《宋诗纪事》一书的诗作者中，妇人女子多达106人，其出身相当广泛，上自皇后，下至妓女。宋代才女较多，与当时并未完全剥夺妇女获得文化的权利有关。欧阳修编写《州名急就章》，他在序中称："《急就章》者，汉世有之，其源盖出于小学之流，昔颜籀为史游序之详矣。余为学士，兼职史官，官不坐曹，居多暇日，每自娱于文字笔墨之间，因戏集州名，作《急就章》一篇，以示儿女曹，庶几贤于博塞尔。"（《欧阳修文集》卷五十八《居士外集》卷八）

　　宋代以后，教育子女的责任主要落在作为母亲的女性肩上，教育子女成功的女性也不在少数，如参知政事苏易简才思敏捷，宋太宗询问其母亲薛氏："何以教子，成此令器？"薛氏的回答是："幼则束以礼让，长则教以诗书。"宋太宗夸奖道："真孟母也！"（《宋史》卷二六六《苏易简传》）宋仁宗时曾任参知政事的宋绶"博通经史百家，文章为一时所尚"，在很大程度上是由于她的母亲"知书，每躬自训教"（《宋史》卷二九一《宋绶传》）。理学家眼中的女性典范，也都是出身书香门第、知书达理且能相夫教子的女性。程朱等理学家的母亲便是这样的典范，如程颐在《上谷郡君家传》中称赞其母亲"事舅姑以孝谨称，与先公相待如宾客"，对于子女，"其爱慈可谓至矣，然于教之之道，不少假也"，为了鼓励年幼的程颢、程颐兄弟勤奋读书，其母在二程使用的书籍上写下："我惜勤读书儿"，"殿前及第程延寿（程颢幼时名）"等，程颐认为其与兄程颢二人受到了母亲的良好教育，"平生于饮食衣服无所择，不能恶言骂人，非性然也，教之使然也"（《河南程氏文集》卷十二《上谷郡君家传》）。朱熹在为其母亲祝氏所作《尚书吏部员外郎朱君孺人祝氏圹志》中也称"及先君卒，熹年才十有四，孺人辛勤抚教，俾知所向"（《朱熹集》卷九十四）。

　　《朱熹集》所载64篇碑志中，有14篇是为女性所作，② 这些女性大

①　赵翼：《陔余丛考》卷四一，《苏东坡秦少游才遇》，河北人民出版社1990年版，第749页。

②　据柏清韵（Bettine Birge）在《朱熹与女子教育》一文中称，朱熹写有17篇女性墓志铭，它们是从宋代全部一千多篇女性墓志铭中残存下来的，见田浩编《宋代思想史论》，杨立华、吴艳红等译，社会科学文献出版社2003年版，第351页。

都是相夫教子的女性典范，如在《太孺人邵氏墓表》中称其"具呼家人与为条约，亲写刻之屏，使合居有礼，缀食无专"（《朱熹集》卷九十《太孺人邵氏墓表》）；在《夫人吕氏墓志铭》中称其对子"爱之异甚，捧视漱沐，一不以委他人。及少长，遣就学，则程其术业，谨其出入交游之际，未尝辄借以颜色"（《朱熹集》卷九十一《夫人吕氏墓志铭》）。在为其他的女性所写的如《夫人徐氏墓志铭》《刘氏妹墓志铭》《宜人王氏墓志铭》《荣国夫人管氏墓志铭》《夫人虞氏墓志铭》《太孺人陈氏墓志铭》《宜人丁氏墓志铭》等墓志铭中，赞扬这些女性有较高的文化素养，注重子女品德的养成与学业的进步，严而有爱，教子有法，为子女的教育做出了重要贡献："教诸子，皆有文行"，"抚教诸子，爱而有节"，"教饬子孙甚严，未尝假以言色"，"夫人教之学，既冠，皆以文行称"，"居家、事夫、教子皆有法度……教督诸子，亲授经训"，"训督诸子甚严"，"教子弟尤有法"（以上墓志铭见《朱熹集》卷九十一至卷九十三）。王守仁在《湛贤母陈太孺人墓碑》中也称赞湛若水之母"孀居者余四十年，端靖严洁如一日。既老，虽其至亲卑幼之请谒，见之未尝逾阈也，不亦贞乎！绩麻春粱，教其子以显"（《王阳明全集》卷二十五《外集七》）。

理学家有着极为明显的性别差异意识。在理学家的眼中，女子与男子在生理特征上有很大的差异，但他们更加强调男女两性在文化特征及行为规范上的差异，理学家不厌其烦地明示女性在行为规范上的标准及其道德特征，认为典范女性是服从父权制的，她们柔顺贤淑、贞静守一、知书达礼、相夫教子，能够做到"为子孝，为妇顺，为妻正，为母慈"，甚至于对于苛刻的公婆也能数十年如一日尽心服侍而毫无怨言。[①] 理学家通过树立这些女性典范，一方面让女性更多地参与到子女的教育中来，改变"为人母者，不患不慈，患于知爱而不知教也"（《家范》卷三《母》）的状况，利用女性自身优势更好地教育子女；另一方面，造就一种新型的女性观，为社会中的其他女性尤其是家族内的女性树立榜样，从而起到教育的作用。这些女性之所以能够在教育子女方面取得成功，跟她们从小受到

---

① 柏清韵（Bettine Birge）在《朱熹与女子教育》中也对理学家的女性观及其品性要求进行了细致的描述，见田浩编《宋代思想史论》，杨立华、吴艳红等译，社会科学文献出版社2003年版，第356—370页。

来自父母等人的教诲有着直接的关系，程颐称其母亲"好读书史，博知古今"，"其教女，常以曹大家《女戒》"（《河南程氏文集》卷十二《上谷郡君家传》）。朱熹所作《建安郡夫人游氏墓志铭》中的游氏也是一位自幼受到良好教育并惠及子女的一个典型："夫人资静淑，族母阮氏以妇德为女师，夫人幼尝学焉，受班昭《女戒》，通其大义。至它组纫笔札之艺，皆不待刻意而能过人……其子生皆贤才。而夫人所以教之者又甚至，稍能言，则置膝上授以诗书。少长，即为迎师择友，教诏谆悉。"（《朱熹集》卷九十一《建安郡夫人游氏墓志铭》）这些妇女除了教子外，更能以自己的贤德形象为女儿所仿效，如朱熹所作《宜人丁氏墓志铭》中称赞丁氏"教诸女以身为法，自未笄时，已令夙兴，备盥栉、奉药饵。夜常躬视扃镝、洒炀灶，辄令持烛行前。既笄，则教之酒浆烹饪盖藏之事，祭祀宾客之奉，且戒之曰：'尔曹毋厌吾言，异日当蒙其力耳'……以故诸子皆以文行称，而女适人者亦能持其家"（《朱熹集》卷九十三《宜人丁氏墓志铭》）。

理学家对于女子接受教育持肯定态度，朱熹与其弟子关于女子教育曾有一段问答："问：'女子亦当有教。自《孝经》之外，如《论语》，只取其面前明白者教之，何如？'曰：'亦可。如曹大家《女戒》、《温公家范》，亦好。'"（《朱子语类》卷七）其家庭中的女性大都识字且有擅长诗文者，如程颐的侄女"自通文义"，"喜闻道义"，"发言虑事，远出人意"（《河南程氏文集》卷十一《孝女程氏墓志》）。除了读书习字外，《朱子家礼》中有诸多关于女子日常居家行为规范的要求，我们可将其看作是女子教育所要达到的基本目标，如"凡为子为妇者毋得蓄私财、俸禄及田宅，所入尽归之父母、舅姑，当用则请而用之，不敢私假，不敢私与"；"凡子事父母、妇事舅姑，天欲明咸起盥……适父母、舅姑之所省问"；"凡子妇未敬未孝，不可遽有憎疾，姑教之，若不可教，然后怒之，若不可怒，然后笞之，屡笞而终不改，子放妇出，然亦不明言其犯礼也"等。

由于中国古代男女之间存在明显的社会性别上的角色差异，知书达理的母亲自然是女儿效法的榜样和最好的老师，她们教女儿识字、学诗作文及女工，并以自己的力量加深女儿对女性角色的认同，使她们不断向典范女性靠拢，因此女儿自幼从母亲那里得到更多的教育。但也不能否认，男子（包括祖父、父亲及丈夫等）也对女性的成长有相当的影响。张载侄女嫁于吕大临，张载编《女戒》以教育之：

> 妇道之常，顺惟厥正。妇正柔顺。是曰天明，天之显道。是其帝命。命女使顺。嘉尔婉娩，克安尔亲，往之尔家，吕氏，汝家。克施克勤！能行孝顺，为勤。
>
> 尔顺惟何？无违夫子。夫子，婿也。无然皋皋，皋皋，难与言也。无然訾訾！訾訾，难共事也。彼是而违，尔焉作非？违是则非。彼旧而革，尔焉作仪？改旧乃汝妄立制度。惟非惟仪，女生则戒。在毛诗《斯干》篇。王姬肃雍，酒食是议。周王之女亦然。
>
> 贻尔五物，以铭尔心：锡尔佩巾，墨予诲言。铜尔提匜，谨尔宾荐。宾客、祭祀。玉尔卺具，素尔藻绚。藻绚妆饰不可太华。枕尔文竹，席尔吴筦。念尔书训，因枕文思训。思尔退安。安尔退居之席。彼实有室，男当有室。尔勿从室。不得从而有其室也。逊尔提提，逊，谨退也。提提，安也。尔生引逸。引，长也。逸，乐也。（《张载集·文集佚存·女戒》）

朱熹生有三男五女，儿子在家庭中完成了启蒙教育后，采用"易子而教"的形式送往外地，师从著名学者，而女儿的教育则由夫人刘清四来承担。后由于夫人早逝，次女朱兑许配黄榦，朱熹曾付书与女婿黄榦，希望其接替对女儿的教育："此女（指兑）得归德门，事贤者，固为甚幸。但早年失母，缺于礼教。而贫家资遣不能丰备，深用愧恨。想太夫人慈念，必能阔略，然妇礼不可缺者，亦更赖直卿早晚详细与说，使不至旷败乃善。"（《朱熹续集》卷一《答黄直卿》）

其时女性所习教材，有班昭的《女戒》及《论语》《孝经》等。朱熹对于影响较大的《女戒》也不太满意，自己准备编写一本新的女性教育教材，条目及编写原则已拟定，但遗憾的是最后并未编写出来。他在与刘子澄的书信中称："向读《女戒》，见其言有未备及鄙浅处，伯恭亦尝病之。间尝欲别集古语，如《小学》之状，为数篇，其目曰'正静'，曰'卑弱'，曰'孝爱'，曰'和睦'，曰'勤谨'，曰'俭质'曰'宽惠'，曰'讲学'。班氏书可取者，亦删取之。如《正静》篇，即如杜子美'秉心忡忡，防身如律'之语，亦可入。凡守身事夫之事皆是也。'和睦'谓宜其家人，'宽惠'谓逮下无疾妒，……向见所编《家训》，其中似已该备。只就彼采择，更益以经史子集中事，以经为先，不必太多，精择而审取之尤佳也。"（《朱熹集》卷三十五《与刘子澄》）在其与学生刘清之（刘子澄）共同编写的《小学》中，规定了夫妻之间的规矩及对女性各个方面的要求，如婚嫁、治家、夫妇之间的行为举止及对寡妇守节的要求等。

第五节 理学家庭教育的基本原则

如前所述，理学家倡导的家庭教育是以子弟德性的养成为根本的，学问尽管重要，但仍是第二位的。在这一基本原则的指导下，理学家总结出了一系列家庭教育原则，并在各自家庭教育的推行过程中加以贯彻。

一 强调家长及圣贤的榜样示范作用

理学家提倡家长应为子女的榜样，其身正则自然为子女所效法，程颐谓："治家之道，以正身为本，故云反身之谓。爻辞谓治家当有威严，而夫子又复戒云，当先严其身也。威严不先行于己，则人怨而不服，故云威如而吉者，能自反于身也。孟子所谓'身不行道，不行于妻子'也。"（《周易程氏传》卷三）朱熹要求家长应为孩子作出表率，在所撰《家礼》中明确提出"凡为家长，必谨守礼法，以御群子弟及家众"，并在《小学》中立"稽古"篇，以古代圣贤为榜样激励子弟。依理学家之传记及行状所载，他们在孝顺父母、抚教子女、体恤孤弱、和睦宗族等方面是令人敬重的，可为世人之表率。如朱熹作为一家之长，"性严气刚，规矩准绳，动止有常"，弟子黄榦在为朱熹所作《行状》中称：

其可见之行，则修诸身者，其色庄，其言厉，其行舒而恭，其坐端而直。其闲居也，未明而起，深衣幅衣方履，拜于家庙以及先圣。退坐书室，几案必正，书籍器用必整。其饮食也，羹食行列有定位，匕箸举措有定所。倦而休也，瞑目端坐；休而起也，整步徐行。中夜而寝，既寝而寤，则拥衾而坐，或至达旦。威仪容止之则，自少至老，祁寒盛暑，造次颠沛，未尝有须臾之离也。行于家者，奉亲极其孝，抚下极其慈。闺庭之间，内外斩斩，恩义之笃，怡怡如也。①

王守仁巡抚南赣期间所写《与诸弟书》中以自反自省的态度告诫引导诸弟要友爱相协，谓：

吾家祖父以来，世笃友爱，至于我等，虽亦未至若他人之互相嫌隙，然而比之老辈，则友爱之风衰薄已多。就如吾所以待诸弟，即其平日外面大概，亦岂便有彰显过恶？然而自反其所以推己尽道、至诚恻怛之处，则其可愧可恨，盖有不可胜言者。……日来每念及此，辄自疚心汗背，痛自刻责，以为必能改此凶性，自此当不复有此等事，不知日后竟如何耳，诸弟勉之！勿谓尔兄已为不善而鄙我，勿谓尔兄终不能改而弃我。兄及弟矣，式相好矣，无相犹矣，诸弟勉之！②

二 制定规范，分职任事，宽严结合，爱而有教

对于子女教育，理学家主张制定规范，分职任事，宽严结合，爱而有教。程颐在解释"家人"卦时称："治家者，治乎众人也，苟不闲之以法度，则人情流放，必至于有悔，失长幼之序，乱男女之别，伤恩义，害伦理，无所不至，能以法度闲之于始，则无是矣。"又讲："治内过刚，则伤于严急，故家人嗃嗃然。治家过严，不能无伤，故必悔于严厉，骨肉恩胜，严过故悔也。虽悔于严厉，未得宽猛之中，然而家道齐肃，人心祗畏，犹为家之吉也。若妇子嘻嘻，则终至羞吝矣。……自恣无节，则终至败家，可羞吝也。盖严谨之过，虽于人情不能无伤，然苟法度存，伦理正，乃恩义之所存也。若嘻嘻无度，乃法度之所由坏，伦理之所由乱，安能保其家乎？"（《周易程氏传》卷三）

陆九渊之父陆贺关注家法礼制，"究心典籍，见于躬行，酌先儒冠、婚、丧、祭之礼，行之家，家道之整，著闻州里"。陆贺晚年"欲悉传家

---

① 黄榦：《勉斋集》卷三十四《朝奉大夫华文阁待制赠宝谟阁直学士通议大夫谥文朱先生行状》，文渊阁《四库全书》本。
② 王阳明：《与诸弟书》，转引自束景南《王阳明佚文辑考编年》（上），上海古籍出版社2015年版，第559页。

政"，选定第五子陆九龄参与修订家法，经他"多与裁评"之后，陆氏家族"平日纪纲仪节，更加隐括，使后可久"（《陆九渊集》卷二十七《全州教授陆先生行状》）。陆九龄兄弟治家有法，"九龄尝继其父志，益修礼学，治家有法。阖门百口，男女以班，各供其职，闺门之内严若朝廷"（《宋史》卷四三四《陆九龄传》）。陆氏家族累世义居，一人最长者为家长，一家之事皆听家长之命，每岁选子弟分任家事，凡田畴、租税、出内、庖爨、宾客之事，各有主者。陆九韶以训戒之辞为韵语，"晨兴，家长率众子弟谒拜先祠毕，击鼓诵其辞，使列听之。子弟有过，家长率众子弟责而训之，不改，则挞之，终不改，度不可容，则言之官府，摒之远方焉"（《宋史》卷四三四《陆九韶传》）。

朱熹在释《大学》"所谓齐家在修其身者：人之其所亲爱而辟焉，之其所贱恶而辟焉，之其所哀矜而辟焉，之其所敖惰而辟焉；故好而知其恶，恶而知其美者，天下鲜矣"时谓："五者，在人本有当然之则；然常人之情惟其所向而不加察焉，则必陷于一偏而身不修矣。"（《四书章句集注·大学章句》）家之所以不齐也，与父母一味溺爱子女而不辨是非有很大关系。有时父母因教育子女会与子女发生冲突，伤及彼此感情，"正不行，继之以怒，则反伤其子，父既伤其子，子之心又责其父，则子又伤其父也"。所以朱熹主张采用古代"易子而教"的办法，既可"全父子之恩"，又"不失其为教"（《孟子章句》卷七《离娄章句上》）。朱熹长子朱塾从小调皮，朱熹惟恐朱塾"在家汩于俗务，不得专意，又父子之间不欲昼夜督责及无朋友闻见"（《朱熹续集》卷八《与长之受之》），让他远离膝下千里从师，赴婺州金华县拜好友著名学者吕祖谦为师，临别前朱熹特意写了《训子从学帖》交付朱塾，帖中从日常生活小事到待人接物等，无不悉数训戒，详细阐述了求学、读书、为人处世的道理。后朱熹又将二孙的教育托付于女婿黄榦，临终前还遗书黄榦，念念不忘儿孙教育："异时诸子诸孙切望直卿——推诚力赐教诲，使不大为门户之羞。"（《朱熹集》卷二十九《与黄直卿书》）朱熹教子孙可谓有爱有教，对子孙后代既有严格要求，又有细致入微的关怀，饱含慈父的情怀与长者的智慧。

三　养正于蒙，及早施教

儒家历来重视儿童启蒙教育，通过启蒙教育，使儿童读书识字并养成良好的行为习惯。理学家继承自先秦以来儒家"养正于蒙"的传统，主张对儿童应养正于蒙，及早施教。程颐讲："勿谓小儿无记性，所历事皆能不忘。故善养子者，当其婴孩，鞠之使得所养，全其和气，乃至长而性美，教之示以好恶有常。至如养犬者，不欲其升堂，则时其升堂则扑之。若既扑其升堂，又复食之于堂，则使孰从？虽日挞而求其不升，不可得也。养异类且尔，况人乎？故养正者，圣人也。"（《河南程氏遗书》卷二下《二先生语二下》）

朱熹讲："古者小学教人以洒扫应对进退之节，爱亲敬长隆师亲友之道，皆所以为修身齐家治国平天下之本，而必使其讲而习之于幼稚之时，欲其习与智长，化与心成，而无扞格不胜之患也。"（《朱熹集》卷七十六《题小学》）如果儿童自幼未接受良好教育，随着年龄增长，终至败坏品性，于己、于家、于国都无益处。"世学不讲，男女从幼便骄惰坏了，到长益凶狠。只为未尝为子弟之事，则于其亲，已有物我，不肯屈下，病根常在。又随所居而长，至死只依旧。为子弟，则不能安洒扫应对。在朋友，则不能下朋友。有官长，则不能下官长。为宰相，则不能下天下之贤。"（《近思录》卷五《克己》）朱熹认为，儿童教育应从胎教开始，他特别提倡胎教法，认为孕妇的一举一动，一言一行，都对胎儿的发育有直接的影响，他在《小学》"立教"篇中，要求孕妇按《列女传》之要求，"寝不侧，坐不边，立不跸，不食邪味，割不正不食，席不正不坐，目不视邪色，耳不听淫声……如此则生子形容端正，才过人矣"（《小学集注》卷一）。朱熹将儿童八至十五岁前的教育归为"小学"教育阶段，其任务为"教之以事"，应由易至难，由浅入深，在日常行为中对儿童进行良好道德行为习惯养成教育，并使儿童形成"孝悌""诚敬"等品格，以为日后"大学"阶段的教育奠定基础。

四 主张为儿童的成长营造一个良好的环境

在理学家看来，家庭教育之所以出现种种问题，根源在于习俗之颓废、环境之不良。父母之于子女，有以科举功名导之者，有以财富利禄诱之者，而社会习尚，或以能为诗文者为荣，或以骄奢淫荡为能，终日行不践仁、言不及义，人欲膨胀、义利不辨，人们在"利欲胶漆盆"中越陷越深，在如此环境中，家庭教育效果可想而知。"古人虽胎教与保傅之教，犹胜今日庠序乡党之教。古人自幼学，耳目游处，所见皆善，至长而不见异物，故易于成就。今人自少所见皆不善，才能言便习秽恶，日日消铄，更有甚天理?"（《河南程氏遗书》卷二上《二先生语二上》）朱熹将儿童出生后至八岁的教育为"乳母之教"，强调要谨慎地选择乳母，即"必求其宽裕慈惠、温良恭敬、慎而寡言者使为子师"（《小学集注》卷一），使儿童受到良好的熏陶。

王守仁军政繁忙，长期奔波在外，家事及子弟教育有赖弟子协助，在出征两广前写有《客坐私祝》，希望温恭直谅之士教诲其子弟，并要求子弟近善而远恶，表达了其为子弟营造一个良好成长环境的愿望："但愿温恭直谅之友来此讲学论道，示以孝友谦和之行；德业相劝，过失相规，以教训我子弟，使毋陷于非僻。不愿狂惷惰慢之徒来此博弈饮酒，长傲饰非，导以骄奢淫荡之事，诱以贪财黩货之谋；冥顽无耻，扇惑鼓动，以益我子弟之不肖。呜呼！由前之说，是谓良士；由后之说，是谓凶人。我子弟苟远良士而近凶人，是谓逆子，戒之戒之！"（《王阳明全集》卷二十四《外集六》）对于《客坐私祝》，清儒孙奇逢云："人家子弟做坏了，多因无益之人，日相导引。近墨近硃，面目原无一定；多暴多赖，习气易以移人……《私祝》数语，严切简明，直令宵人辈立脚不住。其子弟贤，当益勉于善；即不贤，或亦不至大坏极裂，不可收拾。先生崛起正德，功定叛王，以一悟而帅世学，以一胜而开封国，片言只字，无不足提世觉人。独取是篇而刻之，盖人未有不爱其子弟，而子弟之贤不肖，实于此判圣狂。敢以公之吾党士之共爱其子弟者。"[①]

五　父母对子女应有合理的期望

通过读书应试等途径促进子女社会地位向上流动或使子女继续保持、巩固父辈已取得的优势地位，是每个父母的期望，不管这种期望是基于理性的判断，还是仅仅出自情感的诉求。一般而论，出于人类可以理解的血缘之情，父母对于子女的要求总是较高的，而且许多要求并不是基于对子女优缺点的清醒认识，因此往往不切实际，并给子女造成了很大的压力。

---

① 此条载于《夏峰先生集》卷五《客座私祝跋》，亦载于《王阳明全集》卷四十一《序说·序跋》。

朱熹称:"谚之有曰:'人莫知其子之恶,莫知其苗之硕','溺爱者不明,贪得者无厌,是则偏之为害'。"(《四书章句集注·大学章句》)门人问朱熹:"父母之于子,有无穷怜爱,欲其聪明,欲其成立,此谓之诚心邪?"朱熹回答道:"父母爱其子,正也。爱之无穷,而必欲其如何,则邪矣。"(《朱子语类》卷一三)针对朱塾的教育,朱熹在与吕祖谦的大量书信中多次表达自己关于朱塾教育的客观、理性态度:

> 此儿绝懒惰,既不知学,又不能随分刻苦作举子文。今不远千里以累高明,切望痛加鞭勒,俾稍知自厉。至于择交游、谨出入,尤望垂意警察。如其不可教,亦几早以见报,或便遣还为荷。
>
> 儿子既蒙容受,感佩非常。不知能应程课、入规矩否?凡百更望矜念愚恳,痛赐鞭策,为幸之甚。既不可教,亦早告以垂喻,即遣还,尤幸也。
>
> 其气质本凡,又无意于大受,不足以希升堂之列耳。
>
> 观其气质,似亦只做得举子学。初尚恐其不成,今既蒙奖诱,不知上面更能进步否?此亦必待其自肯,非他人所能强也。
>
> 使随其资之高下有所成就,幸甚,固不敢大望之耳。(以上均见《朱熹集》卷三十三《答吕伯恭》)

朱熹将二孙的教育托付给黄幹,其给黄幹的信中也称:"二孙久烦教诲,固不敢以向上望之。但得其渐次贴律,做得依本分举业秀才,不至于大段狼狈猖獗足矣。"(《朱熹续集》卷一《答黄直卿》)

六 家庭教育要激发儿童兴趣

理学家多能强调儿童教育中兴趣的作用,如程颐讲:"教人未见意趣,必不乐学。且欲教之歌舞,如古诗三百篇,皆古人作之。如《关雎》之类,正家之始,故用之乡人,用之邦国,日使人闻之。此等诗,其言简奥,今人未易晓。别欲作诗,略言教童子洒扫应对事长之节,令朝夕歌之,似当有助。"(《河南程氏遗书》卷二上《二先生语二上》)邵雍作多篇《教子吟》《诫子吟》等,以通俗易懂、朗朗上口的诗歌形式教育儿子。朱熹所编童蒙教材也力求通俗易懂,注意选取那些语言浅显生动的内容，有些家训、名言、诗歌，读起来朗朗上口，如"忧人之忧，乐人之乐"，"非淡泊无以明志，非宁静无以致远"，"勿以恶小而为之，勿以善小而不为"等，便于儿童记忆和理解。在形式上，朱熹注意灵活多样，既有嘉言、善行，又有故事、诗歌，还有家训、书信等。① 这些富于变化的教育形式，从不同的角度充分展示了古人良好的道德风貌，更能激起儿童的学习兴趣，使之在对诗歌的欣赏、书信的品位、名言的思索中，潜移默化地陶冶了情操，净化了心灵。朱熹还十分重视音乐对儿童的教化作用，他认为音乐可以表达心声，使儿童在追求快乐、获得美感的过程中，受到高雅志趣的熏陶。② 《宋史》称"陆九韶以训戒之辞为韵语"，陆氏家族非常注意用朗朗上口的词调来教化族内子弟，"晨揖，击鼓三叠，子弟一人唱云：'听听听听听听听，劳我以生天理定。若还惰懒必饥寒，莫到饥寒方怨命。虚空自有神明听。'又唱云：'听听听听听听听，衣食生身天付定。酒肉贪多折人寿，经营太甚违天命。定定定定定定定。'又唱云'听听听听听听听，好将孝弟酬身命。更将勤俭答天心，莫把妄思损真性。定定定定定定定，早猛省'。食后会茶，击磬三声，子弟一人唱云：'凡闻声，须有省，照自心，察前境，若方驰骛速回光，悟得昨非由一顷，昔人五观一时领'，乃梭山之词也。"③王守仁强调儿童教育应顺应儿童的自然本性，激发儿童的学习兴趣，"大抵童子之情，乐嬉游而惮拘检，如草木之始萌芽，舒畅之则条达，摧挠之则衰萎。今教童子，必使其趋向鼓舞，中心喜悦，则其进自不能已。譬之时雨春风，霑被卉木，莫不萌动发越，自然日长月化；若冰霜剥落，则生意萧索，日就枯槁矣"（《王阳明全集》卷二《训蒙大意示教读刘伯颂等》）。王守仁主张教育儿童应适应儿童性情，方法应灵活多样，"其栽培涵养之方，则宜诱之歌诗以发其志意，导之习礼以肃其威仪，讽之读书以开其知觉。今人往往以歌诗习礼为不切时务，此皆末俗庸鄙之见，乌足以知古人立教之意哉！"（《王阳明全集》卷二《训蒙大意示教读刘伯颂等》）

---

① 关于朱熹家庭教育论著（包括教材、短文、书信、诗歌等）可参看熊瑜《朱熹伦理教化研究》，博士学位论文，四川大学，2003 年。

② 姚郁卉：《朱熹〈小学〉的蒙养教育思想》，《齐鲁学刊》2005 年第 4 期。

③ 《鹤林玉露》丙编，卷五《陆氏义门》，中华书局 1983 年版，第 324 页。

第五章　宋明理学的师道观

以周敦颐、程颢、程颐、张载、朱熹、陆九渊、王守仁为代表的宋明理学家不仅在中国哲学思想史和中国教育思想史上占有重要的地位，而且具有丰富的教学实践经验，培养了一大批优秀的学生，对教师问题也有许多独到的认识。

第一节　朱熹的师道观

朱熹是一位在思想学术研究和教书育人两方面都取得重大成就的思想家和教育家，一生热衷于教育活动，积极从事讲学活动达 40 年之久，培养了众多杰出人才。他在长期的教育教学实践中积累了十分丰富的教育与教学经验，是我国传统教育思想宝库中的重要财富，而他对于教师的认识与论述是其中一个重要的组成部分。

一　以学为主，以教为辅

在教与学的关系上，先秦儒家已出现了重视"外铄"与强调"内发"的分野，前者以荀子为代表，提倡"师云亦云"，后者以孟子为代表，主张"深造自得"。荀子强调教师的作用，称："礼者，所以正身也；师者，所以正礼也。无礼何以正身？无师吾安知礼之为是也？礼然而然，则是情安礼也；师云而云，则是知若师也。情安礼，知若师，则是圣人也。故非礼，是无法也；非师，是无师也。不是师法，而好自用，譬之是犹以盲辨色，以聋辨声也，舍乱妄无为也。故学也者，礼法也。夫师，以身为正仪，而贵自安者也。"（《荀子·修身》）而孟子则提倡学为自得："君子深造之以道，欲其自得之也。自得之，则居之安；居之安，则资之深；资

之深，则取之左右逢其原。故君子欲其自得之也。"（《孟子·离娄下》）
至宋明理学，受佛道思想的影响，理学家对文道关系、言意关系重新进行
界定，着力揭示语言文字的局限性，提倡对天道性命之理的领悟，体现在
教学中则更加注重学生的自得与体会。

在朱熹看来，教学的过程是教师的教和学生的学互相结合而使学生自
我觉悟从而返归其本性的过程，"圣贤千言万语，只是使人反其固有而复
其性也"（《朱子语类》卷八）。学习的过程是一个下学上达、积累贯通的
过程，本质上不是对外在经典文本的诵读掌握和对礼仪规范的遵守践行，
而是受教育者对于"理"的体认与领悟，强调的是受教育者自身的心理
体验与感受。朱熹认为直接导致觉悟"理"的是自得之学而不是外在的
知识灌输，且教只有通过引导学生学才能发挥其作用。朱熹强调学者
（受教育者）应主动学习、积极思考和深入领悟，而非消极被动地等教师
来给自己传授知识，"只深造以道，便是要自得之，此政与浅迫相对。所
谓'深造'者，当知非浅迫所可致。若欲浅迫求之，便是强探力取。只
是既下工夫，又下工夫，直是深造，便有自得处在其中"（《朱子语类》
卷五十七）。读书是自己读书，学习是自己学习，和别人并无多大关系，
称"此亦大概如此，要自理会得"（《朱子语类》卷五），"当来天地生我
底意，我而今须要自体认得"（《朱子语类》卷六），"不可倚靠师友"
（《朱子语类》卷八），"为学勿责无人为自家剖析出来，须是自家从里面
讲究做工夫，要自见得"（《朱子语类》卷八），"读书要自家道理浃洽透
彻"（《朱子语类》卷十）；又称"说只得如此，要自见得"（《朱子语类》
卷六十八），"盖圣贤所说无非道者，只要自家以此身去体它，令此道为
我之有也"（《朱子语类》卷九十七），"这个便是难说，须要自得言外之
意始得"（《朱子语类》卷一一四）等，不要依靠教师把一切都给你指点
出来，也不要把自己学业不进、德行不修归于教师的失职，因为归根到
底，为学修身靠的是自己的努力。教师的作用在于开始时使学生坚持正确
的方向与途径，结束时对学生的学习结果进行判断和评估，学业的进步和
品德的提高主要靠自己的努力，是自己体察、自己践履、自己涵养的结
果。教师的教同学生的学相比，学占据主导地位，为学要靠自己，教师只
起辅助之功，"师友之功，但能示之于始而正之于终尔。若中间三十分工
夫，自用吃力去做"（《朱子语类》卷八）。他又讲："某此间讲说时少，

践履时多，事事都用你自去理会，自去体察，自去涵养。书用你自去读，道理用你自去究索，某只是做得个引路底人，做得个证明底人，有疑难处同商量而已。"（《朱子语类》卷十三）基于这种观点，朱熹十分强调学生要主动地自求、自得。

二 根据情况，因材施教

在朱熹看来，教师的教只有通过学生的学才能发挥作用，这并不是说教师是可有可无的，只是说教师起的是辅助而不是决定作用，整体来看教师的教仍然是不可缺少的，由于人有气质之偏、物欲之蔽、意见之妄，因而便不能自觉向善而汲汲于圣道，因而需要教师加以教育和引导，从而存天理、灭人欲，复归于人的善的本性。"须是圣人出来，左提右挈，原始要终，无非欲人有以人全此理，而不失其本然之性。"（《朱子语类》卷十三）他讲，仁、义、礼、智之理，人人固有，但如果没有作为圣贤的教导，人们便不会知道这个道理，更不会照着这个道理去做，而有了作为圣贤的教导，人们便会知晓这个道理并按照这个道理去行事："你不晓得底，我说在这里，教你晓得；你不会做底，我做下样子在此，与你做。"（《朱子语类》卷十三）具体地说，教师的引导作用主要表现在以下三个方面：其一，在教育活动开始的时候，教师应指明学生正确的求学方法与途径，"指引者，师之功也"（《小学集注》卷五《嘉言第五》）；其二，在学生学习过程之中，教师就从旁观察，不断地发现学生身上存在的问题，及时告诫、提醒、督促，及时解答学生提出的各种疑难问题，从而引导学生不断进步；其三，教师对于学生的学习结果具有判断与评估作用，即"正之于终"，"做得个证明底人"。为什么说教师的作用在于引导而不是灌输呢？在朱熹看来，因为人生于天地之间，自有许多道理，这些道理是他自身由天赋而固有的，别人并不能强加于他，用他的话说就是"人生天地间，都有许多道理。不是自家硬把于他，又不是自家凿开他肚肠，白放在里面"（《朱子语类》卷九）。教师如何才能做好引导呢？这除了要求教师要做到以身作则，时时注意自己的一言一行，为学生做好示范以外，最主要的就是要做到因材施教，启发诱导。

朱熹经常提到因材施教，主张根据学生"人品之高下""材质之大小"而成就他们。朱熹的因材施教包括两个方面，一是对处于不同年龄阶段的受教育者给予适合他们身心发展的教育，二是根据每个学生的身心特点给予针对性的教育。关于第一方面，他根据古代教育的经验，主张把学校教育分为小学（8—15 岁）与大学（15 岁以后）两个阶段，而这两个阶段的划分，依据的不是人的尊卑贵贱，而是人的年龄和心理特点，特别是思维的发展水平。朱熹指出，因为小学儿童"智识未开"，思维能力很弱，所以他们学习的内容应该是"知之浅而行之小者"，知识的传授和行为习惯的培养力求浅近、具体，应以"教事"为主，强调让儿童在日常生活中通过具体行为习惯的培养使他们懂得基本的伦理道德规范，养成良好的行为习惯，学到初步的文化知识技能。到了大学阶段，由于学生在思维能力等方面较之前已有了较大提高，因此这一阶段就不应局限于"教事"上，而应把重点放在"教理"即使他们知道事物之所以然上；教师的任务与小学阶段也有所不同，不再是让学生打好基础，而是要进一步精雕细刻，把他们培养成社会有用的人才；教学方法与前一阶段也有所不同，不再以教师的传授和行为的训练为主，而是以学生的自学为主，教师的辅导为次。同时朱熹也指出，小学和大学是同一教育过程的两个阶段，既要看到这两个阶段的相对独立性，两个阶段的教育任务、内容和方法不同，不要轻易打乱次序，但同时又要看到它们之间的连续性，不能将两者割裂开来，独立起来。作为教师应特别注意克服实际教育工作中的两种偏向，或者忽视和否认教育的阶段性，好高骛远，急于求成，不从解决学生的实际问题入手，在应当教之以事的阶段教之以理，空讲一通大道理，结果不切实际，不能解决实际问题；或者忘记了教育阶段的连续性，安于小成，安于现状，在需要对学生提出进一步要求的时候，却满足于已有的成绩，不向学生提更高要求，结果是中道而止，半途而废。

对不同个性的学生也应采取不同的教育措施，朱熹在解释《孟子·尽心上》的"君子之所以教者五"中充分阐明了这一点。孟子在《尽心上》中说："君子之所以教者五：有如时雨化之者，有成德者，有达财（材）者，有答问者，有私淑艾者。此五者，君子之所以教也。"朱熹解释道："时雨，及时之雨也。草木之生，播种封植，人力已至，而未能自化，所少者雨露之滋耳。及此时而雨之，则其化速矣。教人之妙，亦犹是也，若孔子之于颜、曾是已；财与材同，此各因其所长而教之也。成德，如孔子之于冉、闵。达财，如孔子之于由、赐。就所问而答之，若孔、孟之于樊迟、万章也。私，窃也。淑，善也。艾，治。人或不能及门受业，但闻君子之道于人，而窃以善治其身，是亦君子教诲之所及，若孔、孟之于陈亢、夷之是也。"（《孟子集注》卷十三《尽心章句上》）这就是说，应根据学生的不同特点进行针对性的教育。而且在朱熹看来，这五教之间也有一个先后相继的次序，"此五者，一节轻似一节"，其最高形式，就是"如时雨化之者"（《朱子语类》卷九），这也就是讲，启发诱导是因材施教的最高形式。

三　师生配合，启发诱导

朱熹在解释《论语》中"不愤不启，不悱不发"一章时说："愤者，心求通而未得之意；悱者，口欲言而未能之貌。启谓开其意，发谓达其辞。物之有四隅者，举一可知其三；反者，还以相证之义。复，再告也。"（《论语集注》卷四《述而第七》）"愤"指的是学生经过努力的思考而未能想通某一问题时的心理状态，"悱"指的是学生想通了某一问题但苦于找不到合适的词语来表达，当学生通过积极思考处于"愤""悱"状态时就可以对其进行启发了，而如果说学生还没有处于"愤"与"悱"的心理状态，就不要对其进行启发，应让其自修自得，继续努力下去。当然，说教师的启发要以学生一定的心理状态为前提，并不是说教师只能消极等待学生这一心理状态的出现，而是说教师应该通过一定的方法去激活学生的心理，积极引导其达到这一心理状态。他说："道有定体，教有成法。卑不可抗，高不可贬；语不能显，默不能藏"，"教人者，皆有不可易之法，不容自贬以徇学者之不能也"（《孟子集注》卷十三《尽心章句上》）。在引导学生时，所教内容不能太容易，否则引不起学生的兴趣，所教内容也不要太难，否则会超出学生的接受能力。学生的积极性是否得到调动和发挥的一个重要标志是其是否处于"愤"与"悱"的状态，其具体的表现是能否发现和提出疑难问题。朱熹的启发教学，主要是启发学生发现和提出疑问，并引导他们解决问题。他认为疑问越多，学习的进步就越快、越大，他说："读书始读，未知有疑，其次则渐渐有疑，中则节节是疑。过了这一番后，疑渐渐解，以至融会贯通，都无所疑，方始是学。"（《宋元学案》卷四十八《晦翁学案》）教师启发教学的奥妙就在于使无疑者有疑，使有疑者无疑，使学生的认识循序渐进，不断深入，最终融会贯通,这一过程将教师的主导作用与学生的积极主动性高度结合在一起。要做到这一点对教师是一个很大的挑战,只有那些具有丰富的教育与教学经验且掌握了一定教育艺术,热爱教育事业并对学生认真负责的教师才有可能灵活恰当地运用这一教学方法。

朱熹对教师的论述是非常丰富的,他对教师的要求是十分严格的,作为一个教师,必须有很高的道德修养,必须有广博的学识,能为人师表,以身作则,对学生关心爱护、严格要求,同时还应不断总结经验,掌握教育与教学艺术,提高自己的教育与教学水平。作为一个教师,一方面要注重传授知识、灌输思想;另一方面也要重视学生行为的训练,以知促行,以行促知,从而将学生知行的发展有机地结合起来。教师一方面要注重正面引导,以正面教育为主,晓之以理,动之以情,积极引导,启发自觉;另一方面也要规范禁防,要建立必要的、合理的规章制度,使学生长期接受规范法度的约束,做到以积极引导为主,积极引导与消极禁防相结合。教师一方面要从高处着眼,重视教育学生立大志;另一方面又要从细处入手,教育学生从一事一物做起,一点一滴地积累,只有将两者结合起来,才能取得好的教育效果,这些都是值得我们加以汲取的。

第二节 王守仁的师道观

王守仁出生于官僚地主家庭,一生处于明王朝由兴盛走向衰败的转折时期,他以"致良知"为其思想纲领,主张"知行合一",希望培养一批以"学圣贤"为志的"豪杰之士",振兴封建道德,巩固封建统治。王守仁从34岁起开始讲学授徒,直到去世,历时23年之久,其中专门从事讲学活动的时间是50岁以后回乡的5年,其余都是在从政之余进行讲学活动。他驻足之地,皆建学校,创书院,立社学,并亲自讲学。每至一地,四方学者云集,至开讲,前后左右环坐而听者常不下数百人。可以说,王守仁是一位非常成功的教育家,他不仅积累了十分丰富的教育与教学经验,为社会培养了一大批人才,而且由于他对培育人才付出了极大的精力,对学生严格要求,关心爱护,也赢得了学生的尊敬和爱戴。王守仁对教师的论述是比较丰富的,其师道观也是其教育思想的一个重要组成部分。

一 传统师教，流弊无穷

王守仁是一位具有强烈批判意识的教育家，他不仅对当时求学以博取功名的学习目的观和盲从六经、只重记诵的学风进行了批判，而且也对当时负责儿童教育的教师的教育观念进行了深刻的揭露，他说："近世之训蒙稚者，日惟督以句读课仿，责其检束，而不知导之以礼；求其聪明，而不知养之以善。鞭挞绳缚，若待拘囚。"（《王阳明全集》卷二《训蒙大意示教读刘伯颂等》）指出当时从事儿童教育的教师，每天只知督促儿童读书习字，检查他们，约束他们，而不知道用礼来引导他们；想使他们聪明，而不知道用善德来培养他们。对待儿童就像对待囚犯那样，用鞭打，用绳缚。这样做的结果可想而知，儿童不仅没有教育好，反而出现了与施教者愿望相反的结果，儿童看到教室就像看到了监狱那样不肯进去，把师长当作仇人而不愿见到他们，因此常常借故逃学，放肆地从事各种顽劣的活动，以达到嬉戏的目的，久而久之，日益顽劣不化，在邪恶的道路上越陷越深。因此他批判当时的教师虽然希望儿童向善的、好的方向发展，但实际上由于错误的观念使得他们采取了错误的教育方法与措施，并没有把儿童教育好，反而把他们推到了恶的、坏的一方。而这一切的根源是教师没有从儿童的身心发展特点出发来教育儿童，而是把他们当作小大人看，不是鼓励他们，采取适合他们身心发展的教育方法与措施让他们自由地自然地发展，而是惩罚他们，束缚他们，教师的这种落后的教育观是传统儿童教育的致命弱点。王守仁的批判和揭露可谓入木三分，切中时弊。

二 顺其性情，诱导讽劝

在王守仁看来，儿童的性情是喜欢嬉戏而厌恶拘束，就像草木开始萌芽，顺应它就发展，摧残它就会萎缩："大抵童子之情，乐嬉游而惮拘检，如草木之始萌芽，舒畅之则条达，摧挠之则衰萎。"（《王阳明全集》卷二《训蒙大意示教读刘伯颂等》）因此教育儿童就应顺应他们的身心发展特点，从他们"乐嬉游而惮拘检"的特点出发，使他们"趋向鼓舞，中心喜悦"，这样，他们自然会不断地发展，就像花草在春风的吹拂下、在雨露的滋润下自然萌动发越，欣欣向荣。如何做到这一点呢？就需要教师做到以下三点："诱""导""讽"。首先，教师对儿童要"诱之歌诗"，即要放声歌唱而不是仅仅把诗吟出来，这样做的目的在于不但能激发他们的意志，而且可以使儿童的情感得到正常的调节和宣泄；其次，教师要"导之以礼"，通过礼仪动作的练习，不仅可以使儿童养成良好的行为习惯，起到道德教育的作用，而且还可以使他们的身体得到锻炼，健壮他们的体魄，起到体育锻炼的作用；最后，教师要"讽之以书"，不但能增长儿童的知识，开发其智力，而且还有利于培养他们的道德观念和理想。总之王守仁主张教师在教育儿童时，一定要顺应儿童的身心发展特点，通过"歌诗""习礼"和"读书"教育，顺导儿童的意志，调节儿童的性情，增长儿童的知识，锻炼儿童的身体，德、智、体、美互相渗透、互相促进，在潜移默化中消除其鄙吝，化除其粗顽，在德、智、体、美等几个方面都得到发展。

三　随人分限，合理施教

在如何进行教学的问题上，王守仁提出了"随人分限所及"而施教的思想。这一教学思想包括两个方面，一是对不同的人来说即是"因材施教"，二是对同一个人而言就是"量力施教"。就前一方面来看，王守仁认为，虽然"良知"人人具有，但人们的资质、才力是各不相同的，圣人与常人不同，就是圣人之间也各不相同，他说"圣人之才力，亦有大小不同，犹金之分两有轻重"（《王阳明全集》卷一《传习录上》）。因此对于不同的人，进行教育时必须采取不同的教育内容和方法，就像是医生治病一样，要根据病人的虚实、强弱、寒热、内外等各种情况有针对性地加以治疗，不能不管病人的情况如何，给他们采取同样的治疗措施。教师要根据学生的不同特点有针对性地进行教育，并不意味着教师要消极地适应学生的资质、才力，或者说用一个模型去束缚学生，而是更好地发挥其特长。他曾说："学校之中，惟以成德为事，而才能之异，或有长于礼乐，长于政教，长于水土播植者，则就其成德，而因使益精其能于学校之中。"（《王阳明全集》卷二《传习录中》）也就是说，学校教育在使每个学生提高道德水平的前提下，使其才能和特长得到充分发展。他又说："圣人教人，不是束缚他通做一般，只如狂者便从狂处成就他，狷者便从狷处成就他。"（《王阳明全集》卷三《传习录下》）对于那些刚强豪迈、敢作敢为的人，就要从勇敢方面去培养他；对于那些小心拘谨、洁身自好的人，则要从办事谨慎方面去培养他。

就后一方面而言，王守仁认为，儿童时期正处于一个人重要的发展时期，儿童的精力、身体、智力等都在发展过程中，因此在教育儿童时要充分考虑到这一点，儿童的接受能力发展到何种程度，便就这个程度进行教学，既不要低于这个限度，以免减少他们对学习的兴趣，也不要超出这个限度，教给儿童他们所不能接受的东西，这一点尤其重要，他说"与人论学，亦须随人分限所及"（《王阳明全集》卷三《传习录下》）。王守仁以种树为例，十分形象地说明了这一问题："如树有这些萌芽，只把这些水去灌溉，萌芽再长，便又加水，自拱把以至合抱，灌溉之功，皆是随其分限所及。若些小萌芽，有一桶水在，尽要倾上，便倾坏他了。"（《王阳明全集》卷三《传习录下》）小树刚刚萌芽，应用适量的水去浇灌它，等它长大些，便要多浇些水，这样，根据树的生长程度给它浇以适量的水，它就能从一棵小树苗壮成长为一棵参天大树，如果说小树刚刚萌芽的时候就给它浇大量的水，对于其生长是极为不利的。儿童的培养同小树的浇灌一样，也要考虑到他们的接受能力，如果说不顾及儿童的实际接受能力，把大量的高深的知识灌输给他们，就像把一桶水倾注在幼芽上把它浸坏一样，对儿童毫无疑益处。

四　注重自得，以教辅学

王守仁十分强调培养学生独立思考与判断是非的能力，他主张为学不能盲从六经，死抠典籍，迷信古圣先贤，而是要"自知""自得"，有自己的独立见解。他肯定每个人都有独立思考的权力，都有判断是非的能力。一切是非，都有要依靠人人先天具有的良知来判断，即便是古圣先贤如孔子的言论，都是不足为据的；学习的过程是独立思考的过程，不能把古圣贤的言论当作是永远正确的，而要敢于提出自己的见解，因此他特别强调"自家解化"，即让学生通过自己独立的积极的思考来解决问题，认为这才是彻底解决问题的"一了百当"的功夫："学问也要点化，但不如自家解化者，自一了百当。不然，亦点化许多不得。"（《王阳明全集》卷三《传习录下》）他在实际教学中，很少对学生进行长篇讲述，大多是三言两语的指点性的答疑，启发学生自己得出结论。同时他认为，学问固然要靠自己，但缺少了教师与朋友的教导与帮助也是不行的，"夫一人为之，二人从而翼之，已而翼之者益众焉，虽有难为之事，其弗成者鲜矣。……凡有志之士，必有助于师友。无师友之助者，志之弗立弗求者也。自予始知学，即求师于天下，而莫予诲也"（《王阳明全集》卷七《别三子序》）。他感慨地批评一些人尽管在学习上十分努力，但过于自信，不虚心向师友请教，虽然一生勤奋刻苦但终无多大成就。

五　形式方法，力求创新

在教育教学形式与方法方面，王守仁也不断追求创新。在儿童教育中，王守仁主张教师在教育儿童时应做到动静搭配，体脑交叉，主张上午儿童背书、诵书后，通过"习礼"课的"周旋揖让""拜起屈伸"，动荡其血脉，舒展其筋骨，让儿童的身体得到锻炼；下午在诵书、讲书后，在悠扬的歌诗声中结束一天的学习生活。另外，他还提倡带有比赛、观摩性质的"会歌""会习"活动，即每个学堂按人数多少把小学生分为四组，每天或每隔一天让他们轮流"歌诗""习礼"，每五日或十日则"递歌"或"递习"于本学，每个月则"会歌""会习"于书院，这些活动只限于"歌诗""习礼"，没有背书和诵书，充分注意到了儿童的兴趣和学业负担。在成人教育中，王守仁也注意到形式与方法的创新，他经常带领弟子游历名山大川，在游历中对弟子进行教育；他不拘形式，随处讲学，随时答疑，即使在旅途和政务繁忙的情况下也坚持教学，甚至在指挥作战的间隙也"论学不辍"。42岁在滁州时，由于地僻官闲，他每天与弟子游于琅琊灢之间，到了晚上数百人环龙潭而坐，学生随时请教，大家一起唱歌跳舞，而这样的教学情景在王守仁的教学生涯中曾不止一次地出现。另外，王守仁还经常通过书信对弟子进行答疑、指导，由此可见其教学形式与方法是非常灵活的。

除此之外，王守仁主张师生之间应以朋友之道相待，提倡师生之间直言相谏，教师对学生的批评应抱欢迎的态度，他也不赞成传统的师道尊严，反对传统教育束缚学生个性的做法，在自己的学生面前，他没有道学家那种"道貌岸然"的架子，而是十分随和，对学生的生活、学习等非常关心和爱护，师生之间感情融洽，亲密无间。王守仁一扫当时学为举业的功利主义学风和教育中盛行的灌输和背诵的教学方法，倡导致良知的为己之学和自得体验的教学方法，突破了传统"师者，所以传道、授业、解惑"的教师观，给我们提供了一个新型的教师观，即动态的、具有反思意识和独立人格的更富创造精神与人性的教师形象。

第六章　宋明理学中人与自然
关系的教育学阐释

人类生活在自然界之中，并与自然界形成了须臾不可离的关系。"在中国思想传统中，天（自然）与其说是一个实体意义的描述性概念，不如说是一个价值意义的规范性概念——顺天之志不是为了主宰和支配自然和支配自然，而是为了使自己的行为实践合理正当。"① 在理学家的视野中"天地万物为一体"，人与自然万物同为天地间一体发用流行的"气"的体现，同时，自然万物与人一样，或者被认为共同禀赋了"天地之性"，即朱熹所讲"理者物之体，仁者事之体。事事物物，皆具天理"（《朱子语类》卷九十八），"不论枯槁，它本来都有道理"，或者如王守仁所认为的那样，万物皆被看作天赋有良知，"若草木瓦石无人的良知，不可以为草木瓦石矣"（《王阳明全集》卷三《传习录下》）。无论从自然万物之物质构成基础来看，还是从其涵具的性理来看，自然本质上与人具有同质性，与先秦儒学将人从自然万物中尽力超拔出来的思维是很不相同的。如孟子着意于人禽之辨，谓"人之所以异于禽兽者几希；庶民去之，君子存之"（《孟子·离娄下》）荀子也讲，"水火有气而无生，草木有生而无知，禽兽有知而无义；人有气、有生、有知，亦且有义，故最为天下贵也"（《荀子·王制》）。

理学家眼中的自然界具有多重身份。一些理学家（如张载与朱熹）也承认自然万物中所包含的客观物理，将其作为科学研究的对象而加以探讨，并取得了一些成果，但更普遍的做法是将自然界视为审美的对象，尤其倾向于用美善一体的观念观照自然界，引导人们去觉察和体会自然界所

---

① 张汝伦：《什么是"自然"》，《哲学研究》2011 年第 4 期。

蕴含的性理与秩序，这些性理与秩序不仅与人类社会是相通的，而且也有助于人们更好地理解人类社会的道德本质，并通过个体的及群体的实践活动完成个体的及社会的道德化改造。

理学思想中所讨论的人与自然关系主要是与其成人之道问题的讨论相关联的，它主要包括以下三个方面的内容：其一，人认识自然规律的必要性和自然科学知识的传授在理学成人之道中的地位；其二，自然对于人的道德品质的形成的意义和人应当如何对待自然，其中心是生态教育问题；其三，作为审美对象的自然对于个体人格形成的美育意义，而以上三个方面大致构成了自然对于成人之道所包含的智育、德育及美育等三重内涵。

正如以下我们将要看到的那样，由于理学思想本身的独特性、理学教育实践的独特性以及一定社会历史阶段自然科学知识的传授对整体科技发展水平的依赖性等诸种原因，对理学思想中人与自然关系的教育学探究和对其进行的哲学本体论、实践论探究以及科学认识论探究是紧密联系在一起的，甚至可以说它是后两种探究的逻辑延伸，这是我们进行研究的一个重要的方法论前提。

第一节　理学视野中的自然规律与成人之道

理学从本质上讲是一种道德哲学，强调"天人合一"，重视的是对儒家经典的诠释和对所谓先验的道德规范的践履，"基本上不把主客关系和认识论放在视野之内"①。但从另一方面来说，理学家并不排斥自然科学知识，很多理学家不仅有着丰富的自然科学知识，而且自觉地运用它为其道德哲学做辅助性证明，例如二程在论证封建伦理道德本原和修养方法时就不仅吸收了佛、道思想观念，而且也利用了当时的自然科学知识，因此可以说，他们所反对的是一种脱离、忽视道德修养而一味追求知识扩充的思维方式与行为方式。同佛、道教育思想相比，理学教育思想无疑是提倡人才应具备世俗性的理性品格的，想要参与社会，没有一点自然科学知识是不行的，"是以大学之教，必使学者即凡天下之称，莫不因其已知之理而益穷之，以求至乎其极"（《大学章句·补格物传》），"物我一理，才

---

①　张世英：《程朱陆王哲学与近现代西方哲学》，《文史哲》1992 年第 5 期。

明彼即晓此，合内外之道也。语其大，至天地之高厚，语其小，至一物之所以然，学者皆当理会"（《河南程氏遗书》卷十八《伊川先生语四》）。有的理学家如邵雍、张载等比较重视自然科学知识的传授，有的理学家如二程、朱熹等虽说不大重视，但也经常和学生谈及这一方面的内容，即使是最不重视自然科学知识传授的王守仁也承认为学"亦不是将名物度数全然不理，只要知所先后，则近道"（《王阳明全集》卷一《传习录上》），认为"不是本体明后，却于天下所有事物都知得"，虽然"天下事物，如名物度数、草木鸟兽之类，不胜其烦"（《王阳明全集》卷三《传习录下》），如确系必须掌握的，完全可以通过后天的学习获得。

在理学家看来，自然是客观的、实在的，有其客观规律，人也有认识自然规律的可能性，如程颐认为，"天下物皆可以理照，有物必有则，一物须有一理"（《河南程氏遗书》卷十八《伊川先生语四》），人也必须遵循自然规律。张载说："若阴阳之气，则循环迭至，聚散相荡，升降相求，姻蕴相揉，盖相兼相制，欲一之而不能，此其所发屈伸无方，运行不息，莫或使之，不曰性命之理，谓之何哉？"（《张子正蒙·参两篇第二》）而这种"阴阳相互作用、相互推动的规律就是性命之理，自然界与人类遵循同一规律"①。人不仅要认识和掌握自然界的普遍规律，还要认识和掌握自然界的特殊规律，一物自有一物之理，天下无相同之物，如张载讲"人与动植之类已是大分不齐，于其类中又极有不齐"，"天下之物无两个相似者，虽则一件物亦有阴阳左右"（《张载集·张子语录》）。在朱熹"理一分殊"的哲学命题中同样也包含着万物各具其理，因而人们在具体实践中必须了解并依顺不同对象的具体物理的思想："水之润下，火之炎上，金之从革，木之曲直，土之稼穑，一一都有性，都有理。人若用之，又著顺它理，始得。若把金来削作木用，把木来熔作金用，便无此理。"（《朱子语类》卷九十七）要合理地、充分地利用自然万物，就必须首先对其特性有所了解和把握，但自然万物又不是静止不动的，它们时时发生变化而又相互作用，不仅有量变，而且有质变，新生事物的特性并不是构成它的原有事物特性的简单相加。程颐对此有着比较深刻的认识，"一二合而为三，三见则一二亡，离而为一二则三亡。既成三，又求一与三，既

---

① 张岱年：《中国哲学中"天人合一"思想的剖析》，《北京大学学报》1985 年第 1 期。

成黑，则求黄与白，则是不知物性"，学者要穷尽物理，便应当"知其某物合某则成何性"（《河南程氏遗书》卷十五《伊川先生语一》），即应当用发展变化的眼光而不是机械的、因循守旧的眼光看待处于不断发展变化中的自然万物，只有这样，才能掌握自然变化之机，立于不败之地。

可以说，在理学教育思想中，虽然说自然科学知识的传授由于种种原因未能得到普遍的正面价值支持，如王夫之所言，"圣贤只做得人分上事，人分上事便是己分上事。《中庸》言'尽物之性'，也只是物之与人相干涉者，索与他知明处当，使其有可效于人者无不效，而其不可乱夫人者无可乱也。若天际孤鸿，江干小草，既不效于人，而亦无能相乱，须一刀割断，立个大界限，毋使彼侵此陵，失其人际"①，这正好表明了在理学修身立命的教育思想指导下，理学家所要体察的自然之物只是那些与个体心性完善相关联的，真正关心的是如何使那些能促进个体心性完善的自然之物发挥作用，阻止另一些自然之物对个体心性完善的妨害，而没有从科学的理性的认识角度出发，没有看到丰富的纯粹的自然科学知识对于个体全面发展的重要意义。冯契认为："与封建专制主义的统治相适应，儒学唯心主义阻碍了社会的进步，束缚了科学的发展。汉代儒学独尊，而自宋以后，理学唯心主义长期处于支配地位，严重地禁锢了人们的头脑。朱熹本人虽有一点科学精神，但他的哲学被统治者利用，早已成了压抑科学发展的桎梏。王阳明学派则更流于空疏。"② 尽管占据社会主流的宋明理学会阻碍中国社会向近代化迈进，阻碍人们对自然科学技术的钻研，但无论如何，它确是在一定程度上消弭了当时佛、道所宣扬的蒙昧主义思想，对于人们认识、理解自然，掌握自然界发展变化的规律和树立理性人格具有一定的积极意义。

除此之外，我们也应该看到，理学家对于自然科学知识的传授无论在思想观念上还是在教育实践中都带有很大的局限性，相较而言，他们更加着意于对那些不以德行为本而一味追求知识扩充的行为的批判，而且几乎每个理学家都认为在本质上，道德知识是高于科学知识的，如张载认为"诚明所知乃天德良知，非闻见小知而已"（《张子正蒙·诚明篇第六》），

① 王夫之：《读四书大全说》卷八《孟子·滕文公下篇》，中华书局1975年版，第585页。
② 冯契：《中国古代哲学的逻辑发展》（下），上海人民出版社1985年版，第1103页。

"德性之知不萌于见闻"（《张子正蒙·大心篇第七》）。而陆九渊和王守仁更是走向极端，前者强调只有"无知识名病"，才能达到"此心炯然、此理坦然、物各付物"（《陆九渊集》卷一《与赵监》）的境界，后者强调"大端惟在复心体之同然，而知识技能非所与论也"（《王阳明全集》卷一《传习录上》）。不可否认，这种看法并非毫无根据，但它带来的消极影响是无法估量的。事实上，无论是在社会的发展中还是在个体的发展中，知识与道德都是相辅相成、缺一不可的，科学知识尤其是自然科学知识在理性人格的形成中起着非常重要的作用，对于人类而言，如费希特所讲："自然状态诚然会消除罪恶，但同时也会消除德行和整个理性，这样，人就会变成没有理性的动物，就会出现一个新的动物物种，于是，人就根本不再存在了。"① 道德知识固然可以使人类社会摆脱蒙昧的自然状态，但这种缺少了自然科学知识参与的摆脱是不彻底的；对于个体而言，道德品格的提升尽管非常重要，但自然科学知识的素养同样不可缺少，自然科学知识的匮乏也会造成个体自身和整个生活世界的隔阂，自然科学知识越缺乏，个体自身与生活世界隔阂便越大，个体人格的不平衡性便越突出。

可以说，人类对自然界所包含的规律的探寻构成了我们人类最重要的教育内容之一，人类社会及单个人的健康发展都离不开自然科学知识的传授，而且只有在人类对自然界及其规律有了较为深刻的认识、自然科学知识的传授在教育体系中占有了适当的地位从而自然界首先以"真"的形式进入人的视野之后，人类才有可能以合理的"善"的实践方式对待自然界。而在理学中，人类并没有和自然建立起科学的认识关系，自然科学知识的传授并没有在教育体系中占有适当的地位，这无疑是理学在处理人与自然关系时保守有余而开放不足的重要表现。

第二节　理学视野中的生态教育思想

对人与自然关系的处理不仅是先秦儒家思想所关注的问题，它也被纳

---

① 费希特：《论学者的使命　人的使命》，梁志学、沈真译，商务印书馆 1984 年版，第 53 页。

入理学家的视野之内，成为理学家重要的话题之一。理学家不仅继承了先秦儒家的生态教育思想，而且在其抽象、精微的本体论、宇宙论与心性论基础之上对其作了创造性的发展，形成了比较独特的生态教育思想。

先秦儒家有着非常丰富的生态教育思想，认识到自然界"方以类聚、物以群分"（《周易·系辞传上》），是一个非常复杂的有机系统。孟子曾言："不违农时，谷不可胜食也；数罟不入洿池，鱼鳖不可胜食也；斧斤以时入山林，材木不可胜用也。"（《孟子·梁惠王上》）他认识到"苟得其养，无物不长；苟失其修，无物不消"（《孟子·告子上》）的保护自然生态的必要性。先秦儒家"草木零落、再入山林"和"钓而不纲、弋不射宿"的保护山林和动物资源以及"往来井井、涣其群吉"和"得地则生、失地则死"的保护水和土地资源的思想，被理学家完整地继承了下来，有的理学家如程颐还利用儒家经典来阐发自己的生态教育思想，他在解释《易经·师卦》中的"六五，田有禽，利执言，无咎"时说："若禽兽入于田中，侵害稼稿，于义宜猎取，则猎取之，如此而动，乃得无咎。若轻动以毒天下，其咎大矣……若秦皇、汉武皆穷山林以索禽兽者也，非田有禽也。"（《周易程氏传》卷一）程颢更是对当时官府掠夺、破坏自然资源的做法进行了言辞激烈的批判："圣人奉天理物之道，在乎六府；六府之任，在乎五官；山虞泽衡，各有常禁，故万物阜丰，而财用不乏。今五官不修，六府不治，用之无节，取之不时。岂惟物失其性，材木所资，天下皆已童赭，斧斤焚荡，尚且侵寻不禁，而川泽渔猎之繁，暴殄天物，亦已耗竭，则将若之何！此乃穷弊之极矣。"（《河南程氏文集》卷一《论十事劄子》）可以说，这个批判在现在看来还是相当深刻的。

伴随着理学思想对先秦儒家思想在哲学上的创造性发展，理学生态教育思想相对于先秦儒家生态教育思想而言，不仅仅是继承，更主要的是在这一思想领域内有了创造性的发展，这主要体现在以下四个方面。

一 生态教育思想基础与方法论的转变

先秦儒家生态教育的思想基础是建立在自然崇拜之上的神道设教以及比较简陋的"天人合一"思想。在先秦儒家看来，"山川之神足以纲纪天下"（《史记》卷四十七《孔子世家第十七》），圣人"神道设教"就是运用宗教通过道德教化的方式来协调人与自然的关系，由于"地载万物，天垂象，取财于地，取法于天"（《礼记·郊特牲第十一》），自然界提供了人类赖以生活的物质和思想资料，也由于"大乐与天地同和，大礼与天地同节"（《礼记·乐记第十九》），人事法则和自然万物之间存在着一种内在的相关，所以人类应当敬重和保护自然界，"是以尊天而亲地也，故教民美报焉"（《礼记·郊特牲第十一》）。这种对人类与自然关系的宗教性道德诠释还是比较朴素的、直观的，还没有完全上升到哲学诠释的高度。

宋明理学与先秦儒学强调人与自然万物道德属性的差异有所不同，在将"心""性""理"等范畴本体化之后，通过人与自然万物禀受或被赋予了共同的"理"因而产生了本体论意义上的沟通后，便出现了"天地之间，非独人为至灵，自家心便是草木鸟兽之心也"的观念（《河南程氏遗书》卷一《二先生语一》），认为"万物虽皆天地所生，而人独得天地之正，故人为最灵，故民同胞，物则亦我之侪辈"（《朱子语类》卷九十八），人与自然万物之间的差异在很大程度上被消弭了，"故物之性与人异者几希，惟塞而不开，故知不若人之明；偏而不正，故才不若人之美。然人有近物之性者，物有近人之性者，亦系于此"（《河南程氏经说》卷八《中庸解》）。既然自然万物都禀有与人相同的性理，只是由于禀气的厚薄、清浊不同而有开塞、智愚之别，那么《中庸》中"能尽物之性则可以赞天地之化育"便成为理学家所倡导的对待自然的一个非常重要的行为原则，就是要使万物各遂其性，各得其所。

程颐曾对渔人捕鱼"细钩密网"大发感慨："吾读古圣人书，观古圣人之政禁，数罟不得入洿池，鱼尾不盈尺不中杀，市不得鬻，人不得食。圣人之仁，养物而不伤也如是。物获如是，则吾人之乐其生、遂其性，宜何如哉？"（《河南程氏文集》卷八《养鱼记》）朱熹说："圣贤出来抚临万物，各因其性而导之。如昆虫草木，未尝不顺其性，如取之以时，用之有节；当春生时，'不殀夭，不履巢，不杀胎；草木零落，然后入山林；獭祭鱼，然后渔人入泽梁；豺祭兽，然后田猎'，所以能使万物各得其所者，惟是先知得天地本来生生之意。"（《朱子语类》卷十四）朱熹又进一步解释道："尽物性，只是所以处之各当其理，且随他所明处使之。他所明处亦只是这个善，圣人便是用他善底。如马悍者，用鞭策亦可乘。然物只得到这里，此亦是教化，是随他天理流行发见处使之也。"（《朱子语类》卷六十四）圣人仁义泽被万物，万物遂其性而生，则是最好不过的了，处物以其理则是善。

我们不难看出，理学家所谓的"尽物性"就是要求人们在处理与自然万物的关系时，要遵循一定的自然生态规律，要充分认识到自然万物各有其存在的价值和发展的权利，要顺其性，遂其生，使"万物无一物失所，便是天理时中"（《河南程氏遗书》卷五《二先生语五》）。在理学家看来，由于"天地之化，虽廓然无穷，然而阴阳之度，日月寒暑昼夜之变，莫不有常，此道之所以为中庸"（《河南程氏遗书》卷十五《伊川先生语一》），因而不遵循自然生态规律便不能"致中和"，其最终结果便是"山崩川竭者有矣，天地安得而位！胎夭失所者有矣，万物安得而育！"（《朱子语类》卷六十二）即必然造成自然资源的浪费、枯竭和人类生存环境的恶化，这是理学家所坚决反对的。

二 从"比德"到"观仁"：自然万物对个体品德完善的德育价值

所谓"比德"，是把自然物的某些特征与人的某些伦理道德品质相比拟，通过把自然人格化的途径来寻找人与自然之间的内在精神的契合，这种观念以孔子为代表，并出现于《孟子》《荀子》《春秋繁露》等一些儒家典籍中。我们从孔子"智者乐水，仁者乐山"（《论语·雍也》）以及"为政以德，譬如北辰，居其所而众星拱之"（《论语·为政》）等话语中就可以看到这一点。而理学的"观仁"思想则与此有很大的不同，它不再是人与自然万物外在的美德比拟，而是试图在人与自然万物之间找到一种内在的伦理关联。

理学家认为，由于自然万物和人一样都禀有先验的道德性理，因而两者之间便具有了内在的先天的德性联结，人要成就德性，就需要借鉴、体悟自然万物中所内含的性理，以其激发人的内在德性，这无疑凸显了自然万物对人的德育价值。在陆九渊看来，"观鸡与彘，可以辨志，执猿槛虎，可以论志"（《陆九渊集》卷二十二《杂说》）。朱熹也认为"凡物皆可观"，当学生问他程颐所说"观鸡雏，此可观仁"是什么意思时，他回答说："凡物皆可观，此偶见鸡雏而言也"，"盖当是时饮啄自如，未有所谓争斗侵陵之患者，只此便是仁也"（《朱子语类》卷九十七）。他们认为对生生不息、循环往复的自然过程与现象的观察与体悟对人的德性的完善具有重要的启迪。在理学思想中，了解自然秩序、自然本性还能有助于在社会中推行封建礼法。张载认为："生有先后，所以为天序；小大、高下相并而相形焉，是谓天秩。天之生物也有序，物之既形也有秩。知序然后经正，知秩然后礼行。"（《张子正蒙·动物篇第五》）程颐亦讲："祭先本天性，如豺有祭，獭有祭，鹰有祭，皆是天性，岂有人而不如物乎？圣人因而裁成礼法以教人耳。"（《河南程氏遗书》卷二十二上《伊川先生语八上》）理学的这种把自然界与人类社会进行比附的做法无非是为封建礼法教化寻求最广泛的支持依据，来证明其合理性与永恒性。

三 以"万物一体"观念凸显人在自然生态保护中的主体能动性

以"万物一体"思想论仁是理学对传统儒家仁学思想的重要发展，它使得理学"仁"的观念与实践无论在深度与广度方面都得到前所未有的扩展，"北宋的道学发展到南宋前期，仁说处于其中的核心。宋儒程颢以'万物一体'论仁，是对儒家仁学思想的重大推进。万物一体的仁学在这里虽然显现为主观的，但这一话语的形成及其在道学内部所造成的重大影响，为从客观的方面去把握万物一体之仁准备了基础，这是宋儒特别是程明道及其思想继承者的贡献"①。

理学"万物一体"的思想主要包含人与人的一体和人与物的一体两个方面，这里仅指其后一方面的含义而言。在理学思想中，人与自然万物同禀性理，这构成了他们之间潜在的一体性，要把这种潜在的一体性转化为现实的一体性，就必须发挥人的主体能动性，"实有诸己"，以"一体之仁"来对待自然万物。张载倡言"视天下无一物非我"（《张子正蒙·大心篇第七》），视自然万物与自己休戚相关。程颢认为："仁者与天地万物为一体，莫非己也。"（《河南程氏遗书》卷二上《二先生语二上》）程颐也认为："不能有诸己，则其与天地万物，岂特相去千万而已哉？"（《河南程氏粹言》卷一）人应当实实在在地将自然万物纳入自己的仁爱之中，把它们当成"大我"的一部分，对它们加以怜爱。王守仁谓：

> 大人者，以天地万物为一体者也。其视天下犹一家，中国犹一人

---

① 陈来：《仁学视野中的"万物一体论"》（上），《河北学刊》2016 年第 3 期。

焉。若夫间形骸而分尔我者，小人矣。大人之能以天地万物为一体也，非意之也，其心之仁本若是，其与天地万物而为一也。岂惟大人，虽小人之心亦莫不然，彼顾自小之耳。是故见孺子之入井，而必有怵惕恻隐之心焉，是其仁之与孺子而为一体也；孺子犹同类者也，见鸟兽之哀鸣觳觫，而必有不忍之心焉，是其仁之与鸟兽而为一体也；鸟兽犹有知觉者也，见草木之摧折而必有悯恤之心焉，是其仁之与草木而为一体也；草木犹有生意者也，见瓦石之毁坏而必有顾惜之心焉，是其仁之与瓦石而为一体也；是其一体之仁也，虽小人之心亦必有之。是乃根于天命之性，而自然灵昭不昧者也，是故谓之"明德"。小人之心既已分隔隘陋矣，而其一体之仁犹能不昧若此者，是其未动于欲，而未蔽于私之时也。及其动于欲，蔽于私，而利害相攻，忿怒相激，则将戕物圮类，无所不为，其甚至有骨肉相残者，而一体之仁亡矣。是故苟无私欲之蔽，则虽小人之心，而其一体之仁犹大人也；一有私欲之蔽，则虽大人之心，而其分隔隘陋犹小人矣。故夫为大人之学者，亦惟去其私欲之蔽，以明其明德，复其天地万物一体之本然而已耳。非能于本体之外而有所增益之也。（《王阳明全集》卷二十六《大学问》）

应当看到，理学所阐发的这种"万物一体"的思想要求人们以恢宏、博大的仁爱之心对待自然万物确，实是对生态教育思想和全人类道德哲学的一大贡献，能给予我们深刻的启示。但事实归事实，价值归价值，理学赋予了自然万物的事实存在以价值色彩，把事实存在等同于价值存在（应当注意，这不同于人类以价值的眼光看待自然万物），从而推导出人类处理同自然关系的应然行为就具有了唯心主义的性质，而且，由于脱离了科学的认识论和实践论作为基础，仅仅把其作为一种圣贤的德行，因而也有其明显的缺陷。

四　血缘宗族的价值观念在生态教育思想中的强化

我们知道，在先秦儒家的价值观念和德育思想中，血缘宗族的价值观念占有相当重要的地位，并渗透于其生态教育思想当中。孟子曾言："君子之于物也，爱之而弗仁；于民也，仁之而弗亲；亲亲而仁民，仁民而爱

物。"（《孟子·尽心上》）又讲："知者无不知也，当务之为急；仁者无
不爱也，急亲贤之为务。"（《孟子·尽心上》）即孟子主张以亲亲为基础，
然后推仁及民，最后才是爱物，这样，亲亲、仁民、爱物就有了价值等
差，就有了轻重缓急。理学家对这一思想进一步加以强化，程颐从正反两
方面加以强调："能仁民，岂不爱物，若以爱物之心推而亲亲，却是墨子
也。"（《河南程氏遗书》卷三《二先生语三》）朱熹认为孟子的"亲亲而
仁民，仁民而爱物"思想是合理的，"等差自然如此"（《朱子语类》卷
九十八），足见其态度。王守仁对此更有详尽论述，对于我们认识这一问
题很有帮助，兹录如下：

> 问："大人与物同体，如何《大学》又说个厚薄？"先生曰："惟
> 是道理，自有厚薄。比如身是一体，把手足捍头目，岂是偏要薄手
> 足？其道理合如此。禽兽与草木同是爱的，把草木去养禽兽，又忍
> 得。人与禽兽同是爱的，宰禽兽以养亲，与供祭祀，燕宾客，心又忍
> 得。至亲与路人同是爱的，如箪食豆羹，得则生，不得则死，不能两
> 全，宁救至亲，不救路人，心又忍得。这是道理合该如此。及至吾身
> 与至亲，更不得分别彼此厚薄。盖以仁民爱物，皆从此出；此处可
> 忍，更无所不忍矣。《大学》所谓厚薄，是良知上自然的条理，不可
> 逾越，此便谓之义；顺这个条理，便谓之礼；知此条理，便谓之智；
> 终始是这条理，便谓之信。"（《王阳明全集》卷三《传习录下》）

对以上资料稍加分析我们便可明了理学家们的思想意图，他们是在极
力掩盖"亲亲、仁民、爱物"价值等差原则后面所隐藏的社会历史根源，
并力图使这种价值等差原则变为先验的不证自明且亘古不变的客观法则，
并使其成为个体德性的重要构成要素，最终强调的是封建宗法等级制度，
"爱物"的生态教育思想不过是"亲亲、仁民"的逻辑延伸而已。因此要
完整、深入地把握理学"万物一体"命题中的生态教育思想，就必须将
其与理学价值观及重建封建宗法等级的社会制度联系起来进行分析，既要
认识其进步的一面，又要了解其历史局限性，只有这样，才能对其进行合
理的扬弃。

第三节　理学视野中自然之美育价值

自然万物在理学家的眼中不仅具有真与善的价值，而且是美的，具有积极的美育价值。这种美育价值经常与其德育价值联系在一起，对其理学理想人格的培养具有重要意义。

理学家给我们留下了许多脍炙人口的诗句，其中有不少表达了对自然美的欣赏与体悟，如程颢的"闲来无事不从容，睡觉东窗日已红；万物静观皆自得，四时佳兴与人同"（《河南程氏文集》卷三《秋日偶成二首》），朱熹的"胜日寻访泗水滨，无边光景一时新；等闲识得东风面，万紫千红总是春"（《朱熹集》卷二《春日》）等。这种对自然美的体悟与欣赏，总是与乐观、积极的人生态度相联系，通过对自然美的感受，获得一种展示了人格美的精神力量。周敦颐爱莲，爱的是一种洁身自好的君子品格，爱的是一种积极进取、不为卑污的社会环境所左右而坚决与之斗争的精神；"菊之爱陶后鲜有闻"，既说明陶渊明之后极少有真正的隐者，也说明真隐之不易甚至而不该，而他对于常人之爱牡丹，追求富贵，更是不屑一顾，其对莲、菊与牡丹截然不同的态度反映了他对儒家君子士人"极高明而道中庸"、既积极入世而又不随波逐流的品质的赞同。邵雍以赏花为例，也说明了人欣赏自然美的目的在于得到一种精神的熏陶："人不善赏花，只爱花之貌；人或善赏花，只爱花之妙。花貌在颜色，颜色人可效；花妙在精神，精神人莫造。"（《伊川击壤集》卷十一《善赏花吟》）如果撇开自然万物的表象而从宏观层面看待自然万物的美育意义，也许更能显示出理学家的思维品格来。

由于理学家哲学思想基础的不同，对这一问题的看法而不尽相同。如在张载的哲学思想中，直接具有美学本体论意义的命题是"凡气皆象"，在他看来，美既不是某种抽象的意识存在，也不是某种具体的物质存在，它是一种"既具有形象性又非某一具体形象、既属物质性存在又非某一具体物质的'气'及其微妙的表现"[1]，这种微妙的表现是"神"和"神化"，是自然界奇妙的造化之功，"妙万物而谓之神"（《张子正蒙·神化

---

① 潘立勇：《论张载的美学思想》，《浙江社会科学》1994 年第 1 期。

篇第四》），它不可捉摸，但能给人以感染与鼓舞，它无法言传但意味无穷。在张载看来，"造化之功，发乎动，毕达乎顺，形诸明，养诸容载，遂乎说润，胜乎健，不匮乎劳，终始乎止"（《张子正蒙·大易篇第十四》），即是说生生不息的自然造化之功在于"气"的阴阳两种特性的交互运动（"造化之功，发乎动"），具体表现为自然现象的生动与和谐（"形诸明"），具有令人愉悦的特征，使人在自得而欣畅中受到熏陶（"养诸容载，遂乎说润"）。尤其值得一提的是，张载的"民胞物与"的思想所包含的人与万物一体的思想不仅有着德育意义，而且也具有美育意义，"它赋予人更高、更超越的人格自由与意志自由"①。

与张载不同，朱熹把自然界的生生不息看作是客观先验的天理流行所致，他认为："一草一木，与他夏葛冬裘，渴饮饥食，君臣父子，礼乐器数，都是天理流行，活泼泼的，那一件不是天理中出来！见得透彻后，都是天理。理会不得，则一事各自是一事，一物各自是一物，草木各自是草木，不干自己事。"（《朱子语类》卷四十一）对自然界"鸢飞鱼跃"的体认与欣赏无非是"见得道体随时发见处"（《朱子语类》卷六十三），"那个满山青绿碧黄，无非是这太极"（《朱子语类》卷九十四）。正如禅语所言，"青青翠竹，莫匪真如，粲粲黄花，无非般若"，自然之美中所蕴含的是生生不息的"太极"或"天理"，人对自然美的欣赏与体悟，主要是为了体悟与印证自身所具有的先天之理，以理学特有的泛道德化的思维观照自然万物所具有的审美价值。

可以说，在审美教育中人的主体性的高扬是王守仁心学对程朱理学进行突破的一个直接结果。在王守仁心学中，自然美对人来说不再是异己的外界存在，而是审美主体与审美客体的意向性构建。王守仁在著名的"山中观花"的答问中说："你未看此花时，此花与汝心同归于寂。你来看此花时，则此花颜色一时明白起来。"（《王阳明全集》卷三《传习录下》）就是说，自然之所以对人而言是美的，就是因为有人这一主体去欣赏。他进一步认为，"乐是心之本体。仁人之心，以天地万物为一体，欣合和畅，原无间隔"，人生来就具有和畅愉悦的审美情感，"但为客气物欲搅此和畅之气，始有间断不乐"，因此要想恢复"此心之本体"，就必

① 潘立勇：《论张载的美学思想》，《浙江社会科学》1994 年第 1 期。

须时时以积极愉悦的审美态度对待自然万物，"悦则心体渐复矣"（《王阳明全集》卷五《与黄勉之（二）》），能以这种审美态度达到与自然的一致，无疑就是一种自由洒落、不受羁绊的"狂者胸次"。王守仁有诗云"影响尚疑朱仲晦，支离羞作郑康成；铿然舍瑟春风里，点也虽狂得我情"（《王阳明全集》卷二十《月夜两首》），表达了对这种自由人格的赞赏。

由于思维水平、思维主旨及社会历史条件等主客观因素的限制，理学家有轻视自然科学知识传授的倾向，在如何处理人与自然关系的问题上，虽说有一定的合理性，但总体倾向于把自然规律与社会历史规律尤其是道德原则混为一谈，因而不可能得出真正科学的结论来，但也确能给我们一些有益的启示，有助于我们科学地探讨人与自然在教育视域中的关系，包括自然对人究竟有何教育价值，在教育中我们应当传授何种自然观，从而建立起一个合理的人与自然的关系系统来。

第七章 举业与为学:王守仁的考试思想

科举考试在历史上延续千年之久,影响遍及政治管理、学校教育及社会生活等诸多领域,时间不可谓不长,影响不可谓不大,对其是非功过的评述不仅是一个持续性的历史性话题,围绕科举学的学术性探讨及其现实意义的阐述也成为当今学者越来越关注的焦点问题。科举之影响首在学校,科举考试之设计与制度安排及其实践化运行对学校教育有重要影响。厦门大学刘海峰教授认为:"科举首先是一种文官考试,但又有教育考试性质","科举对教育的影响,既有促进民间私学发展和书院的兴起、调动士子的读书积极性的作用,也有压抑求异思维、导致书院官学化、学校科举化等问题"。①

有明一代,科举考试整体上摆脱了元代时断时续的状况,考试制度更趋完善,学校教育从规模与类型等方面又较元代有了新的发展,但科举考试与学校教育之间并未形成良性循环,而且随着时间的推移,科举考试之流弊特别是对学校教育之控制与异化的弊端显现无遗。作为明代著名思想家和教育家,王守仁一生以天下为己任,一方面针对"今天下波颓风靡,为日已久,何异于病划临绝之时,然又人是己见,莫肯相下求正"(《王阳明全集》卷二十一《答储柴墟(二)》)的学术不明的现实状况,提出了"心即理"的人性论、知行合一的认识论及"致良知"的道德本体论,直指居于思想统治地位但日益僵化支离的程朱理学,为沉闷的学术界注入了鲜活的生命力;另一方面针对"士夫计逐功名甚于市井刀锥之较,稍有患害可相连及,辄设机阱,立党援,以巧脱幸免"(《王阳明全集》卷二十二《送别省吾林都宪序》)的浇薄士风,致力于教学授徒以期救治当

---

① 刘海峰:《科举学的教育视角》,《理论月刊》2009 年第 5 期。

世士风浇薄、人性虚伪、道德日渐沦丧的社会现实，如何处理科举考试与学校教育之间的关系成为王守仁充满智慧与批判意识的教育思想的核心问题，是其教育思想中诸多问题逻辑展开的前提性与基础性话题。

第一节 明初至明中叶的科举考试观及其影响

明初，天下已定，百废待兴，太祖朱元璋崇尚儒学教化，招纳贤人志士，将治国策略定为衣食、教化。早在吴元年（1367 年）朱元璋便告诫右御史大夫邓愈等"治天下，当先其重且急者，而后及其轻且缓者。今天下初定，所急者衣食，所重者教化。衣食给而民生遂，教化行而习俗美。足衣食者在于劝农桑，明教化者在于兴学校，学校兴则君子务德"①。

为了推行教化，同时出于遏制权豪势要及选拔治国人才的需要，朱元璋对自隋唐以来实施的科举选士制度进行了借鉴和改造，下令在洪武三年（1370 年）八月开科取士，确立了科举制度在明朝人才选拔方面不可动摇的地位："汉、唐及宋，取士各有定制，然但贵文学而不求德艺之全。前元待士甚优，而权豪势要，每纳奔竞之人，夤缘阿附，辄窃仕禄。其怀材抱道者，耻与并进，甘隐山林而不出。风俗之弊，一至于此。自今年八月始，特设科举，务取经明行修、博通古今、名实相称者。朕将亲策于廷，第其高下而任之以官。使中外文臣皆由科举而进，非科举者毋得与官。"②

至永乐年间，明成祖朱棣经靖难之役后，为笼络天下士子，树立自己儒家圣君形象，亲自主持编纂而成《四书五经大全》及《性理全书》等，颁布天下，并以朱子的《四书集注》为四书解释的准则，定为科举考试的统一标准。程朱理学自此成为士人举子的必修课程和学校教学的主要内容，揭开了以程朱等宋儒学说统一思想、排斥异端的序幕。这一举措直接造成了考试内容的狭隘和录取标准的单一，习考程朱理学逐渐成为进入政府高层的必经之途，"成祖初年，内阁七人，非翰林者居其半。翰林纂修，亦诸色参用。自天顺二年，李贤奏定纂修专选进士。由是非进士不入

---

① 朱睦㮮：《圣典》卷六《论治》，明万历四十一年刻本。

② （清）张廷玉：《明史》卷七十《选举志二》，中华书局 1974 年版，第 1695—1696 页，下引《明史》仅标明卷数及篇名。

翰林，非翰林不入内阁，南、北礼部尚书、侍郎及吏部右侍郎，非翰林不任"（《明史》卷七十《选举志二》）。

自永乐以后，历经洪熙、宣德、正统、景泰、天顺五朝，诸明皇帝恪守祖训，奉行儒学教化，科举选士制度和主导教育思想基本未变，如宣德三年（1428 年）曾敕谕两京国子监："我国家奄有天下，太祖皇帝、太宗皇帝、仁宗皇帝致理兴化，率由学政，简道德以为师，明条制以立教，劝励勤至，廪养丰厚，士之成才，毕效于用。"（《明宣宗实录》卷四十一）天顺时期，英宗皇帝直截了当地说："师生与学校，一切事务并要遵依洪武年间卧碑行，不可违。"（《明英宗实录》卷三三六）然至成化时期，科举考试业已弊端百出，而历朝的宦官把政、吏治腐败及兵革战乱对已是僵化黑暗的科场无疑犹如雪上加霜，士风和学风的堕落颓废可谓是其最显著、最直接的后果。"大凡一种学术思想，与一代的利禄相结合而成为统治思想，这是它的幸运，因为这样它可以得到最大限度的传播而兴盛。但也是它的不幸，因为从此它就可能被虚伪化，从而失去原有的青春活力。"[1] 程朱理学也不例外，成为官方统治学术并与科举联姻后，很快在士人趋之若鹜的追逐下流于功利化、虚伪化、知识化，也因此而日益支离、烦琐与僵化。

有明一代学校与科举融为一体，《明史》有明确记载："科举必由学校。"（《明史》卷六十九《选举志一》）学校作为培养科举人才的主要场所，受科举考试内容的牵制，教学内容以程朱理学为主。士人学子整日研读理学，除此之外别无学术，导致学风日趋脱离现实；读书人终其一生沉溺于词章训诂，墨守程朱旧说而无所创新，学术日益僵化，导致了"此亦一述朱耳，彼亦一述朱耳"（《明儒学案》卷十）的死板局面，对学生思想的束缚也可谓是达到了极致，"原夫明初诸儒，皆朱子门人之支流余裔，师承有自，矩矱秩然。曹端、胡居仁笃践履，谨绳墨，守儒先之正传，无敢改错"（《明史》卷二八二《儒林传序》）。

对科举自身而言，科举选士录取标准的单一又使学校教育内容更趋狭隘，并加剧了士人学子对功名利禄的追逐。"明制，科目为盛，卿相皆由此出，学校则储才以应科目者也。其径由学校通籍者，亦科目之亚也，外

---

[1] 张祥浩：《王守仁评传》，南京大学出版社 1997 年版，第 58 页。

此则杂流矣。然进士、举贡、杂流三途并用，虽有畸重，无偏废也。荐举盛于国初，后因专用科目而罢。铨选则入官之始，舍此蔑由焉。"（《明史》卷六十九《选举志一》）士子应科举必由学校，而政府任用官员主要在科举一途，自此莘莘学子争相猎取功名，留恋于名利场中，游弋于章句经义之间，士风衰薄，既缺乏躬行实践又脱离社会现实。"盖是时，仕进无他途，故往往多骤贵者。……自科举复设，两途并用，亦未尝畸重轻。建文、永乐间，荐举起家犹有内授翰林、外授藩司者。而杨士奇以处士，陈济以布衣，遂命为《太祖实录》总裁官，其不拘资格又如此。自后科举日重，荐举日益轻，能文之士率由场屋进以为荣；有司虽数奉求贤之诏，而人才既衰，第应故事而已。"（《明史》卷七十一《选举志三》）学术拘于一家，学风鄙薄；科场舞弊兴起，士习日陋。对社会而言，则是人才匮乏，青黄不接，天下士人多空谈，逐名利，经世致用之学衰退，思想领域亦一片沉寂。

第二节　王守仁对明代科举考试观的批判

王守仁重视教育，一生以匡复圣学为己任，于戎马倥偬之际仍讲学授徒。他主张教以明人伦，学以为圣明心，对功利化的考试观及其负面影响进行了全方位的激烈批判，"自科举之业盛，士皆驰骛于记诵辞章，而功利得丧分惑其心，于是师之所教，弟子之所学者，遂不复知有明伦之意矣。怀世道之忧者思挽而复之，则亦未知所措其力"（《王阳明全集》卷七《万松书院记》）。

王守仁对世人"惟功利之为务"的学风深恶痛绝。他认为："圣贤之学，其久见弃于世也，不啻如土苴。苟有言论及之，则众共非笑诋斥，以为怪物。惟世之号称贤士大夫者，乃始或有以之而相讲究，然至考其立身行己之实，与其平日家庭之间所以训督期望其子孙者，则又未尝不汲汲焉惟功利之为务；而所谓圣贤之学者，则徒以资其谈论、粉饰文具于其外，如是者常十而八九矣。"（《王阳明全集》卷八《书黄梦星卷》）由此可见，教者及学者皆以博取功名为务，而所谓圣贤之学在当时只是人们对自己进行包装以附庸风雅的装饰品而已。

求学的唯利是图必然导致学风的功利化与虚伪化，导致实用之学的湮没不彰，王守仁对此深为忧虑："逮其后世，功利之说日浸以盛，不复知有明德亲民之实。士皆巧文博词以饰诈，相规以伪，相轧以利，外冠裳而内禽兽，而犹或自以为从事圣贤之学。"（《王阳明全集》卷八《书林司训卷》）同时，科举考试以程朱理学为纲，致使士人学子谨守矩矱，思想僵化，备受束缚，一切以朱子之是非为是非而不敢稍加微辞，勤于章句而疏于修德，"记诵之广，适以长其傲也；知识之多，适以行其恶也；闻见之博，适以肆其辨也；辞章之富，适以饰其伪也"（《王阳明全集》卷二《传习录中·答顾东桥书》）。士人精于辞章记诵、长于章句训诂所最终导致程朱理学知识化及支离分裂，"自程、朱诸大儒没而师友之道遂亡。《六经》分裂于训诂，支离芜蔓于辞章业举之习，圣学几于息矣"（《王阳明全集》卷七《别三子序》）。

王守仁认为学不以明心见性、求做圣贤为志，则良知不明，士风鄙陋，"后世良知之学不明，天下之人用其私智以相比轧，是以人各有心，而偏琐僻陋之见，狡伪阴邪之术，至于不可胜说；外假仁义之名，而内以行其自私自利之实，诡辞以阿俗，矫行以干誉，掩人之善而袭以为己长，讦人之私而窃以为己直，忿以相胜而犹谓之徇义，险以相倾而犹谓之疾恶，妒贤嫉能而犹自以为公是非，恣情纵欲而犹自以为同好恶，相陵相贼，自其一家骨肉之亲，已不能无尔我胜负之意，彼此藩篱之形，而况于天下之大，民物之众，又何能一体而视之？"（《王阳明全集》卷二《传习录中·答聂文蔚》）这些是风俗日下、吏治腐败的根源。也正是在对学校、士风、科举等积弊深刻认识的基础上，王守仁形成了自己的关于为学举业、求仕治生的独到的考试思想。

第三节　王守仁的科举考试观

王守仁认为尽管科举考试存在着种种弊端，但并不能绝对地加以排斥、禁绝。在他看来，作为求取禄仕的一种手段，科举考试从根本上讲并不妨碍圣贤之学，如果能树立正确的科举观，反而可以在获取功名的同时扩大圣贤学说的影响。王守仁是在科举为我所用、科举不妨圣学的观念下探讨举业与为学两者之间关系的。

一 "饰羔雉""明学术"与"济天下"的举业目的观

王守仁认为工举业是获取功名的重要手段，求禄仕是为学者正常的人生追求，"家贫亲老，岂可不求禄仕？求禄仕而不工举业，却是不尽人事而徒责天命，无是理矣"（《王阳明全集》卷四《寄闻人邦英邦正》）。他不仅肯定科举为晋身之阶，进而主张要工于举业，工举业之用如同"饰羔雉"，不工于举业而以科举进身，是为"无礼"："盖士之始相见也必以贽，故举业者，士君子求见于君之羔雉耳。羔雉之弗饰，是谓无礼；无礼，无所庸于交际矣。故夫求工于举业而不事于古，作弗可工也；弗工于举业而求于幸进，是伪饰羔雉以罔其君也。"当然工于举业不是为了沽名钓誉，其前提在于致己之诚与济世之用，"羔雉饰矣，而无恭敬之实焉，其如羔雉何哉！是故饰羔雉者，非以求媚于主，致吾诚焉耳；工举业者，非以要利于君，致吾诚焉耳；世徒见夫由科第而进者，类多徇私媒利，无事君之实，而遂归咎于举业。不知方其业举之时，惟欲钓声利，弋身家之腴，以苟一旦之得，而初未尝有其诚也"（《王阳明全集》卷二十二《重刊文章轨范序》）。

王守仁还把科举作为"明学术"、宣传自己思想学说的阵地。从发扬学术的方式来说，王守仁别出心裁，围绕科举一途做文章，认为弟子门人求得功名可为自己扬名立说，增添得力助手，传播心学思想。《年谱三》记载：

> （嘉靖二年）二月。南宫策士以心学为问，阴以辟先生。门人徐珊读《策问》，叹曰："吾恶能昧吾知以幸时好耶！"不答而出。闻者难之。曰："尹彦明后一人也。"同门欧阳德、王臣、魏良弼等直接发师旨不讳，亦在取列，识者以为进退有命。德洪下第归，深恨时事之乖。见先生，先生喜而相接曰："圣学从兹大明矣。"德洪曰："时事如此，何见大明？"先生曰："吾学恶得遍语天下士？今会试录，虽穷乡深谷无不到矣。吾学既非，天下必有起而求真是者。"（《王阳明全集》卷三十五《年谱三》）

面对世人另类的眼光与朝廷政敌的非难，王守仁认为，无论是贬是褒，都会有利于其学说的发扬光大。对此一目的，王守仁并不忌讳，而是直截了当、明明白白地告诫于弟子门人。嘉靖时，王龙溪弱冠举于乡，但未中第，遂受业于王守仁。在他再次应试时，王守仁就表明了支持弟子通过举业扩大学派学术影响的态度："丙戌试期，（王龙溪）遂不欲往。文成曰：'吾非以一第为子荣也，顾吾之学，疑信者半，子之京师，可以发明耳。'先生乃行，中是年会试。"（《明儒学案》卷十二《浙中王门学案二》）

除了"饰羔雉""明学术"的目的外，"济天下"也是王守仁所倡导的举业入仕的目的。在王守仁看来，通过举业入仕为官，人生之旅虽少了些许情趣与快乐，多了几分重担和艰难，但却是有志之士解民生于倒悬的人生使命，是能者为之的必然担当，在《别三子序》中他对弟子讲："今年三子者为有司所选，一举而尽之。何予得之之难，而有司者袭取之之易也！……三子行矣，遂使举进士，任职就列，吾知其能也，然而非所欲也。使遂不进而归，咏歌优游有日，吾知其乐也，然而未可必也。天将降大任于斯人，必先违其所乐而投之于其所不欲，所以衡心拂虑而增其所不能。"（《王阳明全集》卷七《别三子序》）

二 "明人伦"的学校教育及其与科举考试关系的处理

王守仁认为："学校之中，惟以成德为事，而才能之异或有长于礼乐，长于政教，长于水土播植者，则就其成德，而因使益精其能与学校之中。"（《王阳明全集》卷二《传习录中·答顾东桥书》）学校教育首在培植德性，其次要因势利导充分发挥个人所长。学校教育的主要目的在于"明人伦"，异端与邪说、霸术与文辞，及功利之与乱世之政，皆背此而行。至于科举考试，一定要以"明人伦"为其根本，"夫三代之学，皆所以明伦"，"是故明伦之外无学矣。外此而学者，谓之异端；非此而论者，谓之邪说；假此而行者，谓之伯术；饰此而言者，谓之文辞；背此而驰者，谓之功利之徒、乱世之政。虽今之举业，必自此而精之，而谓不愧于敷奏明试；虽今之仕进，必由此而施之，而后无忝于行义达道"（《王阳明全集》卷七《万松书院记》）。

（一）为学与举业并不相悖，关键在于要摆正两者之间的关系

王守仁讲："但能立志坚定，随事尽道，不以得失动念，则虽勉习举

业，亦自无妨圣贤之学。若是原无求为圣贤之志，虽不业举，日谈道德，亦只成就得务外好高之病而已。"(《王阳明全集》卷四《寄闻人邦英邦正》) 勉习举业与学为圣贤全在立志坚定与否，即道德的修养程度，只要"成德"无论学什么都是殊途同归，只要立志做圣贤，勉习举业并不妨碍对圣贤之学的研习、体悟与践履，应以辩证的眼光看待两者的关系："然谓举业与圣人之学相戾者，非也。程子云：'心苟不忘，则虽应接俗事，莫非实学，无非道也。'而况于举业乎？谓举业与圣人之学不相戾者，亦非也。程子云：'心苟忘之，则虽终身由之，只是俗事'。而况于举业乎？忘与不忘之间不能以发，要在深思默识所指谓不忘者果何事耶，知此则知学矣。"(《王阳明全集》卷四《寄闻人邦英邦正（二）》) 只要能正确处理为学与举业之间的关系，通过举业照样可以成就圣贤事业："知洒扫应对之可以进于圣人，则知举业之可以达于伊、傅、周、召矣。"(《王阳明全集》卷二十二《重刊文章轨范序》)

（二）为学之要立志为先，免于举业之累

在现实生活中，为学者往往不能处理好为学与举业之间的关系，因此便会出现"为举业所累"的情况。要解决这一问题，王守仁认为立志是关键。立志是为学的根本，志立才能学明。志对于求学者来说不仅关涉到为学的方向问题，还是学有所成的保障。王守仁讲："夫学，莫先于立志。志之不立，犹不种其根而徒事培拥灌溉，劳苦无成矣。世之所以因循苟且，随俗习非，而卒归于污下者，凡以志之弗立也。"(《王阳明全集》卷七《示弟立志说》) 又讲："夫志，气之帅也，人之命也，木之根也，水之源也。源不浚则流息，根不植则木枯，命不续则人死，志不立则气昏。是以君子之学，无时无处而不以立志为事。"(《王阳明全集》卷七《示弟立志说》)

有志未必能成就事业，无志则无可成之事。他说："志不立，天下无可成之事，虽百工技艺，未有不本于志者。今学者旷废隳惰，玩岁愒时，而百无所成，皆由于志之未立耳。"(《王阳明全集》卷二十六《教条示龙场诸生》) 志之高下决定为学的境界和成败，志之所在就是学之所在，有什么样的志向，就会有什么样的成就，就有什么样的为学之路。确立了学为圣人的努力目标，时时事事以圣人的规范标准严格要求自己，则是一条学为圣的求学之路，"故立志而圣，则圣矣；立志而贤，则贤矣。志不

立，如无舵之舟，无衔之马，漂荡奔逸，终亦何所底乎？"（《王阳明全集》卷二十六《教条示龙场诸生》）

在王守仁看来，立定正确的志向是免于举业的关键，志于举业则学为举业所累，而志于为圣则举业是为圣之功。"或问为学以亲故，不免举业之累。先生曰：'以亲之故而举业，为累于学，则治田以养其亲者亦有累于学乎？先正云"惟患夺志"，但恐为学之志不真切耳。'"（《王阳明全集》卷一《传习录上》）

（三）举业与为学的统一途径：注重心得，摒弃章句

《年谱三》载：

> 德洪携二弟德周、仲实读书城南，洪父心渔翁往视之，魏良政、魏良器辈与游禹穴诸胜，十日忘返。问曰："承诸君相携日久，得无妨课业乎？"答曰："吾举子业无时不习。"家君曰："固知心学可以触类而通，然朱说亦须理会否？"二子曰："以吾良知求晦翁之说，譬之打蛇得七寸矣，又何忧不得耶？"家君疑未释，进问先生。先生曰："岂特无妨？乃大益耳。学圣贤者，譬之治家、其产业、第宅、服食、器物，皆所自置。欲请客出其所，有以享之。客去，其物具在，还以自享，终身用之无穷也。今之为举业者，譬之治家：不务居积，专以假贷为功。欲请客，自厅事以至供具百物，莫不遍借。客幸而来，则诸贷之物一时丰裕可观；客去，则尽以还人，一物非所有也。若请客不至，则时过气衰，借贷亦不备，终身奔劳，作一窭人而已。是求无益于得，求在外也。"明年乙酉大比，稽山书院钱楩与魏良政并发解江、浙。家君闻之，笑曰："打蛇得七寸矣。"（《王阳明全集》卷三十五《年谱三》）

这是一段饶有趣味并能引发人们深思的教育生活写照，通过鲜活的事件将王门教学的制胜法宝展示出来。王门教学强调向内探求良知，贵在心悟自得，注重事上磨炼，在学术见解与为学路径上尽管与程朱理学龃龉不合，但却能通过"以吾良知求晦翁之说"的途径将良知之学与程朱理学主导下的科举考试这一看上去无法解决的矛盾轻松化解，既扩大了心学的影响，又能使数量众多的弟子在科举仕途上取得成功，使科举为其所用，

这不能不说是王守仁教学的一大创举。

（四）以书院消解科举的霸权，为学术的发展注入新鲜血液。

对于书院的发展王守仁寄予了厚望。他认为官学之设，本为讲求圣贤之学，长期以来，制度不可谓不完备，但由于没有能很好地处理官学与科举之间的关系，官学以科举为风向标而动摇了立教之根本，因此书院之设"所以匡翼夫学校之不逮也"，其目的在于改变科举主导下颓靡功利的学风，振奋学子之精神，激荡学子之士气，给沉闷僵化的学术界注入活力。"譬之兵事，当玩弛偷惰之余，则必选将阅伍，更其号令旌旗，悬非格之赏以倡敢勇，然后士气可得而振也。今书院之设，固亦此类也欤？士之来集于此者，其必相与思之曰：'既进我于学校矣，而复优我于是，何为乎？宁独以精吾之举业而已乎？便吾之进取而已乎？则学校之中，未尝不可以精吾之业。而进取之心，自吾所汲汲，非有待于人之从而趋之也。是必有进于是者矣。是固期我以古圣贤之学也。'"（《王阳明全集》卷七《万松书院记》）

第四节　王守仁的应试心理思想

对于如何做好考试前的准备及如何保持良好的考试心态等问题，王守仁也有许多论述。

一　考试前的身心调整

王守仁一直认为立志为学与修身养性本为一事，而不论为学与修身，健康的身心是基础，这也是其自然主义教育思想的体现。在应试前同样也要做好必要的身心调整，考前要注意饮食调适，合理膳食对休养身体来说是首要的，"厚食浓味，剧酣谑浪，或竟日偃卧"便会导致"挠气昏神，长傲而召疾"，而正确的做法是"节饮食，薄滋味，则气自清；寡思虑，屏嗜欲，则精自明；定心气，少眠睡，则神自澄。君子未有不如此而能致力于学问者，兹特以科场一事而言之耳"（《王阳明全集》卷二十四《示徐曰仁应试》）。

王守仁对考试前的作息规律、习惯的养成非常重视，他认为应该早作准备，逐日形成习惯。"将进场十日前，便须练习调养。盖寻常不曾起早得惯，忽然当之，其日必精神恍惚，作文岂有佳思？须每日鸡初鸣即起，盥栉整衣端坐，抖擞精神，勿使昏惰。日日习之，临期不自觉辛苦矣。"（《王阳明全集》卷二十四《示徐曰仁应试》）关于习惯养成的过程，他还十分强调不可久坐致使疲劳，或熬夜倦怠致使神昏气浊，"每日或倦甚思休，少偃即起，勿使昏睡；既晚即睡，勿使久坐"（《王阳明全集》卷二十四《示徐曰仁应试》）。

在考前学业处理方面，王守仁认为临近考试，再去温习学业只会扰乱心神，消耗精神，可以看一些消遣的文字以自我放松。"进场前两日，即不得翻阅书史，杂乱心目。每日止可看文字一篇以自娱，若心劳气耗，莫如勿看，务在怡神适趣。"（《王阳明全集》卷二十四《示徐曰仁应试》）身心的放松，还可以通过静坐默思的方式达到，"每日闲坐时，众方嚣然，我独渊默；中心融融，自有真乐，盖出乎尘垢之外而与造物者游"（《王阳明全集》卷二十四《示徐曰仁应试》）。

二　保持良好的考试心态

在王守仁看来，求学应试是学为圣的一条路径，为的是能使所学大行于天下，科举中第并不是最终目的，所以在考场内外都应心平气和，不以得失为患，如此才能专心致志正常发挥。否则，得失充盈胸间只会分心，反而有害于考试。他说："若期在必得，以自窘辱，则大惑矣。入场之日，切勿以得失横在胸中，令人气馁志分，非徒无益，而又害之。"（《王阳明全集》卷二十四《示徐曰仁应试》）他还认为得失之念会令人志气局促，如此便是未尽人事，心有不敬，即便侥幸得中，也不值得骄傲自豪。"今人入场，有志气局促不舒展者，是得失之念为之病也。夫心无二用，一念在得，一念在失，一念在文字，是三用矣，凡事宁有成耶？只此便是执事不敬，便是人事有未尽处，虽或幸成，君子有所不贵也。"（《王阳明全集》卷二十四《示徐曰仁应试》）

如何保持心态的平和，王守仁认为重要的是去除胜心。"诗文之习，儒者虽亦不废，孔子所谓'有德者必有言'也。若着意安排组织，未有不起于胜心者。先辈号为有志斯道，而亦复如是，亦只是习心未除耳。"（《王阳明全集》卷五《与杨仕鸣》）

关于考中技巧，王守仁认为考试审题是关键所在，只有懂得了题意大概，然后放手去写，不拘泥于文字词藻的制约，才可有神来之笔。他说："场中作文，先须大开心目，见得题意大概了了，即放胆下笔；纵昧出处，词气亦条畅。"（《王阳明全集》卷二十四《示徐曰仁应试》）

　　总体上说，王守仁论科举，有许多精辟阐述，其关于科举与为学的论述亦有诸多借鉴之处，值得我们认真加以总结。

第八章　知识、方法与智慧:对王守仁教育思想与实践的一种阐释

　　作为明代中叶著名的思想家、教育家,王守仁自 34 岁在京师兵部武选清吏司主事任上开始讲学授徒以来,讲授不辍,即使政务倥偬,在职事之暇亦聚众讲学,凡 23 年。弟子门人遍布各地,有明一代之经师、学者出于其门者众多,黄宗羲《明儒学案》列名记载的就有 67 人。他的教育思想与实践对当时乃至以后中国教育理论与实践的发展产生了重大的影响,其影响甚至及于日本等国。

　　在王守仁的教育思想与实践中,围绕知识的授受与获取而展开的教育活动实际上是一个教育者和受教育者两方不断追求和展示主体性的过程,是一个关注受教育者整体人格的过程,是一个渗透于受教育者的生活世界的过程,也是一个淋漓尽致地展示教育者高超教育艺术和教育智慧的过程,这是王守仁教育思想与实践的根本特征,也是其生命力所在。

第一节　知识:特征、授受及其获取

　　知识的授受是任何教育活动都具有的,关键在于知识的特征、授受的方法、途径和价值以及知识是如何获取的。王守仁在其教育思想与实践中也非常重视对学生知识的传授和获取,教育活动同样是以对学生知识的传授和学生对知识的获取为起点的,只不过由于它被纳入王守仁心学教育体系之中,具有鲜明的独特性,与传统知识的传授与获取有着明显的差别。

一　知识的特征

（一）存在的先验性与平等性

"良知"在王守仁心学体系中是一个基础性范畴,就其性质而言,它

是一种知识；就其存在而言，乃是先验内在于人的，即它不是我们在后天经过一系列的思维活动如分析、综合等而得出的结论，而是与生俱来的。并且它的存在与每一个体的德行、智力、地位、财富状况等无关，因此在先验性中包含有平等性，愚夫愚妇与圣贤同此良知，"良知之在人心，无间于圣愚，天下古今之所同也"（《王阳明全集》卷二《传习录中》），凡圣不同之处在于是否对其明了，能否依其行事。

（二）内涵的意义性与整合性

在王守仁看来，良知无所不包，甚至天地万物也在良知的发用流行中。正是有了良知的存在，天地万物包括人才有了各自的价值，人们也正是用良知审视自然万物的价值，用良知衡量人类德行的高低，因此，它是一种意义的给予而非事实的获取。同时，良知具有整合性，它以知为基点，将知、情、意、行整合在了一起，即良知是一种充满了情感、显现着意志的能够也必将以行为体现出来的知识，用王守仁的话来说就是："良知之体，本自聪明睿知，本自宽裕温柔，本自发强刚毅，本自齐庄中正文理密察，本自溥博渊泉而时出之。"（《王阳明全集》卷六《答南元善》）

（三）获得的经验性与体验性

良知虽然人人都有，但这种"有"只是就其存在状态而言，是一种潜在的"有"，要想真正拥有良知，就必须经过后天经验的积累以及建立在经验积累上的生命的体验。从这个意义上讲，良知是不可言传的，"强为之言而益晦"，"妄为之见而益远"（《王阳明全集》卷七《见斋说》），其价值也只能通过人的行为加以体现。王守仁一生学问历经数变，开始时为应科举而泛滥于词章；后闻朱熹"格物致知"之学，终因觉其析心与理为二而弃之；后又将学术兴趣转向佛老之学，又觉其脱离世事；直至创立心学才定下其"致良知"的学问大旨。良知之学，正是基于其多年的经验积累和体验所得，用他的话来说，"某于良知之说，从百死千难中得来，非是容易见得到此"（《王阳明全集》卷四十一《序说·序跋》）。

（四）体现的实践性与广泛性

良知的获得与体现在王守仁看来是一个过程的两个方面，一方面，个体从实践中通过体验获得并加深了对良知的理解；另一方面，良知的价值也体现于对人的实践行为的指导过程中，"知之真切笃实处，即是行；行之明觉精察处，即是知"（《王阳明全集》卷二《传习录中》）。因此，良知的获得与体现是一而二,二而一的。同时,良知的价值体现也具有广泛性,并不仅仅体现于通过良知的运用达到对疑难问题的解决,更重要的是良知对于个体日常行为的调节与指导。从根本上讲,良知贯穿于个体的整个生命历程,融合进个体的所有生活内容。总的来说,作为知识的良知是融理性与非理性、先验存在与经验获得、内在知识与外在行为于一体的,具有与传统知识非常不同的特征。

二 知识的授受

在王守仁的教育实践中,知识授受的途径是多种多样的,既有当面的指导,也有书信的往来;既有集体的讲授,也有个别的启发。对作为一种知识的良知的存在状态、内涵、获得的途径及其价值体现的说明,使得王守仁对知识授受的认识与传统教育中知识的授受有着很大的差异,这种差异主要表现在对知识授受有限性的认识上大大超越了前人。可以说,对知识授受有限性的认识是王守仁教育思想与实践的一个重要特征,这种有限性主要体现在以下三个方面。

(一) 良知从其性质上来说是体验性的而非知解性的

体验性的良知具有只能意会而不可言传的特点,因此良知的授受从根本上讲是不可能的。明代教育家、王门高第钱德洪称:"师门以'致知格物'之旨,开示来学,学者躬修默悟,不敢以知解承,而惟以实体得。"(《王阳明全集》卷三《传习录下》)[1]"以实体得"即良知是学者通过实践中的体验而获得,而非通过教师的讲解而明得。但实际上人们由于意见的蒙蔽、习气的影响等各个方面的原因,对自身先天具有的良知并不了解,更谈不上依其行事,所以对良知的传授又是必要的,对于六经的学习也是必要的,但其与传统知识授受已有了质的不同:王门之授受追求简易

---

① 不倚文字,反对知解,提倡心悟与体验,既为王门立教之旨,也是南禅开示弟子之法,体现了两者对迷执于权威、经典及语言文字的遮拨。《五灯会元》载有一段慧能与神会之对话,反映了慧能对知解的排斥态度:"……他日,祖(慧能)告众曰:'吾有一物,无头无尾,无名无字,无背无面,诸人还识否?'师(神会)乃出曰:'是诸法之本源,乃神会之佛性。'祖曰:'向汝道无名无字,汝便唤作本源佛性?'师礼拜而退。祖曰:'此子向后,设有把茅盖头,也只成得个知解宗徒。'"(见普济编《五灯会元》卷二《菏泽神会禅师》,中华书局1984年版,第102页)

之道，是指导性的、启发性的，力求用最少的语言说明问题。他以孔子与朱熹两人的教育经历为正反例说明了自己的观点：孔子退修六经，删繁就简，开示学者；而朱熹早年著书多篇以示学者，到晚年方悔是做错了。在王守仁看来，人们习惯于对知识的讲授与知解，却不知言语益详而道益晦，析理愈精而愈支离，而这正是当时教育的一大弊病。他讲："今之所大患者，岂非记诵词章之习！而弊之所从来，无亦言之太详、析之太精之过欤！"（《王阳明全集》卷七《别湛甘泉序》）在这里，王守仁并未因为良知的不可言说性而采取与儒家经典讲授完全相反的措施，或追随老子走向带有神秘意味的玄观，也没有自限于和言说（教师讲解）相对的沉默，而是走了另外一条道路，即在强调言说危险性的前提下确认了言说在现实教育中的必要性，他讲："世之讲学者有二，有讲之以身心者，有讲之以口耳者。讲之以口耳，揣摸测度，求之影响者也；讲之以身心，行著习察，实有诸己者也。"（《王阳明全集》卷二《传习录中》）讲之以口耳，学生难以对知识有真正的把握；讲之以身心，则要求将教师的讲与学生的行结合起来，这样既发挥了讲说的作用，又有效地克服了其局限性。

（二）知识的授受并不能必然促进个体的发展

如果知识的授受脱离了受教育者的实践活动，脱离了受教育者自身的生活世界，那么强制的灌输和机械的记诵只会带来一系列的负面影响，将会错误地诱导受教育者从知识技能上求为圣人，只能使受教育者向片面的、畸形的甚至是相反的方向发展。这样记诵广，适以长其傲，知识多，适以行其恶，见闻多，适以肆其辨，辞章富，适以饰其伪，结果只能是"知识愈广而人欲愈滋，才力愈多而天理愈蔽"（《王阳明全集》卷一《传习录上》）。

（三）知识授受的简易性并不意味着知识获取具有简易性

在王守仁看来，并不是所有的疑问都可以通过讲解来解决，教师的讲解必须和学生的生活实践结合起来，否则的话只是谈味论色而已。追求讲解的简易性实际上意味着真正的知识来自于事上的磨炼，来自于实践的体验，而这将是长期的、艰难的过程，其门人黄直对此也是深有体会："先生尝谓：'人但得好善如好色……'直初时闻之觉甚易，后体验得来，此个功夫著实是难。"（《王阳明全集》卷三《传习录下》）此外，知识授受的简易性有时也会产生误导，会使学生"或失则易"，心浮气躁，浅尝辄止而不实用功夫，王守仁对这一点是十分清楚的，因而他又讲："某于此良知之说，从百死千难中得来，不得已与人一口说尽。只恐学者得之容易，把作一种光景玩弄，不实落用功，负此知耳。"(《王阳明全集》卷三十四《年谱二》)

三　知识的获取

王守仁认为，知识的授受只是知识获取的一个重要途径，而且就其重要性讲，它远远没有那些经由长期实践的通过受教育者自身的思索与体悟而得到的知识丰富、深刻、真实和有效。从不同的侧面看，知识的获取有着不同的性质。

从良知本体即知识的本来存在状态而言，知识的获取过程实质上是一个由迷到悟的知识恢复过程，知识只不过从潜在状态转为显现状态，本身并无丝毫的增减。"良知……不能不昏蔽于物欲，故须学以去其昏蔽，然于良知之本体，初不能有加损于毫末也。"(《王阳明全集》卷二《传习录中》) 当然，这种恢复并不是一种简单的复原，而是一个经过长期的实践与体验后将本然之知化为明觉之知的过程，将知识化为德性的过程，将知识内化为人格的过程。从本质上来讲，知识的获取不仅仅是认识论意义上明了与理解的含义，同时也是一个完整人格的自我构建过程，它"包含着自我评价的准则与能力，展开为好善恶恶的情感认同，并以恒定的意向和坚毅的努力制约着行为的选择与贯彻"①，是一个将理性的自觉、情感的自愿与行为的自然完美地统一在一起的过程。

从恢复良知本体的工夫来看，知识的获取过程则是一个有增有减的过程：从增的方面看，知识的获取是一个经验的逐步积累、问题的渐次解决、体验的不断加深甚至个体行为的日益合理（"事事物物各得其理"）的过程，而且这一过程是永无止境的。王守仁曾讲："我辈致知，只是各随分限所及，今日良知见在如此，只随今日所知扩充到底，明日良知又有开悟，便从明日所知扩充到底，如此方是精一功夫。"(《王阳明全集》卷三《传习录下》) 又称："区区格致诚正之说……是多少次第、多少积累在，正与空虚顿悟之说相反。"(《王阳明全集》卷二《传习录中》) 从减

① 杨国荣:《良知与德性》,《哲学研究》1996 年第 8 期。

的方面看，知识的获取既是将蒙蔽真知的错误知识如个体的意见、习气与私欲等加以消除的过程，"君子之学，以明其心。其心本无昧也，而欲为之蔽，习为之害，故去蔽与害与明复"（《王阳明全集》卷七《别黄宗贤归天台序》）；也是将淆乱真知的虚假知识如训诂之学与记诵之学、词章之学等抛弃的过程，之所以说这些知识是虚假的知识，是因为它们犯了"析心与理为二"的错误，不是探赜索隐、劳苦终身而无功，就是恃才自夸、虚浮自傲而无实。他讲："圣学既远，霸术之传积渍已深，虽在贤知，皆不免习染。……于是有训诂之学，而传之以为名；有记诵之学，而言之以为博；有词章之学，而侈之以为丽。"（《王阳明全集》卷二《传习录中》）这也是王守仁对传统教育的基本认识："吾教人致良知，在格物上用功，却是有根本的学问，日长进一日，愈久愈觉精明。世儒教人，事事物物上寻讨，却是无根本的学问。"（《王阳明全集》卷三，《传习录下》）

第二节　方法：性质、教法及学法

"有根本的学问"是讲求方法的学问。在儒家教育思想与实践中，方法一直是一个受到关注的问题，而强调实践与体验的王守仁则把方法提到了一个前所未有的高度，对教法与学法的强调成了王门教学的一大特色，被看作是一个关系人的发展的根本性问题。王守仁一生为学三变，为教亦三变，为学三变使其最终奠定了致良知的学问宗旨，而为教三变使其最终完善了自己的教学方法。可以说，几十年对教育方法的孜孜不倦的探索，不仅使王守仁对教育方法有了深刻的认识与体会，而且也使得他对自己的教学方法不断进行调整，使他创造性地丰富和完善了其教育方法体系，也使他成为一个能够对方法灵活驾驭的教育艺术家。王守仁的教学方法是综合性而非单一化的，是灵活的而非僵化的，是富有人性的而非反人性的，时人称其"感召之机申变无方"毫不为过。

一　方法的必要性及其两面性

在王守仁看来，方法是必要的，任何问题的解决都必须借助于方法，但是也要认识到，方法的正确运用有助于问题的解决，而不当的方法则会引发新的问题,因此方法又具有两面性。作为一个教育者,应充分了解这一点。他讲:"夫良医之治病,随其疾之虚实、强弱、寒热、内外,而斟酌加减。调理补泄之要,在去病而已。初无一定之方,不问症候之如何,而必使人服之也。君子养心之学,亦何以异于是!"(《王阳明全集》卷五《与刘元道》)大凡去病,都需用药,但良医能根据疾病之症候而随病用药,如此药到病除。君子为学,亦是如此,要解决问题,就必须运用方法,但如能根据问题之性质及其复杂性而运用恰当的方法,问题自然迎刃而解,如果运用了不恰当的解决方法或者坚持用一种方法解决所有问题,则不仅无助于问题的解决,反而会带来新的问题,"大抵治病虽无一定之方,而以去病为主则是一定之法。若但知随病用药,而不知因药发病,其失一而已矣"(《王阳明全集》卷五《与刘元道》)。

对方法两面性的认识使得王守仁一方面经常对门人弟子的为学方法进行指导,帮助他们改变不好的学习和修养方法;另一方面,又不断地对自己的教学方法进行自我批判和反思,在方法上不断地追求改进和创新。王守仁一生教法三变,开始教弟子静坐;随后又认识到专事静坐会导致厌恶世事,有流于禅定之嫌,于是倡言知行合一;但学者又由此而泥于言诠,专好讲说,未能真正做到知行合一,因此最终才定下"致良知"的教学方法。他曾讲:"吾年来欲惩末俗卑污,引接学者多就高明一路,以救时弊。今见学者渐有流入空虚,为脱落新奇之论,吾悔之矣。故南畿论学,只教学者存天理,去人欲,省察克治实功。"(《王阳明全集》卷三十三《年谱一》)他在平日的教学尤其是在与弟子的书信往来中,对弟子多是亦师亦友的真诚关怀、鼓励和劝说,而较少严厉的警责训斥,这也跟他对不当的教育方法所带来的负面影响的认识有关,他讲:"前辈之于后进,无不欲其入于善,则其规切砥砺之间,亦容有直情过当者,却恐后学未易承当得起。既不我德,反以我为仇者,有矣,往往无益而有损。故莫若且就其力量之所可及者诱掖奖劝之。"(《王阳明全集》卷五《与杨世鸣》)

二 教法与学法

在王守仁看来,好的教育效果不仅取决于教育者的教法,更在于受教育者为学的方法,教育者不仅要知道如何教,也要知道受教育者如何去学。对方法的不断探索与反思使其在长期的教育实践的基础上形成了一整套创造性很强的方法体系。

（一）将集体教学、小组教学和个别教学结合起来

根据不同情况，王守仁采取不同的教学方式：当求学的人数较多时，王守仁往往采取集体教学的方式，如据其弟子黄直所记："先生初归越时，朋友踪迹尚寥落。既后四方来游者日进。癸未年以后，环先生而居者比屋……先生每临讲座，前后左右环坐而听者常不下数百人。"（《王阳明全集》卷三《传习录下》）平时弟子侍坐或随其外出时则多采取小组讨论的教学形式，而在与弟子的书信往来中根据不同情况或解答问题，或鼓励诱导，或警责训诫，进行的主要是针对性很强的个别教学。

王守仁之个别教学极具特色，注意以学生之具体情形而加以启发诱导，以充满智慧的点拨使学生开悟自得而收实效。《年谱三》载嘉靖三年（1524 年）居越时：

> 郡守南大吉以座主称门生，然性豪旷不拘小节，先生与论学有悟，乃告先生曰："大吉临政多过，先生何无一言？"先生曰："何过？"大吉历数其事。先生曰："吾言之矣。"大吉曰："何？"曰："吾不言，何以知之？"曰："良知。"先生曰："良知非我常言而何？"大吉笑谢而去。居数日，复自数过加密，且曰："与其过后悔改，曷若预言不犯为佳也。"先生曰："人言不如自悔之真。"大吉笑谢而去。居数日，复自数过益密，且曰："身过可勉，心过奈何？"先生曰："昔镜未开，可得藏垢；今镜明矣，一尘之落，自难住脚。此正入圣之机也，勉之！"（《王阳明全集》卷三十五《年谱三》）

此一段师生问答，极为精彩且耐人琢磨。也正是在王守仁的开示下，南大吉的学术、思想与人生发生了重大的变化。南大吉是明代中期关学学者，对明代关学的发展有重要的影响，冯从吾在《关学编》中谓其"幼颖敏绝伦，稍长，读书为文，即知求圣贤之学。……入仕尚友讲学，渐弃其辞章之习，志于圣道"（《关学编》卷四《瑞泉南先生》）。南大吉为正德六年（1511 年）进士，历官户部主事员外郎中；嘉靖二年（1523 年），以部郎出任绍兴府知府，锄奸兴利，政尚严猛，善任事，不避嫌怨。嘉靖三年（1524 年）王守仁居越时南大吉拜于王门下，时时请益，深受阳明

心学之影响，其思想也从原来笃信程朱理学而转向阳明心学。同年南大吉拓稽山书院，增建"明德堂"与"尊经阁"，王守仁讲学稽山书院期间，门人日进，"宫刹卑隘，至不能容。盖环坐而听者三百余人"（《王阳明全集》卷三十五《年谱三》），又"同诸同门录王公语为《传习录》，序刻以传"（《关学编》卷四《瑞泉南先生》），风示远近，对王学的传播起到了重要的推动作用。南大吉致仕后归关中，于渭南建湋西书院，终其一生以传播、践行"致良知"之学为己任："先生既归，益以道自任，寻温旧学不辍……构湋西书院，以教四方来学之士。其示弟及诸门人有诗云'昔我在英龄，驾车词赋场。朝夕工步骤，追踪班与杨。中岁遇达人，授我大道方。归来三秦地，坠绪何茫茫。前访周公迹，后窃横渠芳。愿言偕数子，教学此相将。'而尤惓惓于慎独改过之训，故出其门者多所成立。盖先生之学以致良知为宗旨，以慎独改过为致知工夫，饬躬励行，惇伦叙理，非世儒矜解悟而略检押者可比。"（《关学编》卷四《瑞泉南先生》）

（二）将面授、函授和游学结合起来

王守仁非常注重面授，他曾讲："书札往来，终不若面语之能尽，且易使人溺情于文辞，崇浮气而长傲心。"（《王阳明全集》卷四《答方叔贤》）在驻足之地，建书院，修社学，并亲自讲学，先后创建或主讲于众多书院，如被谪龙场时，创龙冈书院，巡抚江西期间，"四方学者辐辏，始寓射圃，至不能容，乃修濂溪书院居之"（《王阳明全集》卷三十三《年谱一》）。又集门人在白鹿洞书院讲学，后又创稽山书院，在总督两广时，创敷文书院等。同时，王守仁又是中国古代一位非常重视函授教育的教育家，通过书信往来，对弟子进行指导与答疑，仅《王阳明全集》所收录的王守仁对弟子进行指导与答疑的书信就有一百多封，计十数万言，其情之真真，其意之切切，无不显现于字里行间。在游历中进行教学也是王守仁的一种非常重要的教学方式。王守仁在滁州督马政时，因地僻官闲，日与弟子游于山水之间，夜晚弟子则随地请正，踊跃歌舞，师生之间结下了深厚的友谊。后来也曾多次携弟子游于山水之间，吟诗唱和，点化弟子。他曾赋诗一首，表达了对携弟子在山水之间同讲此学的向往：

> 处处中秋此月明，不知何处亦群英；
> 须怜绝学经千载，莫负男儿过一生。

影响尚疑朱仲晦，支离羞作郑康成；

铿然舍瑟春风里，点也虽狂得我情。（《王阳明全集》卷二十《月夜两首》）

而王守仁这种在游历中进行教学的效果也是明显的，其弟子称："先生点化同志，多得之登游山水间也。"（《王阳明全集》卷三十三《年谱一》）

（三）将教师指导、学生自得与朋友切磋结合起来

王守仁在其教育实践中一方面比较好地发挥了其作为一个教育者的主导性；另一方面非常强调受教育者主体性的发挥。从教的方面来看，王守仁在其教育实践中贯彻了《学记》中"道而弗牵""强而弗抑""开而弗达"的教学原则，在教学中一反当时盛行的灌输的教学方法，对弟子启发诱导，称："故凡居今之世，且须随机引导，因事启沃，宽心平气以熏陶之，俟其感发兴起，而后开之以其说，是故为力易而收效溥。"（《王阳明全集》卷四《寄李道夫》）；他反对用同一个模式培养学生，而采取因材施教的方式，称："圣人教人，不是个束缚他通做一般：只如狂者便从狂处成就他，狷者便从狷处成就他。人之才气如何同得？"（《王阳明全集》卷三《传习录下》）他反对急于求成，主张循序渐进："正如学起立移步，便是学奔走千里之始。吾方虑其不能起立移步，而岂遽虑其不能奔走千里，又况为奔走千里者而虑其或遗忘于起立习步之习哉？"（《王阳明全集》卷二《传习录中》）认为"教不由诚，日惟自欺。施不以序，孰云匪愚"（《王阳明全集》卷二十八《箴一首》）。

从学的方面看，虽然说教师的指导是必要的，但关键在于学生的自求自得、自我体验和自我解化。王守仁称："学问也要点化，但不如自家解化者，自一了百当。不然，亦点化许多不得。"（《王阳明全集》卷三《传习录下》）他认为当时学者的通病就在于被动地接受知识而缺少一种自求自得的主动性，缺少的是一种从实践中体验真知的主体精神，这样获得的学问是一种没有源头活水的死的学问："吾辈通患，正如池面浮萍，随开随蔽。未论江海，但在活水，浮萍即不能蔽。何者？活水有源。池水无源；有源者由己，无源者从物。故凡不息者有源，作辍者皆无源故耳。"（《王阳明全集》卷四《与黄宗贤》）因此，为学者不能过分依赖教师，

而应积极地去思考,主动地去体验,逐渐地去积累,着实地去实践。在王守仁看来,学生依其不同的为学方法可获得三种不同的知识:记得的知识、晓得的知识与明得的知识。记得的知识只是为学者通过记诵的方式所获得的知识,为学者还未对知识有明晰的理解,更谈不上将知识运用到实践中去;晓得的知识是指学生对知识有了一定程度的理解,但这种知识仍然是一种外在的知识;而明得的知识则是一种内在的知识,是一种经过长期的实践体验与思考后获得的知识,它既是对内在良知本体的明了,也能自觉地外化为行为。因此为学也不能急于求成,不然则反受其害:"急迫求之,则反为私己,不可不察也。……学问之功何可缓,但恐著意把持振作,纵复有得,居之恐不能安耳。"(《王阳明全集》卷四《答徐成之》)当然,除了教师的指导与学生的自得外,与朋友的切磋也是必不可少的,王守仁经常告诫弟子平日应多互相切磋,相互激发,反对离群索居:"君子之学,非有同志之友日相规切,则亦易以悠悠度日,而无有乎激励警发之益。"(《王阳明全集》卷四《与陈国英》)

第三节 智慧:人格的主体性追求

王守仁是一位充满智慧的教育家,他的教育思想与实践处处闪耀着智慧的火花。在他的视野里,无论教育者还是受教育者都是不断追求并展示其主体性的个体,都是不断追求人格的独立性与完满性的个体,都是与其生活世界密不可分的有血有肉的鲜活的个体。个体不仅仅是认知的个体,更是实践的个体、体验的个体、充满情感显示意志的个体,他在支配着自己的思想与行为,不断地进行自我的超越并在超越中展现着自我的创造性。传统的教育观念、内容、方法、目标乃至个体的生存方式的价值被重新审视,教育与人的关系被重新界定,教育以人为本而非人以教育为本,人不应该顺从和适应一成不变的教育模式,可以说,对教育者与受教育者双方人格的主体性追求是王守仁教育思想与实践的本质特征。

一 强烈的批判精神

王守仁的教育思想与实践的一个特点是其强烈的批判性与怀疑精神,这种批判性与怀疑精神几乎指向了传统教育的一切领域:他反对传统的记诵之学、词章之学与训诂之学，称它们为无根本的有害而无益的学问：
"不以植根而徒培壅焉、灌溉焉，敝精劳力而不知其终何所成矣。是故闻
日博而心日外，识益广而伪益增，涉猎考究之愈详而所以缘饰其奸者愈深
以甚"（《王阳明全集》卷八《书王天宇卷》）；他反对教育者对受教育者
采取灌输的方法，将其看作是记得的学问、死的学问；他反对唯圣人与经
典是从，提倡在为学上唯真理是从："夫道，天下之公道也，学，天下之
公学也，非朱子可得而私也，非孔子可得而私也"（《王阳明全集》卷二
《传习录中》）；他反对学为举业，如果把为学受教看作是科举的准备，则
会将教育与个体的生活世界隔离开来，与个体的身心发展脱离开来："学
者溺于词章记诵，不复知有身心之学。先生首倡言之，使人先立必为圣贤
之志"（《王阳明全集》卷三十三《年谱一》）。对传统教育强烈的批判使
得王守仁的教育思想与实践带有明显的叛逆色彩，遭到众多非议，如有人
称其"事不师古，言不称师，欲立异为高"（《明史》卷一九五《王守仁
传》）；即使弟子徐爱开始听王守仁讲学时也是"骇愕不定，无入头处"
（《王阳明全集》卷一《传习录上》）。当然王守仁对传统教育的批判是与
其自我反思结合在一起的，立足于长期的实践经验，在批判中有继承、有
创新、有综合，因此强烈的批判带来的最终结果不是破坏性的解构，而是
建设性的重构。

二　贯穿一生的自我反思、体验与超越

具有主体性的教育者是反思型的教育者，而真正的批判与自我反思是
分不开的，自我反思使得批判更加深刻，只有经由自我反思才能达到自我
超越。在不断的自我反思与自我超越中王守仁不断地完善着自己的心学体
系，不断地改进着自己的教育思想与实践，不断地深化着自己对于教育本
质的认识，不断地完善着自己的教育技巧，不断地培育着自己的教育智
慧。王守仁在对自己长期为学与从教经历的反思中加深了对传统教育的认
识，才使得自己完成了"为学三变"与"为教三变"的自我超越，而且
这种自我反思由于牢牢地根基于自己长期而广泛的实践经验，立足于自己
丰富的人生体验，所以这种自我超越早已不属于狭义的为学与为教的范
围，其本质在于对人的本性、人的生存及人的发展等一系列根本性问题的
领悟。王守仁在总结自己为教经历时曾深有体会地讲："医经折肱，方能

察人病理"(《王阳明全集》卷三《传习录下》),教育者应不断地反思和深刻地体验,才能真正深入地切合实际地做到对受教育者的指导。

可以说,自我反思、体验与超越使得王守仁成了一位真正意义上的具有批判精神与创新能力的"人师",一位热爱教育事业有着强烈责任感与自信心并对受教育者充满信心的教育家。他热爱并勤于教育事业,自称"读书讲学,此最吾所宿好,今虽干戈扰攘中,四方有来学者,吾未尝拒之"(《王阳明全集》卷二十六《续编一》);他具有强烈的责任感,弟子钱德洪称其师"平生冒天下之非诋推陷,万死一生,遑遑然不忘讲学,惟恐吾人不闻斯道,流于功利机智,日堕于夷狄禽兽而不觉"(《王阳明全集》卷二《传习录中》)。他对自己和受教育者都充满信心,称"圣人之道若大路,虽有跛蹩,行而不止,未有不止"(《王阳明全集》卷七《别梁日孚序》);"在今只信良知真是真非处,更无掩藏回护,才做得狂者。使天下尽说我行不掩言,吾亦只依良知行"(《王阳明全集》卷三十五《年谱三》)。同时他也是一位具有渊博知识与过人智慧的教育家,一位有丰富情感和高超教育艺术的教育家,一位有着极为曲折人生经历和丰富人生经验的教育家,一位真正将为学与为人打通的具有人格魅力的并时时关注受教育者人格健全发展的教育家,如徐爱便称自己"朝夕炙门下,但见先生之道,即之若易而仰之愈高,见之若粗而探之愈精,就之若近而造之愈益无穷,十余年来竟未能窥其藩篱"(《王阳明全集》卷一《传习录上》)。

正因为如此,跟随王守仁受学,弟子们不仅时常有"悚然"的心灵震撼与人生启迪,也有"跃然"的心领神会与悦志畅神。在相关文献中我们常常可以看到对类似的教学效果的记载,如"在座者皆悚然"(《王阳明全集》卷三,以下仅标《全集》),"听说到此,不仅悚汗"(《全集》卷三),"在座者莫不悚惧"(《全集》卷三),"一时在侍诸友皆惕然"(《全集》卷三),"不觉手舞足蹈"(《全集》卷一),"一时在坐者皆跃然"(《全集》卷三),"未尝不跳跃称快"(《全集》卷三),"闻之勇跃痛快,如狂如醒者数日"(《全集》卷三十三)等。对那些泥于旧见、郁而不化的弟子,王守仁往往采取快刀斩乱麻式的解决办法,促使其产生"悚然""悚惧"式的警省,但弟子通过其师的教学感受更多的是"跃然""手舞足蹈"式的悦志畅神,它"是教学主体在和教学呈现的外部世界的相互作用中，对永恒的人类实践活动和人的生命存在意义的瞬间体验和愉悦，是教学中的主体双方在心灵碰撞相互作用中，对自我、他人、人类充满自信的自我实现的愉悦"①，这可以说是达到了教学的最高境界。

三　倾心追求自由教育

自由教育意味着教育是由受教育者的需要所引发的、由受教育者主动参与其中的并由良好的师生关系所维持的教育，它是教育者的启发、引导、指导与受教育者的认知、体验和践行相结合的过程。在自由教育中，教育者不是高高在上的权威，受教育者也不是接受知识的容器，双方是一种平等的民主的关系，双方的活动指向的是受教育者良好个性的养成。良好的师生关系是自由教育的重要保证和特征体现。

王守仁毕生追求的就是这种自由教育。在他看来，人作为万物之灵，应当具有普遍的仁爱与同情感，这是人与人交往的心理基础，而作为教育者更应以万物一体的仁爱之心对待受教育者，他讲："夫圣人之心，以天地万物为一体，其视天下之人，无内外远近，凡有血气，皆其昆弟赤子之亲，莫不欲安全而教养之，以遂其万物一体之念。"（《王阳明全集》卷二《传习录中》）更何况人人皆具良知，"满街都是圣人"，所以更应以平等之心对待受教育者，只有这样，才能消除彼此的距离，才能达到自由的交流与沟通。他反对传统教育中的师道尊严和教育教学中盛行的严格管制和强迫灌输的方法，认为它扼杀了儿童的个性，导致了儿童"视学舍如囹狱而不肯入，视师长如寇仇而不欲见"的恶性局面的出现。他不断地进行自我反思与批判，从不把自己看成是绝对的权威，也不将弟子看成是被改造的客体，而是将其视为具有无限潜能的主体，他告诫弟子："你们拿一个圣人去与人讲学，人见圣人来，都怕走了，如何讲得行。须做得个愚夫愚妇，方可与人讲学。"（《王阳明全集》卷三《传习录下》）

王守仁主张在教育者与受教育者之间、受教育者自身之间形成一种宽容的、友善的人际关系，与人讲学时不能太过直率，否则有害而无益，称："责善，朋友之道，然须忠告而善道之。悉其忠爱，致其婉曲，使彼

---

① 孙俊三：《从经验的积累到生命的体验——论教学过程审美模式的构建》，《教育研究》2001 年第 2 期。

闻之而可从，绎之而可改，有所感而无所怒，乃为善耳。若先暴白其过恶，痛毁极诋，使无所容，彼将发其愧耻愤恨之心，虽欲降以相从，而势有所不能，使激之而使为恶矣。"(《王阳明全集》卷二十六《责善》) 他反对与朋友论学时有自傲之病，称:"凡朋友问难，纵有浅近粗疏……不可便怀鄙薄之心，非君子与人为善之心也。"(《王阳明全集》卷三《传习录下》) 主张朋友之间应虚心逊志，相亲相敬，多加奖劝而少用指责:"大凡朋友，须箴规指摘处少，诱掖奖劝意多，方是。"(《王阳明全集》卷三《传习录下》) 而在其教育实践中，王守仁确实对弟子很少有约束和限制，更多的是真诚的鼓励和劝导以及开放式的教学，在弟子们的眼中，王守仁是一位具有人格魅力的可亲可敬、亦师亦友的形象，师生之间的互动达到了很高的水平。据载王守仁在滁州督马政时，"日与门人遨游琅琊、瀼泉间，月夕则环龙潭而坐者数百人，歌声振山谷。诸生随地请正，勇跃歌舞"(《王阳明全集》卷三十三《年谱一》)。这种开放的、平等的、宽容的师生关系使王守仁与其弟子之间的交往具有浓郁的感情色彩，也使得门人弟子的创造性得到了自由的培植。

四　倡导独立人格的培养

王守仁继承了自孔子以来赞同为己之学而排斥为人之学的传统，认为:"人须有为己之心，方能克己，能克己，方能成己。"(《王阳明全集》卷一《传习录上》) 为己之学指向的是个体德性的完善。为己之学以立志为前提，表征着价值目标的自我确定，它既是为己工夫具体落实的基本保证，同进也意味着将忘己（个人的沉沦）与逐物（驰骛于文词章句）排除在自我修养的过程之外:"夫苟有必为圣人之志，然后能加为己谨独之功。……不然，终亦忘己逐物，徒弊精力于文句之间。"(《王阳明全集》卷二十八《书汪进之卷》) 通过立志超越沉沦，显示的是一种内在的独立的人格力量，这种人格的外在形式，便是卓然挺立不为外物所移的豪杰气象，"绝学之余，求道者少。一齐众楚，最易摇夺。自非豪杰，鲜有卓然不变者"(《王阳明全集》卷四《与辰中诸生》)，豪杰具有一种狂者的胸次，以真为尚，自信本心，无所掩饰，不为毁誉所动，不为俗见所夺，顶天立地，敢作敢为，"丈夫落落掀天地，岂顾束缚如穷囚"(《王阳明全集》卷二十《啾啾吟》)。同时独立人格体现的不仅是精神独立性的追求，也包含"保尔精，毋绝尔生"的对感性生命的珍视。可以说，在王守仁眼中，本心自足、别无依傍是培养独立人格的内在依据，豪杰气象、狂者胸次是独立人格的外在表现，精神独立、珍视生命是独立人格的内涵，随才成就、不拘一格是培养独立人格的途径，师生平等、自主参与是培养独立人格的保证。

五　重视全人生的指导

现代终身教育的基本理念是："教育一直是一个过程，它既不受时间限制，也不受空间限制，无论在何处，教育总是贯穿于全部生活之中。"①作为一个非常杰出的教育家，王守仁具有开阔的眼界和深邃的洞察力，在他的眼中，受教育者并非游离于生活之外，他的所思所想，他的所作所为，包括他的知识、态度、情感都应是教育所关注的。简言之，教育绝不仅仅是知识的授受，而是一个完整的人的教育。它突破了以学校教育甚至课堂教学代替教育的狭隘的教育观和僵化的人才培养模式，突破了将教育看作是一个"台阶"、一种"资本"或"身份"的功利主义教育观念，②因此王守仁的教育思想内涵着终身教育的理念，其实践最终所指向的是完整的人的培养，是全人生的指导。③

从横向上看，这种全人生的指导几乎包含了人生的所有方面：如何为学、如何为人。他教导弟子人应朝向敬畏与洒落和谐统一的生存境界，应主动为学，勤于为学，应将为学与为人打通，要正确处理为学、为人与举业之间的关系，不能汲汲于功名利禄；他善于与弟子进行心灵的沟通并能

---

① ［瑞士］查尔斯·赫梅尔：《今日的教育为了明日的世界——为国际教育局写的研究报告》，王静等译，中国对外翻译出版公司1983年版，第22页。

② 值得注意的是，王守仁对当时学校教育的批判与二十世纪六七十年代西方一些教育家、思想家如伊里奇、布迪厄等人对学校教育的猛烈抨击有异曲同工之妙，只不过前者批判的是学为举业、学为功名的教育价值观，后者抨击的是现代学校中注重客观科学的学科编制和智力训练的教育目的，但在反对学校严格的管理和师生关系的冷漠，倡导教育向人的回归、教育同人的生活世界的统一从而培养真正的自由的个体等观点上有着一致性。

③ 王曾永《类辑姚江学脉·经略》卷七云："《见闻录》云：正德丁丑，阳明先生以都御史督军虔南，日与士人谈学，于是虔吉士人多出门下。吉水国子生龙履祥将往，其父北山翁怒骂曰：'是皆饰虚名诳人者，汝何得尔！'废食偃卧不起，履祥至涕泣不辄（止），不得已许之。履祥故侈汰，骄逸难近，数月归，驯驯如处子，翁喜曰：'吾今乃知王先生'。"见束景南《王阳明佚文辑考编年》（下），上海古籍出版社2015年版，第789页。

引导弟子在生活中不断地积累经验，不断地体验人生，告诫弟子不要专去知识才能上求为圣人，学为人重于学技艺，不可恃才自傲，文过饰非，而要勇于改过，要勇于批判，要善于自省和体察；他告诉弟子如何去做一个乐观向上的有着健康心理的健全的人，一个有着坚强意志并具有判断力的睿智的人，一个富于人性充满情感并能将知与行统一起来的真实的人。

从纵向上看，这种全人生的指导则贯穿于人生的全过程。王守仁非常重视儿童教育，在《教约》和《训蒙大意示教读刘伯颂等》等文中，阐述了他的儿童教育主张，批判当时从事儿童教育的教师，每天只知道对儿童进行严格的管制，主张教育者应顺应儿童的本性，使他们"趋向鼓舞"，"中心喜悦"，这样他们自然就能长进；应对儿童进行"歌诗""习礼"和"读书"教育，形式应灵活多样，让儿童主动地参与到各种教学活动中来，同时，使德、智、体、美相互渗透、互相影响，促进儿童的全面发展。王守仁也非常重视成人教育，在他看来，为学是一个无止境的过程，作为一个成年人，不论其为官为民，不论其年老年轻，都不可停止修身为学。在其弟子中，有年轻者，有年老者，有为官者，有为民者，有中过科举功名者，也有未举者，他并未因弟子已中科举就中止对他们的教导（如徐爱、邹守益等人正德年间已为进士，而王守仁并未因弟子已功成名就而放弃对他们的指导），也未因来学者为官或者官职比自己高就拒绝他们（如正德六年王守仁在京师为吏部验封清吏司主事时，方献夫执贽事以师礼，时方献夫为吏部郎中，位在王守仁之上（《王阳明全集》卷三十三《年谱一》），更未因请教者年事已高就放弃他们（如海宁董罗石师事王守仁时已六十八岁，与王守仁游于山水之间，日有所闻，欣然乐以忘归（《王阳明全集》卷七《从吾道人记》），而总是以一种亦师亦友的身份与他们倾心交流，使其各有所获。对于未入仕的弟子，王守仁教导他们要正确处理为学与举业的关系，要勤学、立志，要自求自得，不要过分依赖老师。对于那些已入仕的弟子，王守仁告诫他们更应奋发，更应相互切磋砥砺："人在仕途，比之退处山林时，其工夫之难十倍，非得良友时时警发砥砺，则其平日之所志向，鲜有不潜移默夺，弛然日就于颓靡者"（《王阳明全集》卷六《与黄宗贤》）；告诫他们应时时将为学与为政打通，在为政中求学，在为政中修身："学之可以为政"，"政之可以为学"（《王阳明全集》卷八《书朱子礼卷》）；并告诉他们为学便在日用常行之中，为学离不开与我们息息相关、身处其中而须臾不可离的人事物理，"簿书讼狱之间，无非实学；若离了事物为学，却是著空"（《王阳明全集》卷三《传习录下》）。可以说，王守仁教育思想与实践所指向的就是一种全人生的指导。

主要参考文献

一 历史典籍类

任继愈：《老子新译》，上海古籍出版社 1985 年版。

陈鼓应：《老子注译及评介》，中华书局 2009 年版。

毕沅校注：《墨子》，上海古籍出版社 2014 年版。

杨伯峻：《论语译注》，中华书局 1980 年版。

杨伯峻：《孟子译注》，中华书局 1962 年版。

陈鼓应：《庄子今注今译》，中华书局 1983 年版。

梁启雄：《荀子简释》，中华书局 1983 年版。

王文锦：《礼记译解》，中华书局 2001 年版。

朱杰人等：《朱子全书》，上海古籍出版社、安徽教育出版社 2002 年版。

石峻等编：《中国佛教思想资料选编》（四卷本），中华书局 1981—1992 年版。

任继愈选编，李富华校注：《佛教经籍选编》，中国社会科学出版社 1985 年版。

中国社会科学院历史研究所宋辽金元史研究室点校：《名公书判清明集》，中华书局 1987 年版。

（西汉）董仲舒著，（清）凌曙注：《春秋繁露》，中华书局 1975 年版。

（北宋）周敦颐：《周子全书》，万有文库本。

（北宋）邵雍著，郭彧整理：《邵雍集》，中华书局 2010 年版。

（北宋）邵雍：《皇极经世书》，《四库全书》本。

（北宋）张载著，章锡琛点校：《张载集》，中华书局 1978 年版。

（北宋）程颢、程颐著，王孝鱼点校：《二程集》，中华书局 2004 年版。

（北宋）欧阳修著，李逸安点校：《欧阳修全集》，中华书局 2001 年版。

（南宋）陆九渊著，钟哲点校：《陆九渊集》，中华书局 1980 年版。

（南宋）朱熹著，王星贤校：《朱子语类》，中华书局 1986 年版。

（南宋）朱熹：《四书章句集注》，中华书局 1983 年版。

（南宋）朱熹著，黄坤点校：《四书或问》，上海古籍出版社、安徽教育出版社 2001 年版。

（南宋）朱熹：《朱熹集》，四川教育出版社 1996 年版。

（南宋）朱熹、吕祖谦著，严佐之导读：《朱子近思录》，上海古籍出版社 2000 年版。

（南宋）吕祖谦：《丽泽论说集录》，宋嘉泰四年吕乔年刻，元明递修本。

（南宋）黄榦：《勉斋集》，《四库全书》本。

（南宋）叶适：《习学记言序目》，中华书局 1977 年版。

（明）王守仁著，吴光等编校：《王阳明全集》，上海古籍出版社 1992 年版。

（明）黄绾著，刘厚祜、张岂之标点：《明道编》，中华书局 1959 年版。

（明）陈淳著，熊国祯、高流水点校：《北溪字义》，中华书局 1983 年版。

（明）冯从吾著，陈俊民、徐兴海点校：《关学编》，中华书局 1987 年版。

（清）顾炎武著，黄汝成集释，栾保群、吕宗力校点：《日知录集释》，上海古籍出版社 2014 年版。

（清）江永：《近思录集注》，上海书店出版社 1987 年版。

（清）李绂著，段景莲点校：《朱子晚年全论》，中华书局 2000 年版。

（清）黄宗羲著，（清）全祖望补修，陈金生、梁运华点校：《宋元学案》，中华书局 1982 年版。

（清）黄宗羲著，沈芝盈点校：《明儒学案》，中华书局 1985 年版。

（清）王夫之：《张子正蒙注》，中华书局 1975 年版。

（清）王夫之：《读四书大全说》，中华书局 1975 年版。

（清）颜习斋著，王星贤等点校：《颜元集》，中华书局 1987 年版。

（清）戴震著，汤志钧点校：《戴震集》，上海古籍出版社 1980 年版。

（清）王懋竑著，何忠礼点校：《朱熹年谱》，中华书局 1998 年版。

（元）脱脱：《宋史》，中华书局 1977 年版。

（清）张廷玉：《明史》，中华书局 1974 年版。

（唐）法藏著，方立天校释：《华严金师子章校释》，中华书局 1996 年版。

（梁）僧佑：《弘明集》，四部备要本。

（唐）道宣：《广弘明集》，四部备要本。

（北宋）契嵩：《镡津文集》，《大正藏》第 52 册。

（北宋）张商英：《护法论》，《大正藏》第 52 册。

（南宋）志磐：《佛祖统纪》，《大正藏》第 49 册。

（南宋）普济编：《五灯会元》，中华书局 1984 年版。

（南宋）赜藏主编：《古尊宿语录》，中华书局 1994 年版。

（南宋）晓莹：《云卧记谈》，《续藏经》乙编 21 套。

（元）刘谧：《三教平心论》，《大正藏》第 52 册。

（元）子成：《折疑论》，《大正藏》第 52 册

（元）念常：《佛祖历代通载》，《大正藏》第 49 册。

（明）心泰：《佛法金汤编》，《续藏经》乙编 21 套。

（明）朱时恩：《居士分灯录》，《续藏经》乙编 20 套。

（明）元贤：《建州弘释录》，《续藏经》第 147 册。

（明）夏树芳：《名公法喜志》，《续藏经》乙编 23 套。

二　今人著述类

（一）教育类

孟宪承等：《中国古代教育史资料》，人民教育出版社 1961 年版。

王炳照、阎国华：《中国教育思想通史》，湖南教育出版社 1994 年版。

孙培青、李国钧：《中国教育思想史》，华东师范大学出版社 1995

年版。

　　孙培青：《中国教育史》，华东师范大学出版社 2000 年版。

　　孙培青、任钟印：《中外教育比较史纲》（古代卷），山东教育出版社 1997 年版。

　　邱椿：《古代教育思想论丛》（上、中、下），北京师范大学出版社 1985 年版。

　　毛礼锐、沈灌群：《中国教育通史》，山东教育出版社 1985—1989 年版。

　　周德昌：《中国教育史研究》（先秦分卷），华东师范大学出版社 1995 年版。

　　周德昌：《北宋教育论著选》，人民教育出版社 1998 年版。

　　熊承涤、邱汉生：《南宋教育论著选》，人民教育出版社 1992 年版。

　　郭齐家：《中国教育思想史》，教育科学出版社 1987 年版。

　　郭齐家、顾春：《陆九渊教育思想研究》，江西教育出版社 1996 年版。

　　韩钟文：《朱熹教育思想研究》，江西教育出版社 1989 年版。

　　李国钧、王炳照主编：《中国教育制度通史》，山东教育出版社 2000 年版。

　　顾明远：《中国教育大系——历代教育制度考》（下），湖北教育出版社 1994 年版。

　　丁钢：《历史与现实之间：中国教育传统的理论探索》，教育科学出版社 2002 年版。

　　金生鈜：《规训与教化》，教育科学出版社 2004 年版。

　　丁钢：《中国教育：研究与评论》（第 1—9 辑），教育科学出版社 2001—2005 年版。

　　吴刚：《知识演化与社会控制：中国教育知识史的比较社会学分析》，教育科学出版社 2002 年版。

　　熊贤君：《中国女子教育史》，山西教育出版社 2006 年版。

　　杜学元：《中国女子教育通史》，贵州教育出版社 1995 年版。

　　郭培贵：《明史选举志考论》，中华书局 2006 年版。

（二）思想文化类

侯外庐主编：《中国思想通史》，人民出版社 1960 年版。

冯友兰：《中国哲学史新编》，人民出版社 1988 年版。

张岱年：《中国哲学大纲》，中国社会科学出版社 1982 年版。

任继愈主编：《中国哲学史》（四卷本），人民出版社 1996—1999 年版。

肖萐父、李锦全主编：《中国哲学史》，人民出版社 1983 年版。

中国哲学史学会、浙江省社会科学研究所编：《论宋明理学》，浙江人民出版社 1983 年版。

吕思勉：《理学纲要》，上海书店出版社 1988 年版。

陈钟凡：《两宋思想述评》，东方出版社 1996 年版。

侯外庐等主编：《宋明理学史》（上卷），人民出版社 1984 年版。

侯外庐等主编：《宋明理学史》（下卷），人民出版社 1987 年版。

陈来：《宋明理学》，辽宁教育出版社 1991 年版。

罗竹风主编：《宗教学概论》，华东师范大学出版社 1991 年版。

徐洪兴：《思想的转型：理学发生过程研究》，上海人民出版社 1996 年版。

蒋孔阳：《先秦音乐美学思想论稿》，人民文学出版社 1986 年版。

崔大华：《儒学引论》，人民出版社 2001 年版。

崔大华：《南宋理学》，中国社会科学出版社 1984 年版。

唐凯麟、曹刚：《重释传统——儒家思想的现代价值评估》，华东师范大学出版社 2000 年版。

吴强华：《家谱》，重庆出版社 2006 年版。

邓志峰：《王学与晚明的师道复兴运动》，社会科学文献出版社 2004 年版。

徐茂明：《江南士绅与江南社会（1368—1911 年）》，商务印书馆 2004 年版。

顾明塘：《〈儒林外史〉与江南士绅生活》，商务印书馆 2005 年版。

张立文：《宋明理学研究》，中国人民大学出版社 1985 年版。

张立文：《朱熹思想研究》，中国社会科学出版社 1994 年版。

熊十力：《十力语要》，中华书局 1996 年版。

朱贻庭：《中国传统伦理思想史》，华东师范大学出版社 2003 年版。

冯契：《中国古代哲学的逻辑发展》，上海人民出版社 1985 年版。

李泽厚：《中国古代思想史论》，安徽文艺出版社 1994 年版。

李之鉴：《陆九渊哲学思想研究》，河南人民出版社 1985 年版。

万俊人：《伦理学新论》，中国青年出版社 1994 年版。

钱穆：《朱子新学案》，巴蜀书社 1986 年版。

钱逊：《先秦儒学》，辽宁教育出版社 1991 年版。

蒙培元：《理学范畴系统》，人民出版社 1989 年版。

张世英：《进入澄明之境：哲学的新方向》，商务印书馆 1999 年版。

陈来：《朱熹哲学研究》，中国社会科学出版社 1988 年版。

束景南：《朱子大传》，福建教育出版社 1992 年版。

束景南：《王阳明佚文辑考编年》，上海古籍出版社 2015 年版。

范寿康：《朱子及其哲学》，中华书局 1983 年版。

邓广铭：《宋史十讲》，中华书局 2008 年版。

陈来：《有无之境：王阳明哲学的精神》，人民出版社 1991 年版。

杨国荣：《善的历程：儒家价值体系的历史衍化及其现代转换》，上海人民出版社 1994 年版。

张立文：《通向心学之路：陆象山思想的足迹》，中华书局 1992 年版。

徐梵澄：《陆王学述：一系精神哲学》，上海远东出版社 1994 年版。

吴光主编：《阳明学研究》，《中华文化研究集刊（2）》，上海古籍出版社 2000 年版。

潘立勇：《审美人文精神论》，浙江大学出版社 1996 年版。

杨国荣：《心学之思：王阳明哲学的阐释》，三联书店 1997 年版。

葛兆光：《中国思想史》（第一卷）《七世纪前中国的知识、思想与信仰世界》，复旦大学出版社 1998 年版。

葛兆光：《中国思想史》（第二卷）《七世纪至九世纪中国的知识、思想与信仰》，复旦大学出版社 2000 年版。

张学智：《明代哲学史》，北京大学出版社 2000 年版。

方立天：《中国佛教与传统文化》，上海人民出版社 1988 年版。

陈宝良：《明代儒学生员与地方社会》，中国社会科学出版社 2005

年版。

陈戍国：《中国礼制史》（元明清卷），湖南教育出版社 2002 年版。

邢铁：《宋代家庭研究》，上海人民出版社 2005 年版。

常建华：《明代宗族研究》，上海人民出版社 2005 年版。

费成康主编：《中国的家法族规》，上海社会科学院出版社 1998 年版。

张邦炜：《宋代婚姻家族史论》，人民出版社 2003 年版。

王建科：《元明家庭家族叙事文学研究》，中国社会科学出版社 2004 年版。

王善军：《宋代宗族和宗族制度研究》，河北教育出版社 2000 年版。

李宪堂：《先秦儒家的专制主义精神：对话新儒家》，中国人民大学出版社 2003 年版。

徐复观：《中国人性论史：先秦篇》，上海三联书店 2001 年版。

唐明邦：《邵雍评传》，南京大学出版社 1998 年版。

梁绍辉：《周敦颐评传》，南京大学出版社 1994 年版。

龚杰：《张载评传》，南京大学出版社 2002 年版。

卢连章：《程颢、程颐评传》，南京大学出版社 2001 年版。

张立文：《朱熹评传》，南京大学出版社 1998 年版。

祁润兴：《陆九渊评传》，南京大学出版社 1998 年版。

张祥浩：《王守仁评传》，南京大学出版社 1997 年版。

干春松：《制度儒学》，上海人民出版社 2006 年版。

蔡仲德：《中国音乐美学史》，人民音乐出版社 2003 年版。

杨开道：《中国乡约制度》，商务印书馆 2015 年版。

（三）宗教类

郭朋：《〈坛经〉校释》，中华书局 1986 年版。

何光沪、许志伟主编：《对话：儒释道与基督教》，社会科学文献出版社 1998 年版。

陈士强：《佛典精解》，上海古籍出版社 1992 年版。

丁钢：《中国佛教教育：儒释道教育比较研究》，四川教育出版社 1988 年版。

郭朋：《隋唐佛教》，齐鲁书社 1980 年版。

郭朋：《宋元佛教》，福建人民出版社 1981 年版。

郭朋：《明清佛教》，福建人民出版社 1982 年版。

任继愈等：《中国佛学论文集》，陕西人民出版社 1984 年版。

任继愈主编：《中国佛教史》，中国社会科学出版社 1981—1988 年版。

任继愈：《汉唐佛教思想论集》，人民出版社 1994 年版。

汤用彤：《隋唐佛教史稿》，中华书局 1982 年版。

方立天：《魏晋南北朝佛教论丛》，中华书局 1982 年版。

吴汝钧：《佛教大辞典》，商务印书馆国际有限公司 1992 年版。

赖永海：《佛学与儒学》，浙江人民出版社 1992 年版。

赖永海：《中国佛性论》，上海人民出版社 1988 年版。

葛兆光：《中国禅思想史》，北京大学出版社 1995 年版。

潘桂明：《中国禅宗思想历程》，今日中国出版社 1992 年版。

潘桂明：《中国居士佛教史》，中国社会科学出版社 2000 年版。

魏道儒：《中国华严宗通史》，江苏古籍出版社 1998 年版。

牟钟鉴、张践：《中国宗教通史》，社会科学文献出版社 2000 年版。

卢升法：《佛学与现代新儒家》，辽宁大学出版社 1994 年版。

王居恭：《华严经及华严宗漫谈》，中国书店 1997 年版。

洪修平、吴永和：《禅学与玄学》，浙江人民出版社 1992 年版。

严耀中：《中国宗教与生存哲学》，学林出版社 1991 年版。

祁志祥：《佛学与中国文化》，学林出版社 2000 年版。

陈远宁：《中国佛教与宋明理学：一次本土文化与外来文化融合的成功例证》，湖南人民出版社 1999 年版。

（四）港台出版物

蔡仁厚：《宋明理学：心体与性体义旨引述》（北宋篇），台湾学生书局 1988 年版。

蔡仁厚：《宋明理学：心体与性体义旨引述》（南宋篇），台湾学生书局 1989 年版。

李日章：《程颢、程颐》，东大图书公司 1986 年版。

熊琬：《宋代理学与佛学之探讨》，文津出版公司 1985 年版。

冯炳奎：《宋明理学研究论集》，黎明文化事业股份有限公司 1983

年版。

　　张德麟：《程明道思想研究》，台湾学生书局 1985 年版。

　　曾锦坤：《儒佛异同与儒佛交涉》，台北谷风出版社 1990 年版。

　　林继平：《陆象山研究》，台湾商务印书馆 1983 年版。

　　牟宗三：《从陆象山到刘蕺山》，台湾学生书局 1990 年版。

　　秦家懿：《王阳明》，东大图书公司 1987 年版。

　　刘述先：《朱子哲学思想的发展与完成》，台湾学生书局 1982 年版。

　　方东美：《新儒家哲学十八讲》，黎明文化事业股份有限公司 1989 年版。

　　梁其姿：《施善与教化：明清的慈善组织》，台湾联经出版事业公司 1997 年版。

　　（五）译著类

　　［德］黑格尔：《历史哲学》，王造时译，上海书店出版社 1999 年版。

　　［美］田浩主编：《宋代思想史论》，杨立华、吴艳红等译，社会科学文献出版社 2003 年版。

　　［美］伊沛霞：《内闱：宋代的婚姻和妇女生活》，胡志宏译，江苏人民出版社 2004 年版。

　　［美］高彦颐：《闺塾师：明末清初江南的才女文化》，李志生译，江苏人民出版社 2005 年版。

　　［美］曼素恩：《缀珍录：十八世纪及其前后的妇女》，定宜庄、颜宜葳译，江苏人民出版社 2005 年版。

　　［美］包筠雅：《功过格：明清社会的道德秩序》，杜正贞、张林译，浙江人民出版社 1999 年版。

　　［日］忽滑骨快天：《中国禅宗思想史》，朱谦之译，上海古籍出版社 1994 年版。

　　刘绪贻：《中国的儒学统治：既得利益抵制社会变革的典型事例》，叶巍、王进译，中国人民大学出版社 2006 年版。

　　［加拿大］秦家懿、［瑞士］孔汉思：《中国宗教与基督教》，吴华译，三联书店 1990 年版。

后　记

　　二十余年前入张如珍先生门下攻读中国教育史专业硕士学位时，始接触宋明理学教育思想，因其博大精深遂生浓厚之研究兴趣，并以《宋明理学德育思想系统》为题撰写了硕士学位论文。硕士毕业后即跟随孙培青先生继续攻读中国教育史专业博士学位，仍以宋明理学教育思想研究为重点，博士学位论文聚焦于理学教育思想与佛学关系的探讨，后在博士学位论文基础上修改而成《拒斥与吸收：教育视域中的理学与佛学关系研究》一书，2002 年由巴蜀书社出版。六年的研究生专业学习使我对宋明理学及其教育思想有了初步的理解和体认，也积累了一些研究成果和研究资料，但深知宋明理学及其教育思想自身流派众多，群贤毕集且体大思精，与佛、道诸派思想又有错综复杂之关联，理解领会已属不易，提出新解更为难得。参加工作后，尤其近些年来主要精力虽集中于中国民族教育史的研究，承担的课题也多属民族教育史领域，但对于宋明理学及其教育思想的关注却未尝稍减，时常翻阅理学家文集，对先贤时人的相关著作也多有留意。

　　整体上看，学术界对宋明理学教育思想的研究向来集中于其道德教育思想的研究，而理学教育思想固以道德教育为其阐发重点，但在美善一体的观念下亦包含着丰富的美育思想，尤集中于音乐美育思想、人格美育思想、诗文美育思想等方面，而学术界对前者论述丰富，但对后者却鲜有涉及。除此之外，学术界对宋明理学中影响深远的社会教育思想及家庭教育思想的研究却几近阙如，对理学教育思想中人与社会的关系因素考虑较多，而对人与自然关系因素考虑不够，同时对理学育人思想的研究较多而对理学家关于科举与育人两者关系之研究较少。有鉴于此，近些年来对上述学术界较少涉足的研究领域逐一开展探索，并尽可能将宋明理学哲学观、历史观及宋明时期社会制度等因素融入其中，相关成果先后在《华东师范大学学报》（教育科学版）《西北师范大学学报》（社会科学版）《宁夏大学学报》（人文社会科学版）《河北师范大学学报》（教育科学版）《中国地质大学学报》（社会科学版）等刊物上发表，《宋明理学教育思想研究》即为多年来相关领域研究成果的集中体现，虽略有开新，然挂一漏万，不当之处更求方家指正。

　　衷心感谢责任编辑韩国茹老师的辛勤付出，本书的出版也得到了西北师范大学博士点专项建设经费的资助，一并致谢！是为记。

张学强

2016 年 11 月 8 日于西北师范大学